Szenenwechsel

rororo

rororo

film + tv

Herausgegeben von Ludwig Moos

«Lola rennt» um die Welt und begeistert selbst Hollywood: Der junge deutsche Film erobert das Kino. Die Szene ist in Bewegung geraten, eine neue Generation hat der lange Zeit zwischen Beziehungskomödien und Autorenfilm dahindümpelnden Filmproduktion einen kreativen Schub verschafft. Schauspieler wie Maria Schrader, Jürgen Vogel, Moritz Bleibtreu oder Franka Potente, Regisseure wie Wolfgang Becker, Hans-Christian Schmid, Romuald Karmakar, Nico Hofmann oder Tom Tykwer, Filmautoren wie Feridun Zaimoglu, Frank Göhre oder Helmut Krausser: so verschieden die Stile und Temperamente sind, sie alle zeichnet Mut zum Risiko und Leidenschaft zum Kino, Respektlosigkeit und Fantasie aus. Ihre Projekte realisieren sie nicht mit den etablierten Firmen, sondern jenseits der Konzerne: Independents. Die Beiträge des Buches gelten Filmen und ihrer Produktionsgeschichte, dem politischen Aufbruch und den ökonomischen Hindernissen, Unterfinanzierung und Overscreening: die aktuelle deutsche Filmszene in Momentaufnahmen.

Der Herausgeber Michael Töteberg arbeitete über zehn Jahre im Verlag der Autoren, betreute dort unter anderem Filme von Rainer Werner Fassbinder und Wim Wenders und leitet seit 1994 die Agentur für Medienrechte des Rowohlt Verlags. Er schrieb Monographien über Fritz Lang und Fellini, gab das «Metzler Film Lexikon» heraus und edierte zahlreiche Filmbücher, beispielsweise zu «Lola rennt» und «Absolute Giganten».

Michael Töteberg (Hrsg.)

Szenenwechsel

Momentaufnahmen
des jungen deutschen Films

Rowohlt Taschenbuch Verlag

Originalausgabe
Veröffentlicht im
Rowohlt Taschenbuch Verlag GmbH,
Reinbek bei Hamburg,
Dezember 1999

Umschlaggestaltung Beate Becker
Umschlagfotos «Aimée & Jaguar»: pwe Kinoarchiv;
«Lola rennt»: © X-Filme/prokino;
«Absolute Giganten»: © X-Filme/Senator
Layout Ulrike Theilig
Satz Das Herstellungsbüro
Gesetzt aus der Sabon und der Gill Sans PostScript,
Windows 95, PageMaker 6.52
Druck und Bindung Clausen & Bosse, Leck
Printed in Germany
ISBN 3 499 60659 3

Inhalt

Vorwort

von
Michael
Töteberg

Seit «Lola rennt» wissen es alle: Der deutsche Film hat einen neuen Anlauf genommen. Die Zeit der Beziehungskomödien ist vorbei, der Autorenfilm hat endgültig abgedankt. Eine neue Generation von Schauspielern, Regisseuren und Drehbuchautoren hat mit Mut und Leidenschaft, Respektlosigkeit und Phantasie dem Kino einen kreativen Schub verpaßt.

Noch vor wenigen Jahren krankte der deutsche Film daran, daß es hierzulande keine wirkliche Filmindustrie gab. Staatlich subventioniert, in enger Symbiose mit dem öffentlich-rechtlichen Fernsehen, wurde am Zuschauer vorbei produziert. Die Branche, durch TV-Aufträge gut versorgt, hatte sich in der Misere eingerichtet und im Kino den Anschluß an die internationale Szene längst verloren. Kein Zufall, daß das berühmteste Filmbuch, international gesehen, den Titel trägt: «Wie haben Sie das gemacht?» (Truffaut befragt Hitchcock), während der meistzitierte Titel hierzulande lautet: «Der deutsche Film kann gar nicht besser sein» (Joe Hembus). Die Lust und die Energie, den Gegenbeweis anzutreten, schienen abhanden gekommen zu sein.

Heute hat sich die Filmlandschaft radikal gewandelt, Risikokapital ist auf dem Markt und sucht nach Investitionsmöglichkeiten. Dank Fonds, Börsengang, privaten Anlegern und neuen Auswertungsarten lassen sich Projekte finanzieren, die früher an Bedenken der Filmförderungsgremien gescheitert wären. Geld allein macht jedoch nicht glücklich: Konzerne setzen, schließlich müssen sie an ihre Aktionäre denken, stets auf die sichere Bank; aus dieser Ecke sind, von Ausnahmen abgesehen, keine Innovationen zu erwarten. Der momentane Aufbruch ist verbunden mit neuen Produzenten: der junge deutsche Film oder German Independents.

In diesem Buch schreiben keine Filmkritiker, sondern Beteiligte: Regisseure, Drehbuchautoren, Produzenten, Kinomacher, Schriftsteller kommen zu Wort, oftmals im Gespräch. Kreative, die von ihrer Arbeit und ihren Produktionsbedingungen, den verwirklichten Träumen und den nicht realisierten Projekten erzählen. Statements von Funktionären, Lobbyisten und Politikern waren nicht gefragt. Die Auswahl der vorgestellten Filme ist ebenso subjektiv (und angreifbar) wie die Positionen der Beiträger. Es kam dem Herausgeber nicht darauf an, ein umfassendes Panorama der deutschen Filmlandschaft zu zeichnen. Statt dessen: Momentaufnahmen, Originalton. Die Szene ist in Bewegung, man darf vom deutschen Film noch einiges erwarten.

Bündnis für Film

Ein Beitrag zur Kino-Debatte von Jochen Brunow

Ein neues Schlagwort macht die Runde. Dem Terminus «Bündnis für Film» haftet etwas leicht verstaubt Sozialdemokratisch-Gewerkschaftliches an. Wir sollten uns nicht daran stoßen, denn die Regierung macht damit nur deutlich, welch großen Stellenwert sie dem maladen Patienten Deutscher Film und seinen Exportschwierigkeiten beimißt. Und sollte der Vorstoß von Staatsminister Naumann auch nur dazu führen, daß in einer breiteren Öffentlichkeit wieder mehr und offener und vor allem auch kontroverser über Film gestritten würde, so wäre schon ein Anfang gemacht. Wenn es durch diese Initiative gar gelänge, die Diskussion über Film aus dem Fahrwasser des kurzfristigen Denkens der Lobbyisten und Bürokraten hinauszuführen in eine Debatte mit gesellschaftlicher Resonanz, so wäre viel gewonnen für den deutschen Film.

Die altbekannten Klagen über die Allmacht des amerikanischen Kinos führen uns schon lange nicht mehr weiter. Wie das Regionale im Kino funktionieren könnte, zeigen uns nicht nur die Dänen und die Briten, sondern auch die jungen, wilden türkischen Regisseure hier bei uns in Deutschland. Darüber, ob ein Film im Kino funktioniert, entscheidet nicht der technische Aufwand, nicht die Summe investierten Geldes, sondern einzig und allein, ob es dem Film gelingt, eine emotionale Beziehung zwischen dem Geschehen auf der Leinwand und den Zuschauern herzustellen. Ganz egal, in welchem Land ein Film hergestellt wird, und ganz egal, wo er gezeigt wird, er wird nur dann zu einem Kinoerlebnis, wenn es gelingt, einen emotionalen Fluß aus Empathie und Antizipation zwischen filmischer Darstellung und Betrachter herzustellen. Es muß einen Dialog zwischen Leinwand und Publikum geben. Dieses Gesetz gilt in Lappland wie in China. Auch in Hollywood gilt es, und dort respektiert man es unter anderem dadurch, daß man sehr viel Geld in die Entwicklung von Drehbüchern steckt.

Das Gelingen eines Films ist aber zuallererst nicht eine Frage des technischen oder finanziellen Einsatzes, sondern ausschließlich des narrativen Vermögens, des erzählerischen Könnens. So wie ein Auto erst einmal überhaupt fahrtüchtig sein muß, ehe man sich über Aerodynamik und Styling den Kopf zerbrechen kann. Ob ein Film als Film funktioniert, ist ganz entschieden eine Frage des intellektuellen und des emotionalen Aufwands, der getrieben wird. Genau auf diesem Gebiet liegen die Defizite des deutschen Kinofilms.

Es ist die gnadenlose Härte dieses Grundsatzes, vor dem sich alle in diesem Geschäft fürchten. Bei all denen, die mit der Herstellung eines Films befaßt sind, ist diese Furcht so groß, daß sie sich immer wieder in die Diskussion über die Macht des (amerikanischen) Geldes flüchten. Daß aber erst *nach* diesem ehernen Grundsatz oder *über* diesem narrativen Fundament all die Fragen von Geld, Marketing, PR und Marktmacht anfangen, zeigen die Einspielergebnisse einiger deutscher Produkte, die von deutschen Töchtern amerikanischer Verleihfirmen mit großem Werbeaufwand erfolglos in den Markt gepusht werden sollten.

Erzählerische Defizite

Der deutsche Film verfügt heute wieder über Darsteller, die das Publikum in das Kino ziehen. Auch die Beherrschung der filmtechnischen Möglichkeiten befindet sich inzwischen auf einem hohen Niveau. Woher rührt dann das erzählerische Defizit?

Was den derzeitigen Zustand des deutschen Fims betrifft, so diagnostiziert Rainer Gansera treffend: «Aufs

Deutscher Filmpreis 1999: Minister Naumann mit den Preisträgern Juliane Köhler und Maria Schrader, in der 2. Reihe die Produzenten Claussen und Wöbke sowie Nina Petri und Herbert Knaup

Ganze gesehen bleibt also der Befund, daß das gegenwärtige deutsche Kino von einer weitgehenden Sprachlosigkeit hinsichtlich der großen Themen und Gefühle geprägt ist. Von Erfindungsarmut bei der Suche nach eigenwilligeren Erzählstrukturen. Von einer Blindheit hinsichtlich des sozialen Gefüges und der gesellschaftlichen Spannungen. Von einer Lustlosigkeit, sich durch akute gesellschaftliche Phänomene (...) herausfordern zu lassen. Von der Neigung, lieber erprobten Mustern als eigenen Visionen zu folgen.»

Über die Ursachen unserer narrativen Schwächen muß gestritten werden, ohne dabei in den fatalen Schematismus der amerikanischen Drehbuchmanuals zu verfallen oder die Hoffnungen auf an ihnen ausgerichtete Schulungskurse zu verschwenden. Viel eher hilft da die von Michael Althen aufgeworfene Frage weiter: Warum sehen im deutschen Kino eigentlich alle Städte gleich aus? Das liegt zum einen an der sich immer mehr durchsetzenden Fernsehästhetik, in der ein Handlungsort eben oft nur Kulisse ist und nicht «Schauplatz». Zum anderen führt dieser Ansatz aber weiter. Althen schreibt: «Gerade heute, da sich das deutsche Kino so arg um das große Publikum und Allgemeinverständlichkeit bemüht, fragt man sich, warum die Schauplätze immer noch so austauschbar sind. Fast wirkt es so, als würde man sich immer noch wegen des eigenen Landes genieren, als würden die gleichen Leute, die bei jedem Anflug auf eine amerikanische Stadt im Kino die Augen aufreißen, ähnlich majestätische Einstellungen von deutschen Städten um jeden Preis meiden. Und es soll keiner behaupten, es läge am Geld.»

Wenn die Diskussion um die erzählerischen Mängel des deutschen Kinos offen geführt wird, so wird die Debatte sehr schnell Anschluß finden an gesellschaftliche Kontroversen. Wir kommen nicht umhin, wir werden über unser Selbstbild und unser Selbstwertgefühl als Deutsche sprechen müssen. Die heute so gern – und wie ich finde: leichtfertig, ohne genaue Analyse – gescholtene Generation der Autorenfilmer hat seinerzeit dem deutschen Kino im Ausland eine starke Aufmerksamkeit gesichert, weil sie in ihren Filmen etwas über den konkreten Zustand dieses Landes erzählt hat. Diese fortbestehende Neugier des Auslands auf filmische Beschreibungen aus dem Inneren dieses Landes ist schon lange ungestillt – und eine ungenutzte kommerzielle Möglichkeit.

Geld und Kreativität Es gibt eine Falle, in die bisherige Debatten über Filmpolitik immer wieder gemündet sind: die leidige Kontroverse zwischen Kunst und Kommerz, zwischen Kultur und Geld. Dieses Schwarzweiß-Schema basiert auf der tief im europäischen Denken und Empfinden verwurzelten Dichotomie von sakral und profan, hoch und heilig einerseits und weltlich und alltäglich andererseits. Ein Grund für den Erfolg des amerikanischen Films liegt darin, daß dieser von uns so tief empfundene Unterschied im amerikanischen Denken überhaupt nicht vorkommt.

Eine konzertierte Aktion «Bündnis für Film» muß diese alte Dichotomie überwinden und darf nicht zu den alten Totschlagargumenten zurückkehren. Film ist ohne den Rohstoff Kultur nicht machbar und ohne Geld ebensowenig. Im allgemeinen sind sich darüber alle Beteiligten auch einig. In der Debatte um konkrete Lösungen tauchen diese Argumente dann aber plötzlich mit aller Schärfe wieder auf und werden apodiktisch gegeneinandergehalten. Diese Haltung wird uns nicht weiterführen. Die meisten Länderförderungen haben ihr duales System von getrennter Kultur- und Wirtschaftsförderung aufgegeben, eine Neuordnung der Filmförderung darf nicht wieder dahin zurück. Es muß vielmehr eine Kultur etabliert werden, in der Geld und Kreation in ein neues Verhältnis zueinander treten.

Heute sind sich ja wahrscheinlich die meisten Mitglieder der Branche darüber einig: Der Film muß aus dem Laokoongriff des Fernsehens befreit werden. Seit Günter Rohrbach als freier, unabhängiger Produzent Kinofilme außerhalb der Bavaria entwickelt, kritisiert auch er öffentlich die Abhängigkeit des Kinofilms vom Fernsehen. Es müßten ihm dabei eigentlich die Ohren klingen. Denn was er beklagt, hat seine Wurzeln in dem von ihm selbst in den siebziger Jahren proklamierten Slogan vom «amphibischen Film». Dieses Zwitterwesen, der Film, der ebenso im Kino wie im Fernsehen laufen kann, ohne daß es einen Unterschied macht, ist eindeutig am Ende seiner Lebenszeit angekommen.

Der amphibische Film war so etwas wie die Ursünde des deutschen Kinofilms und hat seinen Niedergang eingeläutet. Der Kinofilm hat in den darauffolgenden Jahren zunehmend seine ästhetische und auch seine ökonomische Unabhängigkeit verloren. Inzwischen sind sich alle – die, die es damals anders sahen, und alle, die es damals schon besser wußten – scheinbar wieder einig. Aber ein neuer Allgemeinplatz hilft uns wenig. Es ist wichtig, genauer hinzuschauen.

Helmut Dietls Film «Lateshow» hat die Auswüchse des Showbereichs im Fernsehen karikiert und mit der Schärfe eines Brechtschen Lehrstücks in der Praxis seiner Bewerbung all die Auswüchse und Verwerfungen in ihrer perversen Konkretion vorgeführt, die es fiktional abgemildert schildert. Fernsehen macht nicht nur «krank, blind und blöde» wegen der Shows und Talkrunden, sondern auch wegen des zunehmenden Verfalls der erzählerischen Formen, der wachsenden Uniformierung der Serien und der gleichförmigen Zurichtung von Einzelstücken wie Fernsehspielen oder TV-Movies.

Erst wenn die Auswirkungen des Quotenwahnsinns auf das Erzählen von filmischen Geschichten erkannt sind, können Wege gefunden werden, sowohl den ästhetischen Würgegriff als auch die ökonomische Umklammerung des Films durch das Fernsehen zu lösen. Über das unterschiedliche Erzählen in Kino und Fernsehen muß in der alltäglichen Praxis gestritten werden mit konkreten Projekten, Drehbüchern und Filmen. Auch die Autoren sind vor dem um sich greifenden Zynismus nicht gefeit. Sie tragen Mitverantwortung für die Entwicklung. Aus der ökonomischen Abhängigkeit aber hilft nur ein radikaler Schritt. Und hier ist die Politik gefordert.

Politische Perspektiven Die jetzige ökonomische Situation der privaten Sender und ihre inzwischen weit in die Filmförderung hineinreichende Macht und ihr Einfluß sind sehr konkret eine Folge der Ära Kohl, sie sind das Produkt eines Kanzlers, der stark auf das Privatfernsehen als politischen Faktor gesetzt hat. Auch ein sozialdemokratisch regiertes Bundesland hat daran heftig mitgewirkt, aber die neue Bundesregierung täte gut daran, jetzt ein Gegengewicht zu schaffen, und der Aufruf zu einem «Bündnis für Film» zeigt, daß Minister Naumann gewillt ist, hier etwas zu bewegen. Würde es gelingen, Film und Kino zu entflechten, so daß zwei gleichwertige Kräfte entstehen, die sich bei klarer Abgrenzung gegenseitig befruchten und stützen, dann wäre das der Beginn einer neuen Ära.

Ich bin sicher, daß Filmkultur und Filmwirtschaft in Deutschland nur wieder entstehen können, wenn sie finanziell unabhängig werden vom quotengesteuerten Fernsehen. Wie aber kann das bestehende System grundlegend reformiert werden? Ist es vielleicht möglich, ganz einfach einen horizontalen Schnitt durch die verwickelte Förderlandschaft zu ziehen? Lassen sich Filmförderung und Fernsehförderung streng trennen? Naumann hat die uneffektive Zersplitterung der Filmförderung beklagt. Doch die Länder werden ihre Förderhoheit und Standortpolitik nicht freiwillig aufgeben. Aber die Bundesregierung kann davon unabhängig einen Schritt tun. Sie kann erklären, daß alle Spitzenförderung, wie sie der Bund betreibt, nur und ausschließlich Kinoförderung ist.

Naumann könnte die Mittel der FFA, die aufzustockende Förderung des BMI und vielleicht eine relevante zusätzliche Summe aus dem Etat des Wirtschaftsministeriums zu einer integrierten, reinen Kinoförderung bündeln. In den Genuß dieser Förderungen könnten nur noch Projekte gelangen, die ohne jedwelche vorherige TV-Beteiligung entstehen. Hinterher werden die Sender die so entstandenen Filme schon kaufen, wenn sie funktionieren. Nur wäre die Position ihrer Hersteller gegenüber dem Fernsehen dann eine ganz andere.

Im Rahmen dieser neuen Kinofilmförderung sollte die Stoffentwicklung so unterstützt werden, daß wieder Themen und Figuren auf unseren Kinoleinwänden auftauchen, die mit unserer Realität zu tun haben und deshalb die Herzen und die Geldbeutel der Zuschauer bewegen.

In der kreativen Produktion wird ein Plus an Reichweite immer mit einem Verlust an Eigensinn, formeller Kühnheit, kompositorischer Raffinesse erkauft. Für den Film heißt dies, daß die Kinokultur als ein Ganzes begriffen werden muß. Wenn nur noch Multiplexe als Abspielstätten existieren, dann bedeutet das auch für bestimmte Formen des filmischen Erzählens das Aus. Ein wirksames Bündnis für Film müßte daher in seine Aktivitäten eine Stärkung des unabhängigen Abspiels mit einbeziehen. Man muß sich der Frage stellen: Wie läßt sich erreichen, daß im Arthouse-Bereich genügend attraktive Kinos existieren, so daß es für alle Formen des Films Aufführungsmöglichkeiten gibt und die Differenziertheit des Marktes erhalten bleibt?

Ein Bündnis für Film wird nur grundlegenden Erfolg haben, wenn es entscheidende Impulse für den Bereich des Films auslöst, in dem der Rohstoff für alle weiteren Aktivitäten überhaupt erst geschöpft und gewonnen wird. Das ist der Bereich der Stoffentwicklung, das Feld, in dem die Filmgeschichten generiert werden. Nur wenn Autoren den deutschen Film wieder als Tätigkeitsfeld ernst nehmen und es nicht finanziell attraktiver ist, die Quotensucht des Fernsehens zu bedienen, läßt sich auch wieder die erzählerische Kompetenz zurückgewinnen. Statt auf die amerikanische Marktmacht zu schimpfen und gleichzeitig die amerikanischen Anleitungen zum Drehbuchschreiben geradezu helotenhaft nachzubeten, sollten wir uns bei dieser Rückgewinnung lieber an die amerikanischen Kinoerfolgsautoren halten, die im Gegensatz dazu einen sehr einfachen Ratschlag für den wichtigsten halten: «Stick to your own thing and dig deep.»

Generalschlüssel fürs Kino

Tom Tykwer im Literarischen Salon Hannover, moderiert von Michael Althen

Erinnerst du dich noch an deine erste Begegnung mit dem Kino, deinen ersten Film?

«King Kong», ganz sicher. Damals gab es im Fernsehen nur drei Programme, und abends durfte man eigentlich nicht gucken. Filme wie «King Kong» liefen um 23 Uhr, in der Zeitung stand dabei: Achtung, nicht Kindern zeigen. Natürlich wollte man unbedingt das dann sehen. Ich war 8 oder 9, hab vorher zwischen Film und Realität überhaupt nicht differenziert, sondern mich für 90 Minuten komplett verloren in der Filmwelt. Und da hab ich zum ersten Mal kapiert, vielleicht einfach deshalb, weil ich ein bißchen älter wurde, daß Film etwas Hergestelltes ist. Ich hab angefangen, die Geschichte nachzustellen, hab mir Figuren gebastelt oder schenken lassen. Von Big Jim gab's einen dicken Gorilla, man konnte hinten draufdrücken, dann hat er mit den Armen gerudert. Fand ich unheimlich gut. Dann hab ich 'ne Super-8-Kamera gekriegt und konnte das direkt nachdrehen.

Godzilla trifft Frankenstein in Wuppertal.

Ich bin sehr früh Godzilla-Fan geworden. Damals war Godzilla jeden Sonntag um 10 Uhr 45 Gast im Fita Wuppertal-Elberfeld. Das war ein abgetakeltes, grauenhaftes Kinocenter, sonntags morgens um 10 Uhr 45 lief die Jugendvorstellung. Die Godzilla-Filme hießen ja damals in Deutschland «Frankensteins Höllenbrut», «Frankenstein und die Teufel aus dem Meer» und so. Das war King Kong mit Monstern und gruselig; fand ich toll, auch wenn ich mich irgendwann fragte: Was hat das mit Frankenstein zu tun?

Aber egal, Hauptsache Horror. Ich hab das nachgedreht zu Hause, der Film hieß «Kampf der Giganten». Godzilla kommt auf der einen Seite rein, auf der andern King Kong, und dann kämpfen sie, und vollkommen sinnlos explodiert ein Haus. Das geht ganz einfach: Man nimmt 'n Chinaböller und ein Faller-Häuschen – das gehörte meinem Bruder, war von seiner Modelleisenbahn, er war total sauer nachher, weil, es war halt weg. Das Dumme war nur, ich hab natürlich nicht gewußt, daß die Amerikaner Zeitlupe drehen und fünf Kameras haben. Ich hab gedreht, die Chinaböller angezündet, und auf dem Film war nachher einfach nichts zu sehen. Das Haus war erst da, und dann war's weg. Man muß Zeitlupe drehen, das wußte ich ja nicht.

Kino gratis In Wuppertal gab es kein Programmkino, aber eine «Filminitiative», die eine Art «Tag des besonderen Films» veranstaltete. Donnerstags gab's eine Literaturverfilmung und montags vielleicht einen Godard-Film. Da bin ich jeden Abend hingegangen, durfte ich auch. Meine Eltern fanden es gut, daß ich mir was anderes angucke als nur Godzilla. Dann wurde ich gefragt, ob ich nicht ein bißchen helfen wollte – Karten abreißen, Programme verkaufen, vielleicht die Schaukästen dekorieren. Ich bin in Ohnmacht gefallen: Das war ein Zehn-Theater-Palast, ich war 14, und da liefen natürlich die ganzen Filme. Das größte Problem meiner Jugend war dieses blöde «ab 16», «ab 18». Alle Filme, die man sehen wollte, waren ab 16 oder ab 18. Was ab 12 war, war ja Pipi, das fanden wir langweilig. («Lola rennt» ist übrigens auch ab 12 – eigentlich sehr ärgerlich.) Aber Gott sei Dank sah ich älter aus, wie 17 vielleicht. Die haben gedacht, na ja, der jobbt halt hier, und so konnte ich in alle zehn Kinos einfach rein. Und zwar gratis – Kino war vorher immer auch ein Taschengeldproblem. Jetzt konnte ich mir in der Woche zehn Filme angucken. Ich hab die auch alle gesehen, alle Kung-Fu-Filme und jeden unvorstellbaren Alptraum, der in den späten Siebzigern produziert wurde. Ich hab auch «Caligula» gesehen und solche schlimmen Sachen. Wenn meine Eltern das gewußt hätten ...

Irgendwann ist in Wuppertal ein richtiges Programmkino eröffnet worden, das «Cinema», mit drei Sälen und einem irre guten Programm. Die haben, glaub ich, 70, 80 Filme im Monat gezeigt, was natürlich nur noch schlimmer war. Ich hatte einen Generalschlüssel – ein Traum, das war wie Schlaraffenland, nicht zu fassen. Ich weiß noch, der erste Abend, an dem ich hinter mir abgeschlossen hatte und alle draußen waren, ich war ganz allein, ich hatte drei Säle, ich konnte jeden Film nehmen und einlegen, und der große Saal, der hatte eine Achtzehn-Meter-Leinwand und 400 Plätze, das war echt riesig. Da hab ich nächtelang gesessen, zunächst alleine, später hab ich ab und zu Freunde eingeladen. War natürlich unheimlich gut, um Frauen zu imponieren, aber ich hab meistens die falschen Filme eingelegt ... irgendwelche Horrorfilme. Ich hab bald nur noch im Kino gelebt. Meine Eltern haben gesagt, solange du nicht sitzenbleibst, darfst du das machen. Das mußte ich so halbwegs hinkriegen. Meine Geschichtsklausuren habe ich auf dem Basiswissen von «Ben Hur» und «Quo vadis» gedreht – und 'ne Vier gekriegt. Es ging immer so gerade eben durch, und so durfte ich diesen Job machen. Hab Mitternacht abgeschlossen, konnte mir nachts zwei Filme angucken oder drei. Morgens um sechs oder halb sechs bin ich mit der ersten Schwebebahn nach Hause gefahren, hab eine Stunde gepennt und bin in die Schule gegangen. In der Schule hab ich natürlich gepennt. Oft bin ich auch aus dem Kino direkt in die Schule gefahren. Also, wenn ich jetzt meine Eltern wäre, ich hätt da schon irgendwie mal eingegriffen.

Hattest du denn schon eine Vorstellung davon, daß das auch ein Mangel sein könnte: an Lebenserfahrung, an normalem Leben, oder war das alles gut und richtig?

Ich hab wirklich Glück gehabt. An einem entscheidenden Punkt, mit 16, 17, wo ich kurz davor war, zu einem autistischen Fachidioten zu werden, kamen ein paar Leute und fragten, willst du nicht auch mal in eine Disco gehen. Trotzdem war es gut, daß ich einen Einstieg ins Kino gekriegt habe. Natürlich wollte ich Filme machen – ich war überzeugt, ich kann das, schließlich kenne ich ja alles. Das war ein Irrtum, denn ich hatte eigentlich gar nix zu erzählen. Also, ich hatte relativ wenig Eigenes erlebt oder zumindest bewußt erlebt. Es war immer alles im Kino kanalisiert worden.

Tom Tykwer im Vorführraum des «Cinema», Wuppertal

Bei vier Filmhochschulen hab ich mich beworben, Berlin, München, London, Amsterdam, und geglaubt, ich kriege vier Zusagen und kann mich dann entscheiden. Alle vier haben abgesagt, einfach mit Formbrief ... Das war ein Schock, da hab ich 'ne Krise gekriegt, aber es hat dazu geführt, daß ich plötzlich gemerkt habe, ich muß mich auf andere Sachen einlassen in der Welt. Das hat ziemlich lange gedauert. Sechs Jahre, in denen ich halt viel anderes gemacht hab. Ich hab studiert, vier Semester Philosophie, tausend Sachen ausprobiert und hab eine unvorstellbar anstrengende, aber ganz tolle Beziehung geführt. Sie fand Kino grauenhaft, total blöde, keine Kunst, sondern stumpfer Kommerz. Ich hab gedacht, ich brauche nicht erklären, warum Kino großartig ist, ich nehm sie einfach in die Meisterwerke mit. Doch zwischendurch ging sie gähnend aufs Klo und kam dann wieder: Ach Gott, wie lange dauert denn der Film noch. Also, solche Situationen ... früher eindeutige Trennungsgründe –

Das war dann echte Liebe?

Offensichtlich. Intuitiv hatte ich mitbekommen, welche Filme besser und welche schlechter sind, aber ich hatte gar kein analytisches Bewußtsein. Zwei, drei Jahre habe ich wirklich nur geredet und mußte das Kino verteidigen, habe mich wahnsinnig viel gestritten, fünf Jahre lang.

Aber das war die Zeit, in der ich, banal gesagt, ein normaler Mensch geworden bin und festgestellt habe: Wenn du Filme machen willst, mußt du dein Thema finden. Man kann natürlich auch Remakes drehen, wie gesagt, der Godzilla-Film ist ja ein Beispiel dafür. Und es gibt Regisseure, die ein ganzes Leben damit verbringen, Chinaböller irgendwo reinzustecken. Es klingt bornierter, als ich es meine, aber mich persönlich würde es einfach nicht befriedigen.

«Moviemento»

Ich war in Berlin gelandet, brauchte einen Job, hab im Kino gefragt und konnte vorführen, aber nur drei Tage die Woche. Ich habe dann bald das Programm übernommen, saß an der Kasse. Die Leute kamen zu mir, man redete übers Programm, über die Filme, und ich habe auch mitbekommen, wenn man sich vertan hatte oder zu sehr nach eigenen Vorlieben gegangen war. Das «Moviemento» in Berlin bestand aus drei Kinos, fast 100 Filme liefen im Monat, und wir haben wirklich die aberwitzigsten Retros gemacht, die unglaublichsten Doppelprogramme und die verrücktesten Konstellationen, und weil ich das konsequent gemacht habe, lief es trotzdem gut. Das war die goldene Ära der späten Programmkino-Zeit.

Kurzfilme Am Ende dieser fünf Jahre, in denen ich mich nur gestritten hab, habe ich den ersten Film wieder gewagt, motiviert von Leuten wie zum Beispiel Rosa von Praunheim. Er hat gesagt, mach was von dir, erzähl was über dich, du führst 'ne lustige Beziehung, da lachen alle drüber, ihr streitet euch die ganze Zeit, mach das, weil, das ist echt, das glaubt man dir. In «Because» liegen zwei im Bett – der Film dauert eine halbe Stunde – und streiten sich die ganze Zeit. Der Film ist gut, weil er wahr ist. Vielleicht ein bißchen arg privat, aber es war trotzdem zu merken, daß es stimmte. Solche Sätze kann man nur schreiben, wenn man weiß, wovon man spricht. Ich versuche immer, dieses Element in meine Filme hineinzutragen. In «Lola rennt» gibt's ja auch, für mich das heimliche Herz des Films, die Szenen im Bett, in denen es gar keine Effekte gibt, kein Kameragedöns und kein rasendes Gehechel, sondern zwei Leute reden einfach miteinander. Die Szenen haben eine Intimität, die man glaubt.

«Because» war total unterbelichtet, kameramäßig ziemlich grauenhaft – darf ich deswegen sagen, weil, der Kameramann hieß Frank Griebe, und der ist ja inzwischen nicht mehr so grauenhaft. Frank arbeitete im «Alhambra», er hat da vorgeführt. Er holte immer seine Freundin an der Kasse im «Moviemento» ab, und so haben wir uns kennengelernt – über die Frauen. Der Film war so dunkel und unterbelichtet und auch ein bißchen sehr speziell, daß er dann nur auf vier, fünf anderen Festivals lief, und dann schien das Ganze sich schon wieder im Sande zu verlaufen. Ein paar Fernsehredakteure kamen auf mich zu und sagten, wenn du mal wieder was hast, schick es doch. Na gut, dann mußte ich halt noch 'n Kurzfilm drehen: «Epilog», wieder zwei Leute, die sich streiten, wieder ein Mann und eine Frau, aber «Epilog» war viel filmischer, diesmal gab's schon Mord und Totschlag und Schießereien, und vor allem ganz viel Kameratechnik, die ich einfach mal ausprobieren wollte, Fahrten und Kreisfahrten. So was findet man als Anfänger natürlich unheimlich aufregend.

Frank Griebe

Das Drehbuch von «Die tödliche Maria» habe ich an das ZDF geschickt, die Videokassette von «Epilog» dazugelegt, weil eine Redakteurin mir einen relativ langen Brief zu meinem ersten Drehbuch geschrieben hatte, einen ablehnenden, aber interessierten. Liane Jessen vom «Kleinen Fernsehspiel». Zwei, drei Monate war nix, ich war ja schon daran gewöhnt, hatte das schon abgeschrieben. Irgendwann kam ich nach Hause, und auf meinem Anrufbeantworter sagt sie: «Ja, Tom, ich bin's. Es ist unglaublich, es war ganz knapp, aber ich hab das Projekt durchgekriegt, also wir machen das jetzt.» Wir haben für «Die tödliche Maria» noch eine Förderung gekriegt, und dann hab ich Stefan Arndt, meinen Konkurrenz-Kinomacher in Berlin, gefragt, ob er mit mir zusammen produzieren will. Er hat das «Sputnik»-Kino in Berlin gemacht, wir haben uns immer gegenseitig das Programm geklaut, haben uns darüber aber angefreundet. Für «Die tödliche Maria» haben wir die Liebesfilm GmbH gegründet. Und sind fast pleite gegangen. Wir haben alles in den Film gesteckt, Gagen und alles, alle Handlungskosten, die eine Firma normalerweise behalten muß, sind in den Film gegangen. Wir haben mit einer Mark minus abgeschlossen.

«Die tödliche Maria», das Porträt einer Frau zwischen behindertem Vater, lieblosem Ehemann und scheuem Liebhaber, ist kurioserweise ungefähr die Art von Ge-

schichte, an der sich das deutsche Kino zehn Jahre lang versucht hatte. Im Grunde genau das, was keiner mehr sehen wollte, jeder satt hatte. Was den Film unterscheidet, ist eben die Art und Weise, wie du versucht hast, der Wirklichkeit Beine zu machen. Also praktisch die Errettung der Wirklichkeit dieser Frau durch die Muster von B-Movies, Western, Horrorfilm, Voodoo-Film etc.

Das stimmt, die Geschichte ist ein depressives Spülstein-Hausfrauen-Drama, geradezu exemplarisch das, was den deutschen Autorenfilm zugrunde gerichtet hatte. Es gab übrigens Zeiten, da war das anders, da haben solche Themen die Leute nicht abgeschreckt: Fassbinder hat ja Filme gemacht, die oft solche Themen hatten und wo die Leute wie verrückt reingegangen sind. Bei Fassbinder fand ich immer toll, daß er Alltagsthemen nahm; beeindruckend an ihm ist, daß er ganz, ganz nah am Leben blieb und ganz viel Stilisierung gewagt hat. Das mag ich gern. Auch ich versuche, den Spagat hinzukriegen zwischen einer Geschichte, die hier und jetzt denkbar ist, aber auf eine Weise erzählt wird, die der Idee von Kino gerecht wird. Daß man eine Inspiration bekommt, die nach dem Film weitergeht. Heute würde ich sagen, dieser Punkt ist in «Die tödliche Maria» noch ungelöst: einerseits diese spröde Geschichte und gleichzeitig ein totaler Reißer ... Ich wollte unbedingt einen Horrorfilm machen. Genre definiert sich über Regeln, zugleich sorgt es aber dafür, daß die persönliche Handschrift zurücktreten muß, was ich nicht so gerne will. Das Genre sagt einfach, Moment, du mußt jetzt stop machen, du brauchst hier die Aufklärungsszene, du brauchst hier die Mordszene, du brauchst jetzt hier das

«Die tödliche Maria»

und das. Damit kämpfe ich immer, deswegen sind meine Filme bis jetzt Melangen, es sind eigentlich mehrere Genres versammelt, und Sachen, die sich eigentlich beißen, begegnen einander und versuchen trotzdem eine seltsame Hochzeit.

«Die tödliche Maria» hatte Weltpremiere in Hof – da hatten auch die beiden Kurzfilme Premiere, immer in einem kleinen Kino oben in der Ecke und mit sich lichtenden Reihen, aber jetzt war der Termin Freitag abend, 20 Uhr, die wirklich wichtige Vorstellung. Ich war fest davon überzeugt, daß nun die filmische Weltrevolution in Deutschland beginnt. Dann sah ich die Leute nach der Vorstellung rausgehen: Ja, was läuft denn als nächstes, ja, ich weiß nicht, ja, war 'n bißchen lang. Na ja, ich geh dann mal rüber. Wir sehen uns nachher. Ich hatte gedacht, jetzt kommen alle auf mich zu und sagen, du bist der Kaiser. Das war nicht der Fall. Ein paar Leute fanden den Film gut, und es gab auch ein paar ganz gute Gespräche über den Film, aber das war halt jenseits von Orson Welles. Dessen erster Film war «Citizen Cane» – das hatte ich nicht hingekriegt.

In «Die tödliche Maria» gibt es eine Szene, da sagt Joachim Król: «Ich schreibe nichts, ich dichte nichts, ich erfinde nichts, ich sammle nur.» Ist das die Art, wie du dich gesehen hast?

Diese Figur ist die Vision dessen, was aus mir hätte werden können, wenn nicht bestimmte Leute irgendwann mal gesagt hätten, hör mal, laß uns doch mal 'n Bier trinken gehen. Dann hätte ich irgendwann dagesessen zwischen Papierbergen und bestenfalls vielleicht Kinoprogramme gemacht. Ich hab immer noch einen starken Bezug zu eigenbrötlerischen Menschen, die sich ihr eigenes System geschaffen haben und darin hängengeblieben sind. Das kann ich gut nachvollziehen, es hat auch etwas Verführerisches.

Also, ich war so überzeugt von dem Film – das war echt schrecklich, die ersten Zahlen waren Horror. «Die tödliche Maria» lief selbst in Berlin, sogar in meinem eigenen Kino schlecht. In der ersten Vorstellung um 18 Uhr – ich hab natürlich um 18 Uhr 15 angerufen, ich war nicht da, weil mir das zu aufregend war –, da waren zwei drin. Und um 20 Uhr waren's elf. Das war echt bitter. Na ja, er lief nachher doch noch ein bißchen besser. Ich wußte, der Film ist gut, aber irgendwas stimmt an ihm trotzdem nicht. Da steckt viel von der Kraft drin, die ich damals hatte, aber der Film ist auch ein bißchen ignorant. Ich war noch nicht frei genug, eine Geschichte zu erzählen, mit der ich wirklich verwachsen bin. Deshalb hab ich eine Pause gemacht und mich danach entschieden, erst einmal einen Film zu machen über Leute, die so alt sind wie ich und Konflikte haben, die mir näher sind.

United Artists

«Winterschläfer» ist ein Versuch, das Dilemma dieser Generation zu beschreiben: Man spürt eine unheimliche Energie in sich, weiß aber nicht, wie sie zu kanalisieren ist. 1995/96 war eine seltsam stagnierende Zeit. Bei jedem, dem ich begegnet bin, hatte ich das Gefühl: O Gott, der schlappt gleich in totalen Phlegmatismus ab und ich gleich mit, auch intellektuell. Lustvoller Austausch war schwer zu finden. Auch innerhalb der Filmbranche, leider auch unter den Regisseuren, die ich kannte. Das Problem ist immer noch vorhanden, der Austausch und der Streitwille sind relativ gering. Jeder hat Schiß, substantiell in Frage gestellt zu werden. Na ja, ich kann Kritik natürlich auch nicht gut leiden,

Dreharbeiten zu «Winterschläfer»

aber ich hab Wolfgang Becker kennengelernt, der eine völlig enervierende Kritikersäge ist: Er ist ganz toll, läßt nicht locker, und wir haben ewig gestritten. Dani Levy haben wir dazugeholt und Stefan Arndt, mit dem ich eine Produktionsfirma für «Die tödliche Maria» gegründet hatte. Wir haben beschlossen, nach außen aufzutreten, als wären wir United Artists, und haben die Firma X-Filme gegründet. Das ist natürlich unheimlich großspurig, weil wir nicht annähernd das Geld oder die Möglichkeiten haben. Aber es hat toll funktioniert: Wir haben einen Impuls gesetzt gegen das Gefühl der Isolation in der Branche.

Es gibt bei aller Unterschiedlichkeit deiner drei Filme doch erstaunliche Konstanten, so wie Nina Petri in «Die tödliche Maria» Insekten und Briefe, Joachim Król die Autoren sammelt, so macht Ulli Matthes in «Winterschläfer» immer Fotos, weil er kein Kurzzeitgedächtnis hat. Ist denn diese Sammelwut ein Weg, dem Chaos dieser Welt ein Muster aufzudrücken, ihm wenigstens einen Sinn zu geben, bestünde er auch lediglich in dieser Sammelleidenschaft?

«Winterschläfer»

Ja, für mich ist das ein Weg, dieses Chaos, das uns ständig umgibt, zu bewältigen. Ich bin unheimlich fasziniert von jeder Art von System, das wir uns selber basteln, um mit all den Eindrücken, die auf uns niederprasseln, klarzukommen. Das macht ja jeder anders. Beim Filmen spielt das eine große Rolle. Die Herausforderung beim Film für mich ist, eine Subjektivität zu erzählen, das heißt, etwas nachvollziehbar zu machen. Identifikation zu erzeugen heißt ja, einen subjektiven Eindruck zu reproduzieren. Innerhalb dieses Feldes muß man sich mit dem Problem beschäftigen, wie Menschen ihren Blick systematisieren. Das muß ich mit der Kamera ja auch tun, diesen Blick muß ich übernehmen. Die Sammler in meinen Filmen haben so ein System. Bei «Winterschläfer» handelt es sich um eine Dopplung dieser Idee: Ulli Mathes systematisiert seinen eigenen Blick, weil er nicht memorieren kann. Er hat eine Amnesie, sein Kurzzeitgedächtnis ist beschädigt. Er versucht trotzdem, seine Erinnerung wachzuhalten, indem er von allem, was er tut, Fotos macht. Ich hab das Motiv von der Lomographie übernommen, übrigens eine ganz interessante Kunstform. Lomographie sind Fotos, die man aus der Hüfte macht, ohne den Blick durch den Sucher. Insofern sind sie weniger beeinflußt, vermitteln in ihrer Zufälligkeit eine Pseudoobjektivität, die natürlich eine Illusion ist. Dieser Illusion muß auch er erliegen, denn er kommt in einen großen Konflikt dadurch, daß er sich an etwas ganz Wichtiges erinnern muß – er war an einem Verkehrsunfall beteiligt und kann sich nicht erinnern. Er hat nur Fotos, die ihm ein falsches oder seltsames Bild vermitteln von dieser Erinnerung. Sein großes Problem ist das Dilemma, das wir Filmemacher auch haben, worunter wir auch immer leiden: Finden wir das richtige Bild für diese Idee oder für dieses Gefühl oder für diesen Moment, oder ist dieses Bild auch nur eine Behauptung von irgendeiner Art von Echtheit oder Wirklichkeit?

Eine Art Zwangsvorstellung

Ich finde das total spannend, denn ehrlich gesagt macht das jeder. Ich hab eine extreme Manie, ich zähle Schritte, und zwar immer. Da hab ich auch so magische Zahlen, an denen ich mich festhalte. Wenn ich's halt nicht in fünf Schritten schaffe, muß ich's in zehn schaffen, weil, sechs ist 'ne Horrorzahl, dann passiert irgendwas Furchtbares. Das kennt jedes Kind. Ich hab das als Kind wie ein Besessener gemacht; zum Beispiel kommt hinten ein Auto an, und man sieht

Tom Tykwer bei den Dreharbeiten zu «Die tödliche Maria»

vorne 'n Baum, man ist grade auf dem Weg zur Schule, dann kommt das Auto und man rennt los, und man muß unbedingt an dem Baum vorbei sein, bevor das Auto vorbei ist, weil sonst was Furchtbares passiert. Man weiß noch gar nicht, was, und man rennt schon, bevor man's weiß. Und man hat echte Panik. Ich bin wirklich mit glühender Angst dahingerannt. Das ist natürlich ein System, man ordnet sich da irgendwas, man stellt sich vollkommen sinnlose Aufgaben, die, wenn man sie bezwingt, dann zeigen, man ist reif fürs Leben.

Kurioserweise verbinden sich mit diesen Zwangscharakteren in deinen Filmen Wahnvorstellungen oder Bilder vom freien Fall. «Winterschläfer» endet damit, selbst in «Die tödliche Maria» gibt's eine Szene, wo es heißt, die Japaner hätten diese Abenteuerfahrten, genannt Rides, die man im Fernseher sieht …

… und am Schluß fällt Maria aus dem Fenster … ganz tief …

… und in «Lola rennt» kommt wiederum diese Fahrt vor, auf das Porträt von der Dame mit dem Haarknoten, was wiederum an «Vertigo» von Hitchcock erinnert, in dem es um einen Mann geht, der an Höhenangst leidet. Dieser Zwangscharakter, der immer auszulösen scheint, daß du keinen Boden mehr unter den Füßen hast, also dieser gleichzeitige Horror neben der Befriedigung, ein System gefunden zu haben.

Ja, bestimmt. Ich kann das jetzt kaum ergänzen, weil das schon ganz gut gesagt ist. Fallen ...

Also, ist es ein bewußtes Hitchcock-Zitat?

In «Lola rennt»? Ja, klar spielt «Vertigo» schon wegen seiner erstaunlichen zeitlichen Struktur eine Rolle. Da ist ja jemand, der in einer anderen Zeit lebt und jemanden aus einer noch mal anderen Zeit liebt. Das ist ein ganz irres Konstrukt, und «Vertigo» ist, abgesehen davon, einer meiner Lieblingsfilme.

Es gibt eine banale Anekdote zu diesem Bild, das hinter dem Roulettetisch hängt in «Lola rennt». Sie läßt diesen infernalischen Schrei los, gewinnt die 100 000 Mark, und am Ende starren alle zur Kasse rüber und können's nicht fassen, die Kamera fährt an allen vorbei und kurz auch an diesem Bild, wo man eine Frau von hinten sieht, eine blonde Frau mit einem Dutt, bevor die Kamera auf der Uhr landet. Diese blonde Frau mit dem Dutt ist natürlich eine Anspielung auf Kim Novak in «Vertigo». Faktisch war's so, wir haben diese Kamerafahrt geprobt, und die Wand dahinter war leer. Irgendwann sag ich zum Ausstatter: «Das sieht ja grauenhaft aus, das ist ja so leer da. Können wir da nicht irgendwas machen. Wir drehen in zehn Minuten. Hast du irgendwas.» Der kam mit Bildern an, die alle schrecklich waren. Alexander Manassis, unser Ausstatter, ist ein wirklich begnadeter Maler, und ich hab gesagt: «Hör mal, mal doch mal schnell noch 'n Bild, komm.» «Was soll ich denn jetzt malen?» Da sag ich: «Ja, mal doch Carlota Valdez.» Carlota Valdez ist die Frau auf dem Gemälde in «Vertigo», die von Kim Novak immer betrachtet wird, und die hat auch so 'n

«Lola rennt»

dicken Dutt. Und dann sagt er: «Mensch, ich kann mich nicht mehr erinnern, wie sah die denn aus in dem Film.» «Na ja, dann mal Kim Novak mit diesem Dutt.» Dann sagt er: «Ach Scheiße, ich weiß nicht mehr, wie Kim Novak aussah.» Darauf ich: «Dann mal sie von hinten!» Dann hat er sie von hinten gemalt, das ging auch schneller. Und er hat wirklich in 15 Minuten dieses Gemälde gemalt, 1,60 x 80 cm oder noch größer, und dann haben wir's schnell noch auf einen goldenen Rahmen getackert, hingehängt, gedreht. Das ist die Wahrheit über dieses tiefsinnige Zitat.

1:0 für dich. Der Rest ist aber von nahezu mathematischer Perfektion, die Art und Weise, wie die drei Geschichten einander ergänzen ...

Was ich grade erzählt hab, ist nicht unbedingt typisch für mich. Abgesehen davon bin ich übrigens der Meinung, daß es egal ist, ob etwas in drei Minuten entstanden ist oder nicht. Es ist sogar egal, wie intentional es ist.

«Lola rennt»

Als du dich, Tausende von Filmen im Kopf, entschlossen hast, selbst Filme zu machen: was war es, wovon du dachtest, das kannst nur du machen, das mußt du erzähle? Die eine Szene oder das eine Gefühl, was auch immer.

Das sind viele Sachen gewesen. Bei «Lola rennt» war es das Bild dieser rennenden Frau, für mich so ein Urbild von Kino, weil es Dynamik und Emotion verbindet. In der Wahrnehmung faßt du einen dynamischen Ablauf zusammen, der einfach mechanisch sein könnte, den du

«Lola rennt»

aber gleichzeitig emotional aufladst. Ich hatte vor Augen eine Frau mit roten Haaren, und die Haare mußten auch so wehen, und sie mußte Verzweiflung und Leidenschaft ausdrücken. Das ist ein Bild, das hab ich immer mal wieder gehabt. Und dann dieses Bild vom Fall, das kommt auch immer wieder. Ins Kino gehen hat irgendwie auch damit zu tun: sich fallen lassen.

Musik: Tom Tykwer Musik ist für mich ein elementarer Teil von allen Filmen, die mir wirklich wichtig sind. Es gibt ein paar Ausnahmen, aber da ist wiederum die Abwesenheit von Musik etwas so Spezifisches und Aufregendes, daß Musik präsent ist durch ihre Abwesenheit. Film empfinde ich als etwas Musikalisches, dem Rhythmus Zugeordnetes. Beim Schnitt merkt man, daß man unheimlich viele Dinge erst formuliert bekommt, wenn man den Ton hinzubringt. Und zwar nicht in Szenen, wo gesprochen wird, sondern in Szenen, wo sich jemand bewegt oder etwas geschieht. Ton als Gestaltungsmedium finde ich fast genauso aufregend wie das Bild, verwende auch fast genausoviel Zeit da drauf in der Nachbearbeitung. Ich schneide ungefähr genauso lange an einem Film, wie ich ihn vertone, was eine tolle und auch kreative Arbeit ist, die einem Film auch ’ne ganz andere Dimension geben kann. Schon beim Schreiben höre ich Musik aus der Richtung, die ich mir für den Film vorstelle, und dann geht man auf die Suche, macht Samples, findet irgendwelche Effekte und Sounds und eine bestimmte Art von Stimmung in musikalischen Teilen, die man schon abspeichert und zusammensetzt, so daß man bereits grobe Layouts hat, während der Film noch in der Vorbereitung ist. Wenn der Film gedreht ist, mach ich eine erste Schnittfassung.

Oft werden Filme fertiggeschnitten und vertont, dann kommt noch die Musik obendrauf – was für mich undenkbar wäre. Nach der Rohschnittfassung bin ich ins Musikstudio gegangen, hab ein erstes Layout gemacht, bin wieder zurück in den Schneideraum und hab das langsam aneinander angepaßt, immer wieder hin und her. Bei «Lola rennt» hat es relativ lang gedauert, weil der Film kompliziert zu schneiden war. Ich finde auch nicht, daß es ein Techno-Film ist, sondern ich wollte den beiden Elementen, die den Film dominieren, musikalisch Rechnung tragen: dem Herzschlag von Lola und der Zeit, einer unheimlichen, auch brutalen Konstante, die Lola total einengt. Die Zeit hat einen unerbittlich gleichen Rhythmus, so kam die Bassdrum. Es sollte wie aus einem Guß erscheinen, eben eine richtige Filmmusik.

Lola rennt
Regie und Buch:
Tom Tykwer
Mit
Franka Potente,
Moritz Bleibtreu
Kamera:
Frank Griebe
Produktion:
X-Filme
Creative Pool

Lola. Ein Nachwort, viel zu früh

Helmut Krausser über «Lola rennt»

Über nichts habe ich im Sommer dieses Jahres mehr und besessener diskutiert als über «Lola rennt» – und bin im nachhinein sehr froh, keine Kritik – quasi ein Vorwort – geschrieben zu haben, sondern ein Nachwort schreiben zu dürfen. Zusammenzufassen, was geschah.

«Lola rennt» ist ein Film und mehr als ein Film, er ist eine Oper, indem die Musik im Gegensatz zu anderen cineastischen Produkten *unabdingbarer* Teil der Bild-Klang-Synthese wird. «Lola rennt» in einem Kino mit nur durchschnittlicher Tonanlage verliert jeden Zauber – doch taugt das keineswegs als Argument gegen den Film. Viele Jugendliche erfahren hier über den Umweg Kino zum ersten Mal die Wucht großer Opern, etwas für sie ganz Neues – das Publikum wird Resonanzkorpus des Soundtracks, Musik ist kein Hintergrundsäuseln, kein plätscherndes Melos, wird nicht mit den Ohren allein, sondern unmittelbar, mit dem gesamten Körper erfahren. Wer sich daraufhin über übertriebene Beschallung beschwert, sitzt nicht im falschen Film, er sitzt im falschen Genre.

In den Eingangssequenzen zu Lola gestattet sich Tom Tykwer visuelles Pathos, wie es hierzulande lange weder zu sehen noch zu hören war. Schon dies ein deutliches Zeichen: Die Zeit künstlerischen Kleinmuts, der Zauderei und des Selbstzweifels sind passé. Der stählern-sphärische Sampleklang aus Charles Ives' *Unanswered Question*, unterlegt von schnellen Rhythmen, entwickelt hierzu den vielleicht unwiderstehlichsten Suggestiv-Sog seit, ja, man muß hoch greifen – Wagners Vorspiel zum ersten Akt der «Walküre».

«Lola rennt» ist ein Film und mehr als ein Film, er ist Aufbruchsignal. Startschuß für eine Generation, zurück zu den Basiswerten des Lebens zu finden, zu Leidenschaft, Kreativität und Engagement. Seine Botschaft kommt unmißverständlich – du hast drei Chancen, aber nutze wenigstens eine. Mach etwas und zuallererst aus dir.

Tom Tykwer hat das Kino nicht neu erfunden, aber in seiner Trinität als Regisseur, Drehbuchautor und Filmmusikkomponist hat er schlichtweg alle ihm zur Verfügung stehenden Mittel genutzt. Das ist mehr, als viele andere von sich behaupten können. Dem Tüchtigen lacht das Glück? Manchmal. Lola schaffte es auf Platz eins der Kinocharts – wenigstens diesmal traf Popularität auf Qualität. Prompt begann ein Prozeß, der in Deutschland so kultisch zelebriert wird wie nirgendwo sonst: die Demontage des Gekrönten. Die Nivellierung des Erreichten durch Besserwisserei, durch skeptizistisches Palaver. Der programmatische Haß auf alles, was in diesem Land den Blick über den Tellerrand gewagt hat. Schnell sind dann Relativierungsformeln zur Hand, wie zum Beispiel der Satz, «Lola rennt» sei im Grunde nur ein aufgeblasener Mega-Videoclip, die Handlung durch ihre Wiederholungen durchschau- und vorhersehbar. Dies zumeist aus dem Mund von Leuten, die im Leben keine halbe Stunde MTV weder vorher- noch gesehen haben, geschweige denn durchschaut.

Franka Potente als Lola

Was passiert eigentlich in diesem Film?

Lola, die zu spät kam, die deshalb mit ihrem Freund einen Supermarkt ausgeraubt hat, wird von der Polizei gestellt und erschossen. Sterbend aber sagt sie schlicht:

Ich will nicht – und rennt von neuem los, um es beim zweiten Lauf besser zu machen. Dies wurde von Publikum und Kritik ohne viele Fragen akzeptiert, man hat sich anscheinend auf das Erwartungsniveau der Augsburger Puppenkiste zurückgeschraubt.

Aber Lola stirbt. Der Film, den wir zuvor gesehen haben, läuft, wie das beim Sterben eben sein soll, vor ihrem Auge noch mal ab – und nur, weil das zuvor Gesehene unabänderlich geschehen ist, wird sie fähig, beim zweiten und beim dritten Lauf aus den vorangegangenen Läufen zu lernen.

Die Handlung geht von der «Realität» in eine Welt der Imagination über, in eine Parallelwelt, in der Lola immer neue Wahrheiten erfährt. Diese Welten vermischen sich, greifen ineinander über – alles, was *war* wird zum *wäre gewesen*. Dargestellte Quantenphysik.

Moritz Bleibtreu als Manni

Am Schluß des zweiten Laufs kommt Lola zwar nicht zu spät, aber ihr Freund Manni wird überfahren. Ist er tot oder nicht?

Manni wird zu einer Art Schrödingers Katze – immer zugleich tot und lebendig, je nachdem, welcher der beiden Welten der Zuseher eher Glauben schenken will.

Im dritten Lauf, einer neu darübergelegten Sphäre im Sinne des ptolemäischen Weltbildes, sind beide tot. Man könnte auch sagen: Der dritte Lauf ist der Traum des (in Lolas Traum) sterbenden Manni – nämlich, wie alles nach Wunsch hätte kommen können, bei bestem Verlauf. Der Film macht das durch Paradoxien deutlich, von denen eine die für mich ergreifendste der jüngsten Kinogeschichte darstellt: Lola gelangt zur Bank, ihr (vermeintlicher) Vater ist abgefahren, sie erwischt ihn nicht mehr. Vor der Bank steht Armin Rohde, der Sicherheitsbeamte, Lolas *leiblicher* Vater, er begrüßt sie mit den Worten:

«Schatz, bist du endlich angekommen!» Im selben (dritten) Lauf liegt er ja aber doch, da er im (zweiten) Lauf einen Herzinfarkt erlitt, im Notarztwagen! Klar wird, wir haben es mit einem Mix aus Geisterwelten zu tun, in der alles nur noch Fragment der Erinnerung oder der Vorstellung ist.

So erklärt sich auch die Szene im Casino als Wunschtraum, so erklärt sich auch die Szene, als Lola am Ende des dritten Runs vor dem dunklen (!) Supermarkt eintrifft – Hunderte Meter weit kein einziger Mensch, nur sie. Es ist das Jenseits, nichts sonst. Schöner ist es nie bebildert worden. Ein Jenseits, in das, aus der Kraft der Liebe heraus, die Elemente einer ehemals starr geglaubten Realität hinübergezogen werden.

Lola und Manni gehen auf der menschenleeren Straße in ein Happy-End, das rein virtuell durch die Macht der Imagination entstand.

Wenn das kein Plot ist. Wenn das keine komplexe Struktur bietet, die gedanklich noch weit über Kubricks Finale zu Odyssee 2001 hinausgeht!

Tom Tykwer hat sich gehütet, in Interviews davon zu erzählen. Tiefe gilt in Deutschland als Makel, wirkt in jedem Fall an den Kinokassen eher abschreckend. Trauriger Fakt. Man muß sich flach und verdaulich geben, um Zuschauer anzulocken – das ist die kulturelle Katastrophe unsrer Zeit. Schuld daran ist nicht das Publikum, sondern die jahrzehntelange Pflege eines obsoleten Kunstbegriffes. Filme wurden künstlich am Leben erhalten, die vorgaben, Tiefe zu besitzen, aber einfach nur schrecklich öde und schlecht waren. Understatement und Bescheidenheit bildeten in diesem Land viel zu lange den Schleichweg zum kleinen Erfolg, mit dem sich viel zu viele früh zufriedengaben.

«Lola rennt» ist nur ein Film? Ich glaube nicht. Wie der Sommer '88 der Sommer war, in dem Silke Bischoff starb, wird der Sommer '98 fortan der Sommer sein, in dem Lola rannte. Als in Deutschland etwas – endlich – geschah.

Eins, zwei, drei ... x Filme

Berlin, Juli 1994: Die drei Regisseure Wolfgang Becker, Dani Levy und Tom Tykwer und der Filmwirtschaftler Stefan Arndt gründen gemeinsam die Produktionsfirma X-Filme Creative Pool. Man will die Isolation von Regisseuren (oft ohne Autoren und deshalb notgedrungen Autorenfilmer), Autoren (ohne Regisseure und deshalb oft Fernsehautoren) und Produzenten (meist ohne Ideen, aber mit Nöten) überwinden.

Fünf Jahre später sind sechs Filme produziert, X-Filme hat einen First-Look-Deal mit der amerikanischen Miramax abgeschlossen und zusammen mit Motor Music das Label x music gegründet. Die X-Film-Story in Bildern und Zitaten:

X EINS
«Stille Nacht»
Regie: Dani Levy
Buch: Klaus Chatten, Dani Levy, Maria Schrader
1996

X ZWEI
«Das Leben ist eine Baustelle»
Regie: Wolfgang Becker
Buch: Wolfgang Becker, Tom Tykwer
1996

«1994 war der absolute Tiefpunkt des deutschen Films, sowohl was den Marktanteil als auch die Inhalte betraf. Da haben sich etliche Berliner Regisseure regelmäßig getroffen, um über die Problematik zu reden – das war teilweise konstruktiv, teilweise auch eine Jammerbude. Es war auch eine Zeit der Verzettelung, die mit der Gründung von X-Filme ihr Ende fand.» *Wolfgang Becker*

«Wir sind sehr verschieden, aber wir bekennen uns zu allen unseren Filmen, auch wenn wir Hardcore-Kritiker sind und uns nicht mit Streicheleinheiten verwöhnen. X-Filme besteht aus vier individuellen Köpfen, die wir uns manchmal heiß reden oder auch einrennen. Aber die Konflikte laufen nicht auf der Erfolgs-, sondern auf der Inhaltsebene.» *Dani Levy*

X DREI
«Winterschläfer»
Regie: Tom Tykwer
Buch: Tom Tykwer, Anne-Françoise Pyszora
1997

«Wir sind nicht auf der deutschen Komödienwelle mitgeschwommen oder haben Remakes von deutschen Filmen hergestellt. Wir suchen authentische Stoffe, die in Deutschland spielen oder mit Deutschland zu tun haben, aber international funktionieren. Ziel ist ein anspruchsvolles Independent-Autorenkino, das eher in der Tradition der amerikanischen Independents liegt.»
Stefan Arndt

X VIER
«Lola rennt»
Regie und Buch:
Tom Tykwer
1998

«Gemeinsam ist man stärker, man kommt aus der Vereinzelung heraus, es gibt ein konstruktives Korrektiv, das notwendige Feedback. Tom Tykwer und ich haben gemeinsam das Drehbuch zu ‹Das Leben ist eine Baustelle› geschrieben, der erste Fall konkreter Zusammenarbeit. Man ist auch nicht mehr so schnell spaltbar. Das beginnt mit ganz simplen Vertragsangelegenheiten.»
Wolfgang Becker

«Normalerweise ist die Filmbranche ein Haifischbecken: Jeder bemüht sich, dem anderen die Flosse abzubeißen. Das Gute bei X-Filme ist, daß wir über unsere Projekte in

aller Freundschaft reden können. Durch diese Konstellation können wir auch schwierigere Stoffe durchsetzen, Geschichten, die über das Alltägliche hinausgehen und auch international verständlich sind. Mit Budgets zwischen sechs und zehn Millionen Mark muß man Geschichten erzählen können, die auch für andere Länder von Interesse sind.»
Stefan Arndt

X FÜNF
«Meschugge»
Regie: Dani Levy
Buch: Maria Schrader, Dani Levy
1999

«Ich glaube nicht, daß wir immer nur krasse, wahrhaftige, authentische Filme machen müssen. Trotzdem interessiert mich im Moment genau das.» *Wolfgang Becker*

«Die Bündelung von Interessen hilft. Man berät sich untereinander, diskutiert bis zur Schmerzgrenze. Man darf nicht nur in Harmonie machen, sondern muß sich auch schon mal hart ins Gewissen reden. Wir haften alle persönlich für den Film des anderen. Wenn einer von uns seinen Film in den Sand setzt, sind alle pleite. Das ist schon eine Art von Verbindlichkeit, die ich als Stärke empfinde, weil wir gemeinsam hinter unseren Filmen stehen.» *Tom Tykwer*

«Das Schöne an dieser Firma ist, daß wir unberechenbar sind. Man braucht sich nur ‹Lola rennt› und ‹Meschugge› ansehen: zwei völlig unterschiedliche Filme im gleichen Jahr von der gleichen Firma. Das macht eine Firma sehr offen, trotzdem gibt es eine gemeinsame Sprache.»
Dani Levy

«Es gibt kaum starke Stoffe, kaum starke Scripts, nicht, weil es keine Ideen gibt, sondern weil sich keiner traut, sie wirklich zu Ende zu denken oder zu Ende zu entwickeln. Natürlich lieferst du dich mehr aus, wenn du an deine Substanz gehst, und bist nachher auch angreifbarer. Und wenn der Film schiefgeht, ist es natürlich verheerender. Wenn aber der Film gelingt, ist es eben genau das, was wir brauchen.»
Tom Tykwer

X FÜNF
«Absolute Giganten»
Regie und Buch:
Sebastian Schipper
1999

«Wir schaffen es langsam auch besser, uns selbst die Produktionsheimat so zu gestalten, wie wir sie uns wünschen: über die Budgets Kontrolle zu haben, auch über die Verwendung des Geldes, mit entscheiden zu können, wie stark die Firma ins Risiko geht oder nicht. Wir haben niemanden auf der anderen Seite des Tisches, der in seine eigene Tasche wirtschaften will, dessen Interesse in erster Linie ein finanzielles und nicht ein inhaltliches ist.»
Dani Levy

«Das Kinopublikum ist bereit, sich auch anspruchsvolle deutsche Filme anzusehen. Und wir sind gefordert, sie zu liefern, um dem Anspruch, den wir proklamieren, auch gerecht zu werden. Jetzt ist unsere Chance.»
Tom Tykwer

Run, Lola, Run: Around the World

Land	Verleiher	Starttermin
Australien	Sony/Columbia	14. Oktober 1999
Argentinien	Sony/Columbia	29. Juli 1999
Belgien	Upstream Pictures	7. April 1999
Brasilien	Sony/Columbia	19. November 1999
Bulgarien	Sofia Film	offen
Dänemark	Angel Films	16. April 1999
Estland/Lettland	Filmimax	offen
Finnland	Angel Films	offen
Frankreich	ARP	7. April 1999
Griechenland/Zypern	Rosebud S.A.	März/April
Hongkong	Shu Kei's Creative Work	2. April 1999
Island	Angel Films	offen
Italien	Lucky Red	in 1998
Japan	Pandora	Juli 1999
Kanada	Sony	11. Juni 1999
Korea	Hana Media	27. März 1999
Litauen	Amfiteatro	15. März 1999
Luxemburg	Upstream pictures	läuft bereits
Mexiko	Sony/Columbia	6. August 1999
Neuseeland	Sony/Columbia	1. August 1999
Niederlande	Upstream Pictures	18. Februar 1999
Norwegen	Angel Films/Arthaus	26. März 1999
Österreich	Stadtkino Wien	25. September 1999
Polen	Best Film	Juli/August 1999
Portugal	Miramax	offen
Rumänien	Romaniafilm	April 1998
Schweden	Angel Films	5. Juli 1999
Schweiz	Filmcooperative Zürich	11. September 1998
Singapur	Cathay Keris Films	offen
Slowakei	Sun Film	September 1999
Spanien	Miramax	offen
Südafrika	Videovision	Anfang August 1999
Taiwan	HWA JAAN	Juni 1999, nach US
Tschechien	Sunfilm	11. Februar 1999
UK	Sony/Columbia	22. Oktober 1999
Ungarn	Budapest Film	offen
USA	Sony	18. Juni 1999

Run, Lola, Run

Michael Töteberg über die Karriere eines Films

Einen Monat vor Drehbeginn schrieb Tom Tykwer den Schauspielern und Teammitgliedern einen Brief zur Einstimmung. Filmemachen sei oft wie ein Hindernislauf. «Aber manchmal kommen dabei Filme raus, die trotzen den angeblichen Gesetzen des Erzählens und des Marktes und des Geldes, und die sind trotzdem mitreißend und klug, emotional und intelligent. Machen wir doch mal so einen.»

Er hat ihn gemacht. Ein Geniestreich: Vom dramaturgischen Konzept ein Experimentalfilm, in der Realisierung ein cineastisches Feuerwerk, im Kino ein Publikumshit, der auch ein Jahr nach der Uraufführung noch Zuschauer ins Kino zieht und die deutsche Filmlandschaft verändert hat. Der 20. August 1998 wurde ein historisches Datum: «Lola rennt» startete mit 208 Kopien, hatte in der ersten Woche 360 000 Zuschauer und erreichte auf Anhieb Platz 3 (nach «Lethal Weapon 4» und «Akte X: Der Film»). Für Brancheninsider war eine andere Zahl noch entscheidender: der Kopienschnitt. 1734 Zuschauer pro Kopie (dagegen erreichten die 689 bzw. 649 Kopien von «Lethal Weapon 4» und «Akte X» lediglich 833 bzw. 717 Zuschauer). In der zweiten Woche rückte «Lola rennt» vor auf Platz 2, in der dritten Woche war der Film on the top: Platz 1 mit knapp einer Million Zuschauern. Monatelang konnte sich der unkonventionelle Film neben US-Blockbustern und heimischen Beziehungskomödien in den oberen Rängen der deutschen Kino-Charts behaupten. Mehr als 2,5 Millionen Zuschauer sahen bisher den Film im Kino. Inzwischen ist er auch als Video und DVD veröffentlicht.

Hinterher sind es alles nur noch Anekdoten: daß die Altersfreigabe «ab 12 Jahren» erst im Widerspruchsverfahren erstritten werden mußte, weil die Bedenkenträger die «Gewaltdarstellung» monierten. Daß keine Plattenfirma den Soundtrack veröffentlichen wollte, weshalb man vier Wochen vor Kinostart ein neues Label gründen mußte – und dann bekam «Wish» mit Franka Potente und Thomas D. für 250 000 verkaufte Singles eine Goldene Schallplatte (von der CD wurden rund 100 000 Stück verkauft). Daß Wella das Angebot zur Cross-Promotion ablehnte und damit eine einmalige Chance ausließ, während ein anderes rotes Produkt Lola für sich nutzte: Sechs Millionen Ketchup-Flaschen von Kraft zierten die roten Haare der Speedqueen. Daß die Majors bei dem Verleih Prokino anriefen und die Zahlen nicht glauben wollten, wobei man in der Münchner Zentrale eigentlich selbst überrascht war: Nach den Testscreenings korrigierten die Verleihprofis ihre Erwartungen zwar nach oben (und erhöhten die Kopienzahl), doch die Meßlatte hatte man, «Trainspotting» war die Vorgabe, auf eine Million Zuschauer gesetzt.

In der «Welt» war anläßlich des Kinostarts zu lesen: «‹Lola rennt› wird Tykwer – wagen wir die Prognose – deutschlandweit bekannt machen.» Der Film ging dann um die Welt. Erst auf die Festivals – Montreal, Venedig, Toronto, Sundance, Seattle, San Francisco –, wo sich der Erfolg bereits abzeichnete, anschließend konnte er flächendeckend in alle Territorien verkauft werden. «Lola rennt» spricht, was man sonst nur Hollywood-Produktionen zugesteht, eine universelle Filmsprache.

Hip and light Erstaunliche Nachrichten aus L. A.: Ein deutscher Film zieht die Hollywood-Prominenz ins Kino. Wynona Ryder, Julia Roberts, James Cameron sahen «Run, Lola, Run» im Nuart Theater, vermeldete die «Los Angeles Times». Die Low-Budget-Produktion, gezeigt als OmU, wird als cineastisches Wunderwerk gefeiert. Das Fachblatt «Entertainment Weekly» vergibt die Bestnote A: «Tykwer hat, 40 Jahre nach Godards revolutionärem Debüt, einen wahrhaft atemberaubenden Film gemacht.»

Nationwide wurde «Lola rennt» in der amerikanischen Presse groß herausgestellt. Franka Potente auf dem Titelblatt von «Time Out», Tom Tykwer als Titelgeschichte von «Filmmaker», dem Independent Filmmagazin. Von der «Boston Globe Review» bis zur «Seattle Times», vom «Hollywood Reporter» bis zum «Wall Street Journal»: ausnahmslos bekam der Film in der Kritiker-Wertung dreieinhalb oder vier Sterne. Der Film hat nur einen Makel, das MPAA rating «R», «Restricted because of some violence and bad language». Zu den euphorischen Besprechungen kommt das typisch amerikanische Boxoffice-Spiel: knapp $ 500 000 in zwei Wochen, Platz 20 in den Charts, in den Top Ten von Manhattan auf Platz 8. Der Soundtrack kletterte auf Platz 5 der Billboard Electronic Albumcharts.

Der US-Start erfolgte in New York, zunächst in vier Kinos, darunter das Angelika Center in SoHo. Die New Yorker waren gut vorbereitet: Ein halbes Jahr zuvor hatte «Run, Lola, Run» die gemeinsam vom Lincoln Center und Museum of Modern Art veranstaltete Reihe «New Directors/New Films» eröffnet und begeisterte Kritiker gefunden. Janet Maslin in der «New York Times» schwärmte von der Intelligenz und Gewitztheit des Films, der atemberaubenden, vorwärts treibenden Kraft, dem innovativen Potential. Eine wahre Hymne: «Tykwer verbindet visuelle Tricks, die das Tempo von Lichtgeschwindigkeit haben, unerschöpflich wechselnde Stile und die unbegrenzten Möglichkeiten interaktiver Narration.»

Dem Film war ein Ruf vorausgeeilt: Beim Sundance-Festival, bei den Filmfestivals in San Francisco und Seattle hatte «Lola rennt» Preise gewonnen.

Sony Pictures Classics brachte den Film bewußt klein heraus, um halbleere Kinos zu vermeiden. Erst in der vierten Woche erhöhte man die Kopienanzahl und ging in 70 Kinos, inzwischen sind es 172. Es war die richtige Strategie – der US-Verleih wußte, so Michael Barker von Sony, daß es für einen deutschen Film, auch wenn er «hip and light» ist, schwer zu überwindende Barrieren gibt: Man kann sie nur erfolgreich unterlaufen, während der Versuch, sie mit einer Blockbuster-Strategie zu überspringen, mit Sicherheit gescheitert wäre.

Diese Erfahrung hatte man wenige Monate zuvor in Frankreich gemacht: Der Verleih ARP Sélection brachte «Cours, Lola, cours» in synchronisierter Fassung mit 165 Kopien und viel Promotion in die Kinos. Das Ergebnis war ein Desaster: 45 000 Zuschauer in der Startwoche, das sind magere 270 Zuschauer pro Kopie. Dabei hatte ARP-Chef Philippe Kaempf sich bemüht, die deutsche Herkunft herunterzuspielen und dem Film ein internationales Image zu geben. Es half nichts: «Das Publikum scheint gegen das heutige deutsche Kino allergisch zu sein», konstatierte das Branchenblatt «Le Film français» nach dem Flop. In den USA dagegen wurde die Frage: «How German Is It?» nur vereinzelt gestellt. Das Thema wurde als universell erkannt (und die Erscheinung des «young Berlin Hipster named Lola» erinnerte manchen Kritiker an den maskulinen Look des Comic-Zeichners Robert Crumb).

«Run, Lola, Run» spielte in den USA $ 7 Millionen ein (dort werden nicht Zuschauer gezählt, sondern nur Dollars). Das zweitbeste Ergebnis aller Zeiten für einen deutschsprachigen Film, nur «Das Boot» erzielte 1982 bessere Zahlen. Tom Tykwers Film ist Vorreiter für das junge deutsche Kino. Verwundert stellte ein US-Kritiker fest: «The Germans are coming.»

And the winner is ... «Lola rennt»

Bayerischer Filmpreis 1998

Bambi 1998
für Franka Potente

Hongkong Critics Choice 1998

Europäischer Filmpreis 1998
Nominierung

Filmfestspiele Venedig 1998
Deutscher Wettbewerbsbeitrag

Sundance Film Festival 1999
Publikumspreis: Bester ausländischer Film

Großer Preis der Stadt Genf 1999

Goldene Schallplatte 1999
für den Soundtrack

MTV Select Award 1999
für den Soundtrack

Ernst-Lubitsch-Preis 1999
für Tom Tykwer

Preis der deutschen Filmkritik 1999

Goldener Gilde-Filmpreis 1999

Internationales Filmfestival Seattle 1999
Bester Film

Deutscher Filmpreis 1999
Bester Film – Gold
Beste Regie: Tom Tykwer
Beste Nebendarstellerin: Nina Petri
Bester Nebendarsteller: Herbert Knaup
Bester Schnitt: Mathilde Bonnefoy
Beste Kamera: Frank Griebe
Publikumspreise: Franka Potente und «Lola rennt»

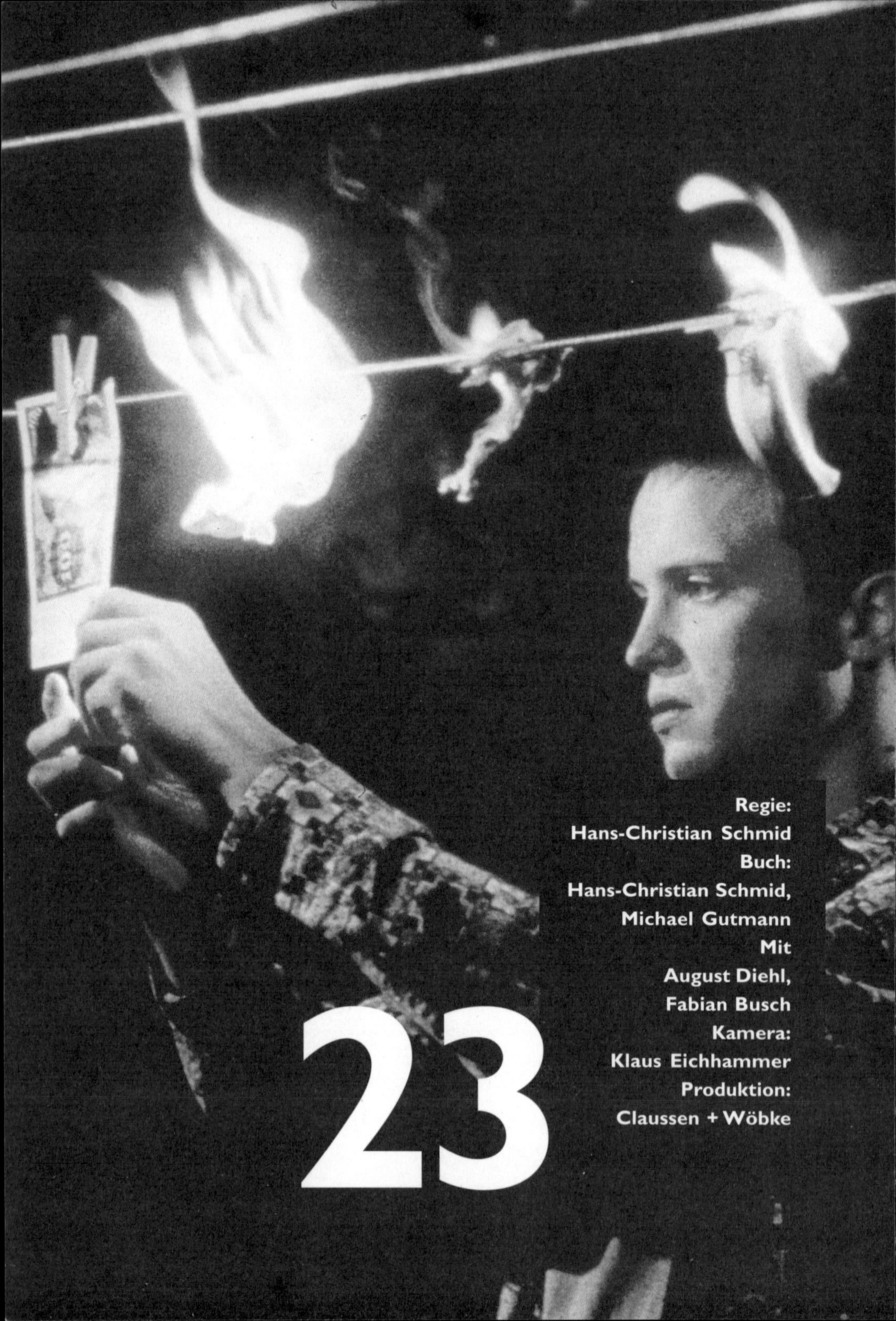
Regie:
Hans-Christian Schmid
Buch:
Hans-Christian Schmid,
Michael Gutmann
Mit
August Diehl,
Fabian Busch
Kamera:
Klaus Eichhammer
Produktion:
Claussen + Wöbke
23

Child in Time

Michael Töteberg über «23» von Hans-Christian Schmid

In der «taz» erschien Ende Mai 1989 eine ungewöhnliche Todesanzeige. «Wir sind wütend und traurig über den Tod unseres Freundes. Wir sind sicher, Karl wäre noch am Leben, wenn Staatsschutz und Medien ihn nicht durch Kriminalisierung und skrupellose Sensationsgier in den Tod getrieben hätten.» Karl Koch hatte sich im Netz von Hacker-Wahn, KGB und Verfassungsschutz, dubiosen Journalistenfreunden und Drogenabhängigkeit rettungslos verfangen. Als seine verkohlte Leiche in einem ausgebrannten Auto aufgefunden wurde, war er gerade 23 Jahre alt geworden. 23 war die magische Zahl, die im Zentrum seiner aus dem Kultroman «Illuminatus!» abgeleiteten Verschwörungstheorien stand. Der mysteriöse Tod (nicht alle wollten an Selbstmord glauben), die Medienvermarktung des «schwersten Spionagefalls seit Guillaume» (die ARD rückte eine «Brennpunkt»-Sondersendung, die seltsamerweise bereits vorproduziert war, ins Programm), schließlich ein Prozeß, in dem der Tote als Kronzeuge fungierte – ein Stoff, so recht nach dem Geschmack von «Stern» und «Spiegel», die sich die Geschichte nicht entgehen ließen. Und es fällt nicht schwer, sich eine Aufbereitung der Story als reißerisches TV-Movie vorzustellen, am Ende der Einsatz von

August Diehl

August Diehl und Dieter Landuris

viel Pyrotechnik: Bilder vom lichterloh brennenden Auto.

Hans-Christian Schmid hat das kurze Leben des Karl Koch verfilmt – weder spektakulär noch spekulativ, sondern wahrhaftig. Er hatte, anders als in der Branche üblich, Skrupel, das authentische Material zu einem effektvollen Polit-Spionage-Hacker-Thriller zu verarbeiten. «23» erzählt nur vordergründig von Computer und Paranoia: Es ist die Geschichte eines jungen, sensiblen Menschen, der gegen den autoritären Vater rebelliert, plötzlich allein und orientierungslos dasteht. Obwohl er sich mit dem geerbten Geld Gesellschaft in die Wohnung holt, isoliert er sich immer stärker. Karl Kochs Leben, so dramatisch und untypisch es auch verlief, spiegelt Wahn und Wirklichkeit im Deutschland der achtziger Jahre.

Die Achtziger Diese Dekade wirkt merkwürdig entrückt, obwohl sie noch nicht lange vergangen ist. Was damals die Welt beunruhigte – Nachrichtenaufnahmen vom Waldsterben, der Anti-AKW-Bewegung und der Katastrophe von Tschernobyl, dem Mord an Olof Palme und dem Schlagabtausch zwischen Gaddhafi und Reagan sind in den Film eingeschnitten –, hat die Gesellschaft erfolgreich verdrängt. In Schmids Film «Nach fünf im Urwald» sagt Axel Milberg, der den Vater spielt: «Wenn ich mich an bestimmte Lebensabschnitte erinnere, dann fällt mir nicht mehr vieles ein.» Schmid, der zur Generation der Söhne gehört, ist viel eingefallen zu den Achtzigern, schließlich hat er diese Jahre im gleichen Alter erlebt wie Karl Koch. Der Lebensabschnitt, das war seine Schülerzeit in Altötting. Damals brachte man eine Schülerzeitung heraus, die sich mit einer Vehemenz, die ihn heute erstaunt, mit den politischen Verhältnissen auseinandersetzte. Für Computer interessierte er sich allerdings nicht (und «Illuminatus!» las er seinerzeit, ohne daß die Lektüre ihn nachhaltig beeindruckte).

Hans-Christian Schmid, der an der Münchner Filmhochschule Dokumentarfilm studierte, beschäftigte sich seit 1991 mit der Geschichte: Es sollte sein erster Spielfilm fürs Kino werden, doch der erste Anlauf scheiterte an den Ablehnungsbescheiden der Fördergremien. Erst im Oktober 1996 konnte er einen zweiten Versuch starten, diesmal mit einem neuen, gemeinsam mit Michael Gutmann entwickelten Drehbuch. Vorausgegangen wa-

August Diehl
und Fabian Busch

ren ausführliche Recherchen: Die Autoren nahmen Kontakt mit dem Chaos Computer Club auf und ließen sich einführen in die Hacker-Ethik, sprachen aber auch mit Leuten vom Bundesamt für Verfassungsschutz und den Landesämtern in Hamburg und Köln, konnten sich – Akteneinsicht wurde nicht gestattet – in Hildesheim aus der Todesermittlungsakte und dem Obduktionsbericht vorlesen lassen. Sie trafen sich mit der Schwester und mit Freunden von Karl Koch, die Material zur Verfügung stellten, interviewten in London den Fernsehjournalisten, der ihn an den Verfassungsschutz vermittelte und noch heute davon überzeugt ist, ihm damals einen großen Gefallen getan zu haben. An die Videobänder, auf denen Karl den Fernsehleuten das Hacken demonstrierte, konnten sie nicht kommen: Sie liegen in der Asservatenkammer der Polizei. Die Filmautoren waren Karl Koch auf der Spur, konnten sein Geheimnis aber nicht wirklich lüften: Er hatte viele Freunde, echte wie falsche, die offensichtlich alle ein anderes Stück von ihm gekannt haben.

August Diehl mit Stephan Kampwirth

Eine Version der Wirklichkeit

Doch wie macht man aus Hunderten von Seiten mit zweifellos spannendem Material und aufschlußreichen Interviews eine homogene Filmerzählung? Das Ergebnis der Recherchen ist nachzulesen in einem Taschenbuch (das Buch zum Film «23» ist keine belanglose «Novelization», sondern bringt im Hauptteil eine dokumentarische Nachzeichnung des Lebens von Karl Koch und im Anhang ein Gespräch mit den Filmemachern). Es war auch ein Akt der Befreiung: Die Dokumente waren gesichert und damit die Autoren frei, ihre Geschichte auf der Basis des Materials zu entwerfen. Schmid: «Man muß sich für eine Version der Wirklichkeit entscheiden und sollte wissen, daß diese Wirklichkeit genauso subjektiv ist wie alle anderen Fassungen der Wirklichkeit.» In der Drehbuchphase mußten sie die Recherchen beiseite schieben, denn die Realität deckt sich nur bedingt mit der Dramaturgie eines Films. Eine eigene Geschichte (und Figuren) erfinden, bei allem Respekt vor den Fakten: «23» ist ein Spielfilm.

Die Qualität dieses Films besteht darin, daß er nicht am Material klebt, die Geschichte jedoch nie zugunsten eines Effekts verrät.

Kann ein Held wie Karl Koch, der zunehmend in seiner Paranoia gefangen ist, für den Kino-Zuschauer eine Identifikationsfigur sein? Diese Frage stellten sich die Autoren schon beim Treatment, ohne deshalb die Figur

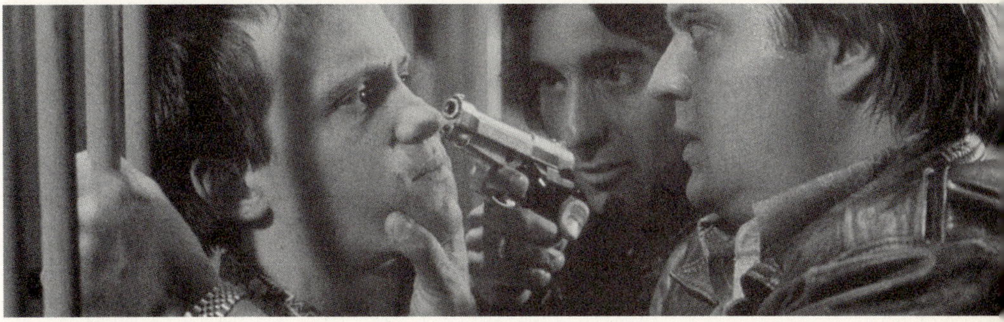

August Diehl mit Dieter Landuris und Jan Gregor Kremp

zu verbiegen. Je mehr Karl den Bezug zur Wirklichkeit verliert, desto größer wird die Distanz, und von einem bestimmten Moment an übernimmt David, der beste Freund von Karl, die Funktion der Identifikationsfigur. David verhält sich wie jeder von uns, wenn er in seinem Bekanntenkreis einen solchen Freund hätte: Man sagt irgendwann, jetzt kann ich nicht mehr, ich muß mich selbst schützen. Eine andere Entscheidung fiel erst beim Schnitt: Die Liebesgeschichte wurde eliminiert. Was nach «typisch Kino» klingt, war ein Stück Wirklichkeit. Karl Koch hatte im letzten halben Jahr seines Lebens eine junge Frau kennengelernt – im Drehbuch hieß sie Maja, weil sie sich in Chatlines Maja nannte –, doch der gesamte Erzählstrang, komplett gedreht, fiel der Schere zum Opfer: Die Liebesgeschichte wirkte, nachdem die Freundschaft von Karl und David so stark etabliert war, aufgesetzt und unglaubwürdig. Die Realität ist eben nicht der beste Autor.

Korktapete und fahle Farben Hannover, Landeshauptstadt und trotzdem Provinz, ist ein ungewohnter Schauplatz im deutschen Film, der nur die Metropolen oder die ländliche Idylle zu kennen scheint. Die geschmacklichen Verirrungen der achtziger Jahre – besonders

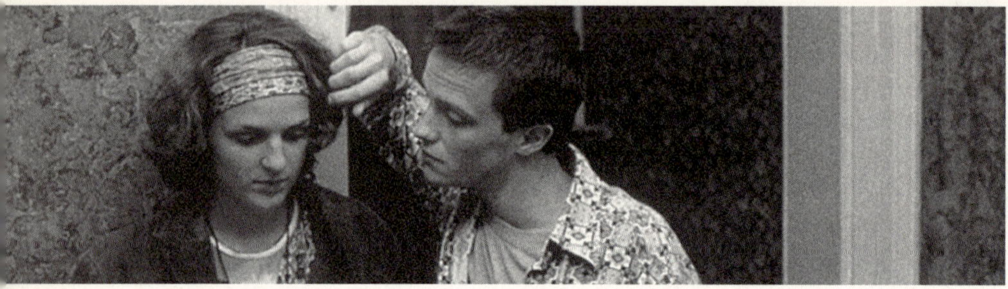

August Diehl und Lilly Tschörtner

schön die abscheulichen Tapeten – werden geradezu liebevoll ausgestellt. Eine schrille Kleinbürger-Satire versagt sich der Regisseur, dessen visuelles Konzept bewußte Zurückhaltung beinhaltet: keine leuchtend bunten Farben. (Die Bleichbadüberbrückung im Kopierwerk verstärkte den Eindruck entsättigter, fahler Farben.) Die Handkamera von Klaus Eichhammer verleiht dem Film eine authentische Wirkung, dessen Inszenierung von einem dokumentarischen Gestus geprägt ist. Aber die Doku-Zitate, zum Beispiel die «Tagesschau»-Ausschnitte oder Zeitungsartikel, dienen nicht der Objektivierung, sondern koppeln die im kollektiven Bewußtsein abgespeicherten Bilder an die subjektive Wahrnehmung des Protagonisten: Karl Koch ordnet alles in sein verzerrtes Erklärungsmodell der Welt ein. So skurril es heute erscheinen mag, diese Art von Paranoia war damals weit verbreitet: Er ist, um den der Titelsequenz unterlegten Song von Deep Purple zu zitieren, auch in dieser Hinsicht ein «Child in Time».

«Durch unsere Filme soll man ein Gefühl bekommen für Menschen, die hier leben, für unsere Gegenwart, unsere Wirklichkeit.» Was er allgemein vom deutschen

Kino fordert, hat Hans-Christian Schmid selbst mit seinem Film «23» eingelöst: In der Geschichte von Karl Koch werden die achtziger Jahre als Zeit der Konfusion und der apokalyptischen Ängste sichtbar. «Lange ist es her, daß ein deutscher Film derart deutlich die Stimmung einer Zeit einzufangen imstande war», konstatierte der Filmkritiker Rainer Gansera. «Der Blick Schmids ist ganz einzigartig zusammengesetzt aus Neugierde, liebevoller Zuneigung und genauester Beobachtung.»

Aus einem Gespräch mit den Produzenten Claussen und Wöbke

Wovon träumt ein Produzent?

Jakob Claussen: Ja, ich träum davon, schöne Filme zu machen, die auch noch erfolgreich sind. Seit ich als kleiner Junge zum ersten Mal ins Kino durfte, habe ich einen großen Schatz an Erinnerungen: Vorbilder oder Dinge, die mich damals wie heute faszinieren. Es gibt einen inneren Qualitätsmaßstab, dem ich zu entsprechen versuche. Auf der anderen Seite wünsche ich mir, daß möglichst viele zahlende Kinozuschauer sich für unsere Filme interessieren.

Thomas Wöbke: Vom Oscar habe ich nie geträumt. Als wir vor zwei Jahren für «Jenseits der Stille» nominiert wurden, bin ich eher erschrocken. Nach der Aufregung im Vorfeld war ich, als wir im Saal saßen, relativ ruhig – bis auf den Moment, wo dann Sharon Stone auf die Bühne kam, da dachte ich, jetzt werden die Karten noch einmal neu gemischt ... trotzdem, wirklich vom Oscar habe ich nicht geträumt.

«Jenseits der Stille», Buch und Regie Caroline Link

Wovon ich träume – und nun fange ich an mit dem, was ich eigentlich als Zweites nennen sollte –, ist, daß man mal ordentlich Erfolg hat und die Kasse richtig klimpert. Wir fahren immer noch am Rande des großen Risikos. Unsere Firma hat nicht das Kapital, falls mal irgendwas schiefgeht, das wieder aufzufangen. Deshalb träume ich von einem Film wie «Der bewegte Mann», der vier Millionen Mark gekostet hat und über sechs Millionen Zuschauer hatte. Aber natürlich wollen wir nicht den Erfolg um jeden Preis, also nicht mit jedem Film und mit jedem Scheiß, das ist ja klar.

Auch meine Träume haben ihre Wurzeln in der Kindheit. Ich hab mir damals Kinderfilme angeschaut, vor allem aber wahnsinnig viel gelesen und mir beim Lesen immer vorgestellt, wie das in der Realität wäre, das heißt die Geschichten stark visualisiert. Da gibt es viele Geschichten, die man immer wieder hervorholen kann, alte Kinderromane, «Timm Thaler», «Krabat», «Die grüne Wolke». Das wäre ein Traum, sie zu verfilmen. «Timm Thaler» zum Beispiel ist eine ganz tolle Geschichte, die muß man heute natürlich anders erzählen. Und zwar als Kinofilm, nicht als zwölfteilige Fernsehserie.

Eine starke Liebesgeschichte, die im Dritten Reich spielt, würde mich auch interessieren. Gleichzeitig habe ich immer Angst, eine Thematik aufzugreifen, die wir vielleicht gar nicht so richtig ermessen können. Da muß man doch großen Respekt walten lassen. Bei «23» haben wir sechs Jahre an dem Drehbuch gearbeitet. Je mehr man die Geschichte, zum Beispiel die echten lebenden Personen kennenlernte, desto komplexer wurde sie: Wie viele Wahrheiten es auf einmal gab – man mußte entscheiden, will man jemandem gerecht werden, oder bezieht man eine Position. Bei einer Zeit wie dem Dritten Reich, die wir nicht miterlebt haben, ist es besonders kompliziert.

Träume, die in Erfüllung gingen

Thomas Wöbke: «Nach fünf im Urwald» zum Beispiel. Eine Woche vor der Uraufführung in Hof hat sich Heinz Badewitz den Film angeguckt. Daraufhin wurde der Termin von 20 Uhr auf 18 Uhr verschoben, was mich schwer nervös gemacht hat. Dann sitzt man in Hof, der Saal tobt, und eine Woche drauf hat man zehn Verleihangebote. Das war schon ein schönes Gefühl. Genauso «Jenseits der Stille»: Jeder hat prophezeit, das geht nicht. Und dann ist auch dieser Traum in Erfüllung gegangen. Beim Münchner Filmfest, wo der Film zum ersten Mal vorgeführt wurde, standen wir nach der Premiere vorne, und ich konnte sehen: In den ersten zwei Reihen alle Frauen tränenüberströmt ... Da ist man dann selber ein bißchen überwältigt.

Jakob Claussen: «23» war, auch noch auf der Premiere, ein Film, der das Attribut schwierig mit sich rumtrug. Und das haben wir dann irgendwann als ein Qualitätsmerkmal für uns definiert: Wenn ein Projekt schwierig ist, dann heißt es auch, daß es etwas Besonderes ist. Mir ist es schon sehr wichtig, daß alles, was wir machen, eigentlich von keinem anderen gemacht werden kann –

«23», Regie Hans-Christian Schmid

Thomas Wöbke: – und wir absolut dahinterstehen können. Wir haben auch einmal für ProSieben einen Film gemacht, «Liebling, vergiß die Socken nicht», da war der Sinn und Zweck der Übung, Geld zu verdienen. Ich stehe auch hinter diesem Film, passen tut er eigentlich nicht zu uns.

Jakob Claussen: Träume, wenn sie in Erfüllung gehen, sind ja nur kurze Glücksmomente. Das ist ja nie so, daß man sich hinsetzen und sagen kann, jetzt haben wir es geschafft. Weil wir eine kleine Firma mit einer niedrigen Kapitaldecke sind, muß der Laden immer beschäftigt sein. Im Moment haben wir gerade drei Filme in Postproduktion, in zehn Tagen fangen wir mit den Dreharbeiten zu «Crazy» nach Benjamin Lebert an. Man ist immer in irgendein Projekt involviert, wo es einen kleinen Glücksmoment zu ernten oder eine kleine Schlappe zu ertragen gibt.

Der große Flop

Thomas Wöbke: Wobei es, im nachhinein betrachtet, vielleicht gut war, daß wir mit einem großen Flop angefangen haben: «The High Crusade», den wir für Roland Emmerichs Centropolis produzierten. Der Film sollte dreieinhalb Millionen kosten und hat dann fünfeinhalb Millionen gekostet. Eine Science-fiction-Komödie, Cinemascope, internationaler Look, englischsprachig gedreht und – der Film hat 39 000 Besucher gemacht. Das war im Sommer 1994. Am 6. Juni ist der Film im Kino gestartet, vier Tage später war das Desaster klar. Zum Glück hatten wir Rainer Kaufmanns «Einer meiner ältesten Freunde», nach einer Kurzgeschichte von F. Scott Fitzgerald, bereits abgedreht, und gleich darauf folgte «Himmel und Hölle» von Hans-Christian Schmid. Das war dann unsere Rettung, die Ehrenrettung nach dieser Schmach mit «The High Crusade», wo wir vorher die größten Töne gespuckt hatten.

Wie wird man Produzent?

Jakob Claussen: Ich habe eine kaufmännische Lehre. An der Filmhochschule gab es damals noch keinen Produzentenlehrgang, also wurde ich Student in der Regieklasse. Aber ich hatte mich als Produktionswilliger beworben, das hat die Leute im Aufnahmegremium so überrascht, daß sie mich gleich genommen haben. Ich habe anschließend zwei Jahre als Produktionsleiter an der Filmhochschule in München gearbeitet und mich dann selbständig gemacht.

Thomas Wöbke: Nach dem Abitur habe ich in München eine eigene Zeitschrift herausgegeben: «Schwätzer!», ein Magazin für Kommerz, Kultur und Abenteuer. Damals gab's ja nur Stadtteilzeitungen auf schmuddeligem Papier, und die Idee war halt, etwas

Schickeres zu machen, doch den Schülerzeitungsappeal sind wir nie losgeworden. Viele Leute, die jetzt beim «Spiegel», beim «Tagesspiegel» oder der «Süddeutschen» sind, sind Ex-«Schwätzer». Mit 24, 25 war ich dann pleite. Da hatte ich das Glück, daß mein bester Freund damals beim BR-Fernsehen die Jugendsendung «Live aus dem Alabama» machte und ich dort journalistisch arbeiten konnte. In dieser Zeit habe ich Leute von der Filmhochschule kennengelernt und mit 27 meine erste Produktionsleitung bei einem Kurzfilm gemacht. Mein Gesellenstück war «Der schönste Busen der Welt», den ich mit Rainer Kaufmann gemacht habe. Vier Jahre später lief er zusammen mit «Abgeschminkt» im Kino.

Dabei hab ich auch Jakob kennengelernt. Er war an der Filmhochschule, und ich habe mich dann noch einmal beworben an der Filmhochschule – der Produktionslehrgang wurde gerade neu eingerichtet. Ich wurde nicht angenommen, statt dessen hat Professor Klaus Keil mir angeboten, als Gasthörer teilzunehmen – er meinte, ich würde eh nicht kommen. Da hat er, muß ich zugeben, auch recht behalten.

Jakob Claussen: 1990 haben wir beschlossen, eine Firma zu gründen, jedoch uns ein Jahr Zeit gegeben, um uns erst einmal richtig kennenzulernen. 1992 haben wir die Firma gegründet. Gleich als GmbH. Zu der Zeit wurde auf dem Bavaria-Gelände in Geiselgasteig das bayrische Filmzentrum hingestellt, eigentlich für die ersten Absolventen dieser Produktionsklasse. Wir sind da eingezogen, und das Gute war, daß man uns immer so als Vorzeigejungproduzenten benutzt hat, was wiederum wir dann für uns nutzen können. Trotzdem, das erste Jahr war hart.

Thomas Wöbke: Und dann haben wir halt gesehen, daß es viele junge Talente gibt, die keinen Grund hatten, zu den etablierten Leuten zu gehen. Die sich andererseits auch nicht für sie interessiert haben. Ich kann mich noch erinnern, wie wir zur Bavaria gegangen sind, weil wir dachten, wir schaffen es nicht allein. Der Bavaria haben wir angeboten, neue Talente zu bringen und dann gemeinsam zu produzieren. Da haben die nur müde gelächelt. Zwei Jahre später haben sie versucht, genau die Leute, die wir ihnen angeboten hatten, selber zu kriegen.

Jakob Claussen: ... ein Klassiker.

Thomas Wöbke: Das wird uns auch ähnlich passieren, wobei ich glaube, daß wir nicht arrogant sind. Hoffe ich jedenfalls.

Jakob Claussen: Also, ich hoffe, daß wir immer noch in der Lage sind, zuzuhören und neugierig zu bleiben.

Auch das gehört zum Traum, so weiterzumachen und immer auch in dieser Personenkonstellation. Mit den Regisseuren, auch mit den Leuten im Team, die wir gefunden haben, mit Filmgeschäftsführung, mit Herstellungsleitung usw. Immer schlauer zu werden und möglichst nicht die Geduld zu verlieren, den gleichen Fehler zu machen, den man schon mal gemacht hat. Und immer in der Lage zu sein, für die Leute, mit denen man arbeitet, für sich selber und auch für das Publikum neue Herausforderungen zu finden und das hinzukriegen. Das ist der Traum.

Himmel und Hölle

Thomas Wöbke: Ich hab damals an der Hochschule Hans-Christian Schmid kennengelernt. Bei einem Kurzfilm, «Der Puls dieser Welt» hieß der, hat er Ton gemacht. Und dann rief er mich ein halbes Jahr später an und fragte, ob ich bei ihm Produktionsleitung machen wolle: ein Dokumentarfilm auf 35 mm, schwarzweiß, «Die Mechanik des Wunders», über Wallfahrten in Altötting, wo er herstammt.

1989 saß Hans-Christian bei mir in der Küche, und da haben wir über die Karl-Koch-Geschichte gesprochen.

Jakob Claussen: Genau, damals hieß sie «Datenreisende». Das war das Kinoprojekt, das wir über Jahre verfolgt haben und das zehn Jahre später zu «23» wurde. Aber erst haben wir mit Hans-Christian das Fernsehspiel «Himmel und Hölle» gemacht. Es geht um eine ultrakatholische, sektenähnliche Vereinigung. Katja Riemann als junge Mutter droht ihre kleine Tochter an diese Sekte zu verlieren. Hannelore Hoger spielt eine sehr strenge Religionslehrerin. Ein sehr schöner Film, den wir für die SWF-Reihe «Debüt im Dritten» gemacht haben. Der Sender bekam alle Rechte unbefristet für Deutschland, jetzt wird der Film auch gerne mal im Ersten ausgestrahlt.

Franka Potente und Axel Milberg in «Nach fünf im Urwald»

Thomas Wöbke: Der Sender hatte noch einen kleinen Etat, 300 000 oder 400 000 Mark, was wirklich nichts ist. «Datenreisende» konnte man damit nicht realisieren. Das war Februar 1995, für den Etat haben wir schnell ein Projekt suchen müssen und dann im Juni bereits «Nach fünf im Urwald» gedreht. Neben dem SWF-Etat haben wir den Film mit Geldern von arte, BR und bayerischer Filmförderung finanziert. Bei der Buchentwicklung haben wir uns stark eingemischt, viel ist auch noch mit den Schauspielern entwickelt worden, also mit Axel Milberg und Franka Potente, zum Beispiel der Streit zwischen Vater und Tochter.

Jakob Claussen: Nessie Nesslauer hatte bei «Himmel und Hölle» Regieassistenz und das Kindercasting gemacht. Für «Nach fünf im Urwald» suchten wir Jugendliche. Nessie ist halt zu den Schauspielschulen hin, hat

Franka Potente und Max Urlacher in «Nach fünf im Urwald»

aber für die Hauptrolle niemanden gefunden. Zufällig hat sie Franka in der «Wunderbar» gesehen, ohne zu wissen, daß sie an der Falckenbergschule war, im ersten Semester. Und hat sie angesprochen ...

Thomas Wöbke: Franka wäre ihren Weg eh gegangen, ganz sicher. Trotzdem ist die Geschichte für mich mehr als eine Anekdote. Als ich «Lola rennt» gesehen habe, in der Geschichte geht es ja gerade um Zufall, habe ich drüber nachdenken müssen, was wäre, wenn Nessie Franka nicht getroffen hätte. Was so ein Moment im Leben ausmachen kann – also, daß die Nessie den Mut gehabt hat, der aufs Mädchenklo hinterherzurennen.

Jakob Claussen: ... da haben wir Glück gehabt, alle zusammen. Franka, eine Schauspielerin, die keiner kennt, war einfach der Grund, sich den Film anzuschauen.

«Jenseits der Stille» oder: Success-Story

Thomas Wöbke: Mit «Nach fünf im Urwald» haben wir angefangen im Juni, das hat sich überschnitten mit den Dreharbeiten von «Jenseits der Stille». Das war wirklich ein Erlebnis. Das Buch lag zunächst bei einem anderen Produzenten, der sich mit seinem Partner über dieses Projekt zerstritten hat. Als die FFA absagte, das Projekt zu fördern, stieg er aus. Caroline Link war ziemlich verzweifelt. Zwei Jahre lang bemühte sie sich schon um die Realisierung, und sie wurde langsam unruhig, weil sie ihren ersten Film nicht auf die Reihe bekam. Das war im Oktober. Jakob war auf Hochzeitsreise, wir haben Faxe hin- und hergeschickt. Und sie stand immer vor der Tür, hat mich schon genervt.

Jakob Claussen: Ich war zögerlicher als Thomas, aber als meine Frau Claudia das Drehbuch las und ich sie tränenüberströmt auf dem Balkon sitzen sah, habe ich kapiert, welche starken Emotionen dieser Film auslösen könnte.

Thomas Wöbke: Ich hatte das Drehbuch drei Wochen lang und wollte es nicht lesen, weil ich genau die gleichen Vorurteile hatte. Und dann habe ich gesagt, jetzt lese ich es mal, und habe es mit nach Haus genommen. Da lasse ich mich gerne mal ablenken, wenn es mir nicht gefällt. Nach zehn, fünfzehn Seiten habe ich den Anrufbeantworter angemacht. Bei der Szene, wo die Mutter stirbt, sind mir richtig die Tränen gekommen. Und das kenne ich von mir eigentlich nicht.

Caroline Link war auch mit anderen Leuten im Gespräch, doch die wollten alle einen Fernsehfilm machen. Wir waren halt der Meinung, «Jenseits der Stille» gehöre ins Kino. Deshalb ist Caroline letztendlich zu uns gekommen. Oder vielleicht, weil sie uns mehr vertraut hat ...

Jakob Claussen: Also, es war ein Geschenk, daß Caroline mit dem Projekt zu uns kam. Dann haben wir das Buch weiterentwickelt und es rumgeschickt. Eigentlich hätte jeder sehen müssen, daß «Jenseits der Stille» kein larmoyantes Behindertendrama wird. Wir sind ja gerade zu jenen Leuten gegangen, wo wir dachten, sie hätten Sinn für das Besondere. Doch alle waren ängstlich. Nachdem es uns im Vorfeld nicht gelungen war, einen Verleiher zu finden, haben wir halt Luggi Waldleitner mit reingenommen mit echtem eigenem Geld, so daß wir unseren eigenen Anteil und die Spitzenfinanzierung schließen konnten.

Sylvie Testud und Hansa Czypionka in «Jenseits der Stille»

«Das ist ein Film zum Niederknien», hat er gesagt. Waldleitner ist immer als Koproduzent bei jüngeren Firmen eingestiegen, zuletzt noch bei Rolf-Peter Kahls «Angel Express». Und hat dabei oft draufbezahlt, immer wieder. Aber manchmal hat er auch den Jackpot gezogen. «Jenseits der Stille» gehörte definitiv dazu. Und das sei ihm auch vergönnt, weil er der einzige war, der sich hat breitschlagen lassen.

Die Königsdisziplin

Jakob Claussen: Wichtig ist für uns die Kontinuität. Parallel dazu wollen wir aber auch offen genug sein, um neue Regisseure und Autoren kennenzulernen. Die Nachwachsenden, weil das frischen Wind in die Bude bringt. Drei bis vier Projekte können wir uns pro Jahr zumuten, und das soll eigentlich auch so bleiben. Vom Volumen her wollen wir nicht expandieren. Was wir anstreben: An den Filmen, die wir herstellen, wollen wir möglichst die Rechte besitzen und sie nur für überschaubare Zeiträume an Verleih oder Sender abgeben.

Thomas Wöbke: Wir machen auch Koproduktionen mit etablierten Produzenten, wie damals bei «Jenseits der Stille» mit Luggi Waldleitner oder jetzt «Anatomie», den wir mit der Deutschen Columbia TriStar produzieren. Unser teuerster Film bisher: acht Millionen, allerdings sind wir nur minoritäre Koproduzenten.

Die Idee zu diesem Horrorfilm kam von der Columbia: «Scream» auf deutsch. Ich finde, «Anatomie» ist mehr als nur eine Kopie: Stefan Ruzowitzky ist etwas ganz Eigenes geglückt. Er hatte uns 1992 das Drehbuch zu «Siebtelbauern» geschickt. Wir waren begeistert, aber was sollten wir mit einem österreichischen Bauerndrama. Und dann als erster Film. Jakob hat ihm vorgeschlagen, erst einmal einen kleineren Film zu machen. So ist «Tempo» entstanden, mit Dani Levy und Nicolette Krebitz, eine Geschichte um Fahrradkuriere und Drogendeals in Wien. «Siebtelbauern» hat er danach gemacht, der Film hat mir wahnsinnig gut gefallen. Stefan ist einer der wenigen, die ich kenne, der nach Hollywood will. Und das wird er auch schaffen. Ich hab bei uns noch nie einen Regisseur erlebt, der so genau weiß, was er will. Gerade habe ich mit «Anatomie» in Neubeuern, also in dem Internat, in dem «Crazy» spielt, eine Testvorführung gemacht. Vor sechzig Zwölf- bis Sechzehnjährigen. Wie die mitgegangen sind – also, das ist auch ein Kids-Film, der ganz schön unter die Haut geht. Aber nicht dumm. Franka Potente spielt mit, unsere erste Zusammenarbeit mit ihr seit «Nach fünf im Urwald».

Franka Potente in «Anatomie», Regie Stefan Ruzowitzky

Jakob Claussen: Ein anderes Experiment und insofern auch eine neue Herausforderung ist «Undertaker's Paradise», den wir auf englisch gedreht haben.

Erzählt wird von einer seltsamen Männerfreundschaft zwischen einem jungen Deutschen, der in einem walisischen Dorf als freier Bestattungsunternehmer einsteigen will, und einem älteren Jazzmusiker, der in diesem Kaff gestrandet ist und dabei ist, sich vom Leben zu verabschieden. Der ist Klarinettist, hat Gicht und spielt nur noch in Rentnerhochburgen Dixieland. Das reizt ihn nicht mehr besonders. Und da sieht er diesen jungen Bestattungsunternehmer, der frisch und unbekümmert sein Unternehmen hochziehen will: Wo so viele alte Leute leben, müßte Umsatz für seine Firma garantiert sein. Der Musiker bietet an, ihm zu helfen – was er auch tut, mit drastischen Maßnahmen –, wenn der andere ihn als Gegenleistung auf seiner letzten Reise begleitet.

Thomas Wöbke: Dem Regisseur M. X. Oberg sind wir vor Jahren begegnet beim Max-Ophüls-Festival in Saarbrücken, wo wir damals den Preis bekommen haben für «Einer meiner besten Freunde». Ein paar Leute haben gebuht, weil sie der Meinung waren, den Preis hätte Oberg für seinen Film «Unter der Milchstraße» bekommen sollen. Hätte ich auch nichts dagegen gehabt.

Jakob Claussen: «Undertaker's Paradise» ist so eigenständig und ungewöhnlich, so etwas bekommt man sonst nicht zu sehen im Kino. Den Film haben wir in eigener Verantwortung und auf eigenes Risiko hergestellt, ohne daß andere, Koproduzenten oder Fernsehsender, uns reinreden können. Manches andere machen wir, um uns diesen Luxus leisten zu können.

Thomas Wöbke: Das ist das Schönste überhaupt: unabhängig zu produzieren. Die Königsdisziplin.

Nachtgestalten
Regie und Buch:
Andreas Dresen
Mit
Meriam Abbas,
Dominique
Horwitz,
Michael Gwisdek
Kamera:
Andreas Höfer
Produktion:
Peter Rommel

Ein Großstadtmärchen

Torsten Schulz über «Nachtgestalten»

Über «Nachtgestalten» und den Regisseur Andreas Dresen zu schreiben ist für mich auch eine Sache mit persönlichen Aspekten. Wir haben zusammen den Film «Raus aus der Haut» geschrieben, den er 1997 für die ARD inszeniert hat. An der Inszenierung gefiel mir die große Sicherheit im Umgang mit den Schauspielern, das sehr gute szenische Timing, die genaue Durchführung noch so kleiner Motive. Vor allem gelang es Andreas, die vom Drehbuch vorgegebene Verquickung zweier Geschichten so umzusetzen, als wären diese Geschichten nicht ohne einander denkbar: Zwei Schüler – er in sie verliebt, sie in einen anderen – entführen ihren Schuldirektor, weil der ihre Studienbewerbung nicht zulassen will. Die Entführung geht zunehmend schief, hat am Ende aber doch eine für die Schüler glückliche, für den Direktor tragische Wendung. Außerdem – und das ist ebenso wichtig – werden die beiden ein Liebespaar. Ihre begehrten Studienplätze bekommen sie am Ende allerdings nicht.

«Raus aus der Haut» spielt an einer Erweiterten Oberschule in einer DDR-Kleinstadt im Jahre 1977. Es war schon ein gewagtes Unternehmen, als ich, unterstützt von der Redakteurin Cooky Ziesche, begann, die Story zu entwickeln. Wer, so hörten wir die ARD-Verantwortlichen bereits fragen, will denn so eine ferne Geschichte sehen? Und dann noch DDR. Und mit Musik von der Gruppe «Renft» – wer kennt die überhaupt? Wir wußten, daß die sendequotenfixierten ARD-Verantwortlichen nichts lieber wollen als modisch-saloppe Dreiecksgeschichten mit Standardfiguren aus dem Repertoire der Gegenwarts-Privatkonfliktchen oder aufgebauschter Kolportage. «Marienhof» läßt grüßen oder der Fernsehfilm aus der Retorte der *daily soaps*. Der Mitteldeutsche Rundfunk war dem (federführenden) Ostdeutschen Rundfunk als potentieller Koproduktionspartner schon abgesprungen – wie sollte es da noch weitergehen?

In dieser Situation fragten wir den Regisseur Andreas Dresen, ob er Lust hätte, an der Geschichte mitzutun und sie zu inszenieren. Andreas war zu der Zeit bereits in seine «Nachtgestalten» involviert. Er hatte sich das Drehbuch selbst geschrieben, aber die Finanzierung stand noch nicht. Er hatte zum Thema DDR – um es mal so spröde und allgemein zu benennen – bereits den Fernsehfilm «Das andere Leben des Herrn Kreins» inszeniert. Die Kritiker hatten den Film weitgehend gelobt, die Zuschauer waren aber nicht in der Anzahl am Bildschirm, wie man es sich gewünscht hatte. Andreas meinte, für sich das «Thema DDR» erst mal erledigt zu haben – und nicht zufällig hatte er sich die «Nachtgestalten» als seine Art der Reflexion von Gegenwart gedacht. Kein Wunder, daß seine Zusage, «Raus aus der Haut» weiterzuschreiben und zu inszenieren, etwas auf sich warten ließ. Dann aber reizten ihn die Originalität des Plots und der Figurenentwürfe – nicht zuletzt als Ausdruck einer relativ differenzierten DDR, wie sie in den Medien immer seltener vorkam –, und er ließ sich ein. Und dieses Einlassen geschah mit einer Haltung, die in unserem Gewerbe weiß Gott nicht allzu oft anzutreffen ist: Verläßlichkeit, Loyalität und in diesem Sinne auch eine Stringenz im Anverwandeln des Stoffes an eigene Vorstellungen und Maßgaben.

Aus meiner Arbeit zu Zeiten der DDR im DEFA-Spielfilmstudio und danach auf dem «gesamtdeutschen freien Markt» waren und sind mir auch etliche Kollegen bekannt, die bewußt auf vielen Hochzeiten tanzen, um sicherzugehen, einigermaßen kontinuierlich Filme machen zu können. Auf solche Kollegen ist naturgemäß nicht viel Verlaß – sie sind aber letztlich auch genauso austauschbar wie oftmals die Projekte, die sie realisieren. Andererseits gibt es nur wenige Regisseure, die in der Lage sind, einem Stoff ihren Stil, ihren unverwechselbaren Duktus, kurz gesagt, ihre Persönlichkeit zu oktroyieren. Bei Andreas Dresen kommt hinzu, daß für ihn Stil nicht etwas Ausgestelltes ist. Stil ergibt sich – nicht mehr und nicht weniger – aus den Gegebenheiten des Stoffes und aus dem Charakter der Figuren. Gerechtigkeit, Verständnis, Ehrlichkeit, Wahrhaftigkeit – das sind Begriffe, die er diesbezüglich sowohl in Arbeitsgesprächen als auch in öffentlichen Aussagen oft benutzt. Das klingt nicht gerade originell oder besonders attraktiv, eher bescheiden und etwas allgemein. Aber intellektuelle Anstrengung ist für ihn auch keine notwendige Voraussetzung, um zu filmischem Stil zu gelangen. Seine Filme haben etwas, das man getrost den Andreas-Dresen-Touch nennen könnte. Dabei haftete, zumindest bis «Nachtgestalten», diesem Touch auch durchaus etwas Liebliches und Harmonisierendes an – manchmal im Ganzen eines Filmes («Mein unbekannter Ehemann»), manchmal in Details (auch hier kann «Raus aus der Haut» genannt werden). Dieses bisweilen allzu Freundliche machte ihn, freilich neben seiner handwerklichen Sicherheit, beliebt bei Fernsehredakteuren. Um so lobenswerter, daß er sich letztlich nicht von entsprechenden Angeboten einfangen ließ, sondern seine eigenen «Nachtgestalten» über Idee und Drehbuch zum Kinofilm vorantrieb.

«Nachtgestalten» wurde, denke ich, geboren aus einem Impuls, der gerne Wirklichkeitssehnsucht genannt und als neuartig apostrophiert wird, jedoch, so möchte ich behaupten, durchaus im Trend liegt. Diesen Impuls zum Beispiel ostdeutsch zu nennen wäre ebenso oberflächlich, wie anzunehmen, daß die entsprechenden Filme wirklicher, wirklichkeitsnäher oder sozusagen wirklichkeitshaltiger seien als andere. Die Welle der deutschen Komödie beispielsweise (wobei es sich im Genresinne doch eher um Lustspielfilme handelte) beinhaltete nicht minder Wirklichkeit und spiegelte sie zugleich, freilich auf eigene und in gewissem Sinne auch unfreiwillige Weise. Die Lustspielfilme waren durchaus signifikant, um an ihnen mittelbar ein Gesellschaftsbild (gesellschaftliche Wirklichkeit) ablesen zu können. Die entsprechende Welle war und ist beispielsweise in bestimmtem Maße eine psychologische und soziologische Fundgrube, um über Zustand, Wünsche und Selbstbild westdeutschen Mittelstands nachzudenken.

«Nachtgestalten» indes wird mit dem Etikett wirklichkeitsnah versehen, operiert allerdings mit Figuren aus dem Arsenal moderner Großstadtmärchen und einer geschickten short-cut-Dramaturgie, die in ihrer ausgesprochen akribischen Totalität und zwanglos Zufälle behauptenden Manier weiß Gott und Gott sei Dank nicht sonderlich wirklichkeitsnah ist. In diesem Sinne ist der Film auch kein ungewöhnlicher Berlin-Film, wie eine Reihe von Rezensenten meinten. Im Gegenteil: Er geht mit Klischees und Ingredienzen um, die sich in den läppischsten Fernsehfilmen aus der Rubrik «Neue Hauptstadt Berlin» finden lassen: kleiner Negerjunge mit großen Kulleraugen; unbeholfenes, schwergewichtiges Landei; ruppige, aber desto liebesbedürftigere Obdachlose ... Nun ja, «Nachtgestalten» kommt ohne Siegessäule und Fernsehturm aus (sicherlich ungewöhnlich in den Augen der Tourismusbranche), hat eine Disharmonien betonende Musik, viel Handkamera und arbeitet gelegentlich mit jump cuts – aber auch das ist

Susanne Bormann und Oliver Bäßler

mittlerweile angesagt, besonders wenn der Drehort Berlin heißt. Kurzum: «Nachtgestalten» ist nicht ungewöhnlich, dafür aber ungewöhnlich gut gemacht. Die außerszenische Musik ist in bester Art funktional, die innerszenische Musik (der Autodiebe, des Straßenakkordeonisten) trägt zu einigen emotionalen Höhepunkten des Films bei. Szenen- und Kostümbild sowie Maske orientieren sich am real life; das Finden auf der Grundlage aufwendiger Recherche läßt in dieser Hinsicht das Erfinden regelrecht überflüssig werden, und der dokumentarische Gestus, der sich auch insofern ergibt, funktioniert in bester Gegensatz-Symbiose mit dem sehr kalkulierten story telling.

Daraus wohl resultiert das, was als Wirklichkeitsnähe interpretiert wird – besonders aber, so scheint mir, trägt die Tatsache, daß die wichtigen Figuren des Films aus bestimmten sozialen Bereichen der Gesellschaft kommen und/oder in bestimmter Weise geschildert werden, zu dieser Interpretation bei. Der Penner; das afrikanische Kind; der sich als Loser und einsamer Mensch entpuppende Manager – das sind in anderen deutschen Filmen der neunziger Jahre eher Nebenfiguren. In «Nachtgestalten» sind sie immerhin gleichberechtigte Teilnehmer einer mutig konstruierten Tour de force.

Wie gesagt, die Figuren sind alles andere als neu beziehungsweise neuartig geschildert. Denken wir nur an die Literatur von Charles Dickens oder an den italienischen Neorealismus. Was für ein sympathisierender, ja zärtlicher Blick begegnet uns beispielsweise in de Sicas/Zavattinis «Fahrraddiebe». Es ist freilich der Blick von Außenstehenden, die es sich geradezu zum Credo gemacht haben, die sozial Deklassierten ihrer Gesellschaft auf die Kinoleinwand zu bringen.

Ohne die Lieblingsfilme des Regisseurs Andreas Dresen konkret zu kennen, kann man anhand von «Nachtgestalten» mit einiger Sicherheit sagen, daß «Fahrraddiebe» dazugehört oder aber ein Film wie «Kalina

Krassnaja» von Wassili Schukschin, dessen beschreibend-ausmalende Art und das eruptiv-tragische Finale allerdings spüren lassen, daß der Regisseur, Autor und Hauptdarsteller Schukschin seiner Hauptfigur wesentlich näher ist als de Sica und Zavattini beziehungsweise Andreas Dresen ihren Figuren.

Ich mag Regisseure und Autoren, deren Filmen ich ansehe, welche Lieblingsfilme sie haben. Darüber hinaus sieht man einem Film wie «Nachtgestalten» auch an (zumindest, wenn man die vorhergehenden Arbeiten gesehen hat), welchen Weg sein Regisseur eingeschlagen hat. Ken Loach und überhaupt eine Reihe von Filmen aus dem britischen Kino der achtziger und neunziger Jahre – so benennt Andreas Dresen selbst die deutlichste Anregung der letzten Zeit für sich. Das heißt im einzelnen: gesellschaftskritische Haltung, soziale Dimension der Geschichten, Solidarisierung mit den Menschen am Rande der Gesellschaft beziehungsweise auf den unteren sozialen Stufen. Das heißt, Alltag und Arbeitswelt, soziale, ethnische und kulturelle Konflikte werden thematisch ernst genommen und nicht nur benutzt.

Der Hintergrund dieses britischen Trends – abgesehen von einer starken dementsprechenden Tradition, nicht zuletzt in Literatur und Theater – war und ist die Thatcherisierung der Gesellschaft. Eine adäquate Entwicklung haben wir, wie zunehmend zu spüren ist, auch in Deutschland zu verzeichnen. Neoliberalismus ist ein Schlagwort dafür und auf jeden Fall: Ende des Sozialdemokratismus.

An dieser Stelle kann nun doch der ostdeutsche Aspekt untergebracht werden: Ich kenne kaum einen jüngeren Künstler aus der DDR, der, als das Land noch existierte, nicht einen reformierten Sozialismus nach den Maßgaben von Glasnost und Perestroika wünschte und auch für möglich hielt. Demokratie und Sozialismus – *diese* Melange war als Utopie in unseren Köpfen. Individuelle Freiheit in Verbindung mit sozialem Aufgehobensein im gesellschaftlichen Gefüge – diese Vorstellung befindet sich schon sehr in der Nähe sozialdemokratischen Gedankengutes (freilich nicht in einem parteipolitischen, sondern in einem grundsätzlich ethischen Sinne). Das entsprechende Defizit, das nach dem Ende der System-Auseinandersetzung auch im Wohlstandskapitalismus zunehmend zu verzeichnen ist, fordert, ohne alle Sentimentalität oder gar Ostalgie, eine geradezu trotzige Haltung heraus. Bei jedem ernstzunehmenden Künstler muß der Trotz noch einen zusätzlichen Impuls erhalten durch das oberflächliche Entertainment und die Fast-food-Ästhetik des massenmedialen Alltags. Um Neil Postman zu zitieren: Wir wollen uns nicht zu Tode amüsieren!

Bei Andreas Dresen paart sich dieser Trotz mit einer beinahe bedingungslosen Zärtlichkeit gegenüber den Figuren unseres alltäglichen Lebens. Ich sage bewußt *Figuren*, da sie, wie mir scheint, mehr beziehungsweise immer noch mehr durch präzise und sehr anteilnehmende Beobachtung als durch das leid- und lustvolle Miterleben Eingang in seine Filme finden. Die Persönlichkeit von Andreas Dresen spiegelt sich am ehesten an einer Art von Humor und Ironie, die mehr oder minder alle seine Filme durchzieht (wenn etwas schiefgeht, dann meistens, damit es daraufhin noch schiefer geht ... die Figuren geraten in die Bredouille, müssen sich irgendwie wieder herauswinden und zeigen dabei regelrecht unabsichtlich ihre liebenswertesten Seiten ... die männlichen Figuren zeigen oftmals eine charmante Schüchternheit und jungenhafte Liebenswürdigkeit – Eigenschaften, die ihrem Regisseur

Dominique Horwitz
und Meriam Abbas

ganz und gar nicht fremd sind –, die Mädchen und Frauen sind nicht selten etwas zickig und unnahbar, zumindest bis sie sich entschließen, ihre Seele zu öffnen).

«Nachtgestalten» erscheint als der freieste und mutigste Film seines Regisseurs. Und doch finden sich die Szenen des Drehbuchs und die Dialoge weitestgehend genau beziehungsweise durch die Schauspieler nur geringfügig verändert wieder. Der Film mutet teilweise improvisierter an, als er tatsächlich ist. Es ist ja bekannt, daß Regisseure wie Hitchcock oder Eisenstein ihre Dreharbeiten so genau vorbereiteten, daß sie bisweilen gar nicht hätten dabeisein müssen – und doch wirken ihre Filme sehr lebendig und originell. Ein Regisseur wie Ken Loach allerdings improvisiert *tatsächlich* (nehmen wir als herausragendes Beispiel nur die Diskussion der Landarbeiter in «Land and Freedom»). Und dieses Vorgehen, das inszenatorisch zu nennen nicht zutreffend wäre, führt zu einem gelegentlichen und äußerst anregenden Verschwimmen der Grenzen zwischen Spiel- und Dokumentarfilm.

Mit «Nachtgestalten» hat Andreas Dresen noch nicht losgelassen von etablierten Arbeitsgewohnheiten – und vielleicht muß oder sollte er das gar nicht. Vielleicht aber ist die Sicherheit, die aus dem Gelingen von «Nachtgestalten» resultiert, die Voraussetzung für ein solches Loslassen. Vielleicht geht Andreas in seiner nächsten Spielfilmunternehmung so weit, daß er, ähnlich wie Ken Loach, mit relativ kleinem Drehstab und einer Mischung von Schauspielern und Laien arbeitet beziehungsweise entsprechend der Chronologie der Story dreht, ohne daß die Darsteller oftmals den Inhalt und Verlauf ihrer Szenen kennen. Eine solche Arbeitsweise birgt im einzelnen immer wieder Unvorhersehbarkeit in sich, die zu magischen Momenten der Filmkunst führen kann.

Unverkennbar sind es für mich auch jene Szenen mit der Aura des Improvisierten, des Überbordenden, aus der

Konstruktion Herausschlagenden, die zu den stärksten von «Nachtgestalten» gehören: Ich denke an Hanna, die schwangere Obdachlose, wie sie auf ihren Bauch einschlägt ... oder an den Manager und Pechvogel Peschke, wie er mit dem Polizisten auf natürlichste Weise ein grandioses Dialog-Pingpong veranstaltet ... (überhaupt ist es Peschke – Michael Gwisdek –, der immer wieder und auf lustvollste Art improvisatorische Momente setzt, wodurch eine sehr eigenwillige und anregende Synthese von Figur und Schauspieler entsteht ...).

Michael Gwisdek und Ricardo Valentim

«Nachtgestalten» ist ein Film, dessen Vorbilder man erkennen kann (italienischer Neorealismus, britisches Underdog-Kino ...), aber der dabei überhaupt nicht epigonal ist (wie beispielsweise ein anderer düsterer Berlin-Film dieser Jahre: der Film-noir-Versuch «Solo für Klarinette» von Nico Hofmann). Interessant ist in diesem Zusammenhang, wie sehr die verschiedenen nationalen Kinematographien aus sich selbst heraus leben (nehmen wir nur die Tradition des französischen oder eben des britischen Kinos) – oder aber wie sehr sie von der jeweiligen Literatur- und Theatergeschichte partizipieren. Ein so herausragender Film wie «Das Fest» (der das *Dogma*-Manifest grandios exemplifiziert) ist beispielsweise ohne die Ästhetik Ibsens kaum denkbar. Ungleich schwieriger und komplizierter sieht es in dieser Hinsicht in Deutschland aus: Der Lustspielfilm der neunziger Jahre zeigt seine Affinität zum UFA-Unterhaltungsfilm – und sonst? Wo findet sich der deutsche Expressionismus im Film wieder? Die Tradition des Arbeiterfilms? Das Stummfilm-Melodram? Die deutsche Romantik? Der Naturalismus eines Gerhart Hauptmann? Auf diese Frage des

Traditionsbezugs erhält man immer noch als Antwort: Werner Herzog, Rainer Werner Fassbinder (vor allem mit ihren Filmen aus den siebziger Jahren) ...

Der nichtepigonale, sicher und lebendig und sehr gefühlvoll erzählte Spielfilm «Nachtgestalten» ist, so möchte ich noch einmal behaupten, nicht das, was man neuartig und in diesem Sinne riskant nennen könnte. Vielmehr erscheint er wie eine Zusammenfassung von Motiven und an Figuren ablesbaren Haltungen, die in ihrer Summe und ihrem Zusammenspiel und nicht zuletzt im Kontext heutigen Kunstproduzierens in Deutschland geradezu programmatisch erscheinen. «Nachtgestalten» hat angesichts dieses Umstandes etwas beinahe Anarchisches – obgleich tatsächlich, denke ich, mit dem Anarchischen eher operiert wird.

«Nachtgestalten» bringt ein Defizit unserer Kinematographie auf den Punkt, das mit weiteren Filmen erst beseitigt werden muß. In dieser Hinsicht könnte Andreas Dresen selbst den nächsten Schritt tun. Ambition und Talent gehen bei wohl kaum einem anderen jüngeren deutschen Filmkünstler eine derartig hoffnungsvolle Verbindung ein.

Geld ist da

Aus einem Gespräch mit Arthur Hofer über Babelsberg Independents

Babelsberg Independents ist eine Initiative zur Förderung von jungen Regisseuren und Produzenten. Man operiert nicht als eigenständiger Produzent, sondern beteiligt sich an Projekten bei der Finanzierung, dem Development und der Produktion, indem Dienstleistungen von Studio Babelsberg zur Verfügung gestellt werden. Diese müssen erst bezahlt werden, wenn der Film an der Kinokasse Erfolg hat.

Was ist ein deutscher Independent-Film?

Ich versuche eine erste Definition von der Marktsituation her: Wir haben zwei, drei große Player in unserem Markt, das sind auf der einen Seite «Bavaria» und auf der anderen Seite «Studio Hamburg», es sind die «Kirch-Gruppe» und die «Ufa-Gruppe». Alle, die in diesem Firmenverbund eingeschlossen sind, sind keine Independent-Firmen. Das bedeutet nicht, daß wir uns nicht an deren Projekten beteiligen: Manchmal gehen diese Firmen auch Risiken ein, manchmal arbeiten sie mit Regisseuren zusammen, die ich hochinteressant und spannend finde. Da entstehen Filme, die nicht Mainstream sind, und dann beteiligen wir uns auch daran, doch das ist die Ausnahme.

Independent-Filme werden von eher kleineren, unabhängigen Firmen und Produzenten hergestellt. Independent-Filme werden von Menschen entwickelt und realisiert, die eine Vision vom Kino, trotzdem ein Stück an Bodenhaftung haben. Filme, die nicht Fließbandware, Output von großen Konzernen sind. Filme, die handwerklich von einer gewissen Singularität sind, klare Handschriften haben, die Handschrift des Regisseurs, aber auch des Produzenten. Filme mit klarem Profil und Identität. Jetzt hab ich mit Schlagworten und Stichworten geantwortet, es ist natürlich auch schwierig, das anders zu definieren. Besser sind Beispiele: «Nachtgestalten» oder «Wege in die Nacht», das sind für mich im klassischen Sinne Independent-Filme, genauso «Angel Express» oder «Silvester Countdown».

Brauchen wir mehr Förderung? Nein. Leute, die lauthals nach mehr Subventionen schreien, sind keine wirklichen Produzenten. Die richtig guten Stoffe, bei denen das Drehbuch interessant und stimmig ist, wo ein Package sich abzeichnet, ein Produzent mit Durchhaltevermögen dahintersteht, finden Finanzierungspartner. Der Markt ist da und auch bereit, Geld zu investieren. Von Produzenten, die mit ihrem Bauchladen durch die Lande ziehen und vom Fördertourismus leben, halte ich nichts. Das sind ja die falschen Projekte, die werden ja nichts. Es ist nicht so, daß mit mehr Subvention bessere Filme entstehen – das Gegenteil ist der Fall. Weil die Produzenten kein Risiko mehr haben und nicht mehr kämpfen.

Neulich hatte ich ein Drehbuch auf dem Tisch, eine Geschichte, die in Berlin angesiedelt ist und auch nur in Berlin spielen kann. Es gab Kritik am Drehbuch, und ich habe die Münchner Autorin nach Berlin eingeladen: Komm her, tauch mal zehn Tage ein in diese Welt, zieh jede Nacht durch die Gegend. Denn ich will nur authentische Stoffe, keine Hochglanzprodukte. Irgendwann, ich hab lange Zeit nichts mehr gehört, habe ich nachgehakt. «Ja, wir schreiben das jetzt um, in Berlin kriegen wir keine Förderung, also schreiben wir es um auf München.» Good luck, hab ich gesagt, viel Spaß. Diese Geschichte ist in München unglaubwürdig. Und solange man so mit Geschichten umgeht, so lange werden die Filme auch nicht wirklich Kraft und Energie, Emotionalität und Radikalität haben.

Die Bereitschaft, in gute Projekte zu investieren, ist da – bei Banken, bei Privatinvestoren, über Fonds, bei Institutionen und Organisationen wie Studio Babelsberg. Die Summe der Förderungen beträgt etwa 300 Millionen im Jahr. Wenn jedes Projekt zu einem Drittel über Förderung läuft, dann können wir also für fast eine Milliarde Mark Kinofilme produzieren in Deutschland. Wirklich kein Grund, über die Situation des deutschen Films zu lamentieren. Die Verleiher sind bereit, egal, ob Buena Vista, Constantin, Senator, Universal oder Warner, alle sind bereit, mit richtig Geld in die Projekte reinzugehen, die Weltvertriebsfirmen sind bereit, die Sender. Ich hab über die Vereins- und Westbank in Hamburg zehn Millionen Mark gekriegt, kann in den nächsten anderthalb Jahren dieses Geld in zehn Projekte investieren. Voraussetzung ist lediglich, daß das Projekt in der gesamten Kette, von der Idee über den Produzenten bis zum Vermarktungspartner, klar strukturiert ist. Die Spielfläche ist da. Die Spielteilnehmer sind auch da. Wer auf das Spielfeld darf, das muß im Einzelfall natürlich definiert werden.

Michael Gwisdek in «Nachtgestalten»

Babelsberg Independents hat sich bei «Nachtgestalten» engagiert.

Da haben der Produzent Peter Rommel und Regisseur Andreas Dresen sich gefunden, fast schon in einer kongenialen Konstellation. Eine authentische Geschichte, ein Stück Realität in dieser Stadt: Was passiert in einer Nacht in Berlin, in diesen Grenzbereichen unseres Lebens? Sie haben das Buch über einen relativ langen Zeitraum entwickelt. Als ich vor fast zwei Jahren zum ersten Mal mit Peter Rommel über das Projekt gesprochen habe, haben mir drei Dinge gefallen. Erstens der Produzent mit seiner Vision und seiner schwäbischen Bodenhaftung. Schon vorher hatte ich Andreas Dresen kennengelernt. Er kommt, wie Andreas Kleinert, aus diesem Studio, von der DEFA, hat hier ein Großteil seines Handwerks gelernt. So ein Stück Authentizität und Identität schätze ich. Beide sind extrem kluge Köpfe, nicht korrumpierbar wie viele andere. Sie wollen ihre Sachen machen, nur ihre Sachen, sie werden nie irgendein TV-Movie für Geld machen. Ein weiterer Weggefährte war und ist die Redakteurin Cooky Ziesche mit ihrem Sachverstand, ihrem Engagement und ihrem Durchhaltevermögen, an Menschen und an Projekte zu glauben.

Mir hat diese kreative, energiegeladene Konstellation gefallen. Kollegen haben gesagt: Nachts, dunkel, Randfiguren, interessiert doch keine Socke. Ich habe das Projekt hier im Haus gegen Widerstände durchgesetzt. Die Finanzierung war mühevoll, das Budget von 3,1 Millionen ist zusammengestückelt: Filmboard Berlin-Brandenburg, ORB, MDR, arte-Beteiligung, BMI, wir sind mit DM 350 000 beteiligt. Es gab keinen Verleih. Das ist nicht gerade das Idealmodell.

Peter Rommel hat mit diesem Film immer ein klares Konzept verfolgt. Wir haben oft gestritten, waren oft unterschiedlicher Meinung. Das fing damit an, daß er «Nachtgestalten» erst nach Fertigstellung den Verleihern gezeigt hat, ging damit weiter, daß er den Film nicht in Hof zeigen, sondern unbedingt auf der Berlinale präsentieren wollte. Im nachhinein hatte er recht, das gebe ich zu. Er hatte in allen Dingen recht, und ich finde es schön, daß einer, der so kämpft, recht bekommt. Natürlich hätte es schiefgehen können. Hätte «Nachtgestalten» nicht bei der Berlinale den Silbernen Bären bekommen, hätte Rommel nicht so schnell einen guten Verleihvertrag bekommen, mit dem auch wir aus dem

Risiko sind. Wir haben unser Investment zurück, können ganz entspannt verfolgen, wie der Film jetzt im Kino und auf internationalen Festivals läuft.

Mengele lebt.

Zu den vorhin erwähnten Ausnahmen gehört Helkon, ein mittelgroßes Unternehmen, an dem Endemol beteiligt ist. Der Produzent Werner Koenig hat eine Vision, die ich teile, sehr rigoros und konsequent. Der Mengele-Film von Roland Suso Richter mit Götz George ist in jeder Hinsicht risikoreich. Koenig hat ihn finanziert mit relativ viel Eigenmitteln und über die Banken. Das Projekt «After the Truth», so war damals der Titel, ist hier angekommen, und jeder im Hause hat gesagt, um Gottes willen, wir wollen damit nichts zu tun haben. Dann habe ich das Buch von Johannes W. Betz gelesen, mich morgens um 9 Uhr hingesetzt, um 11 Uhr war ich durch und fand das Projekt aufregend. Das Buch basiert auf einer amerikanischen Vorlage, die hab ich gar nicht mehr gelesen. Mir haben nur Leute gesagt, die sie gelesen haben, das hätte nicht funktioniert. «Nichts als die Wahrheit» ist ein hochinteressanter Film geworden, der sehr polarisieren wird. Ich respektiere die Haltung, daß man einen solchen Film nicht machen sollte. Viele, auch im engsten Kollegen- und Freundeskreis, sind dieser Meinung. Mir ging der Film total an die Nieren. Ich habe

Götz George in «Nichts als die Wahrheit»

lange gebraucht, um mich von diesen Eindrücken zu lösen. Koenig hat den Film frei finanziert ohne Fernsehsender, außer 750 000 DM vom Film- und Fernsehfonds Bayern hat er keine andere Förderung bekommen. Er hat immerhin fast acht Millionen gekostet. Vom deutschen Kino einmal abgesehen: Wie wird die internationale Resonanz darauf sein? «Nichts als die Wahrheit» läuft auf dem Festival in San Sebastian im Wettbewerb, danach in Toronto.

Dem Nachwuchs eine Chance

Da gibt es wirklich was zu entdecken an Talenten, an Regisseuren, an Konstellationen. Und zweitens, hier und nur hier bin ich ein Glücksspieler. In der Reihe «Independents Debüt» setze ich auf den einen oder anderen in der Hoffnung, da könnte ein richtiger Knaller entstehen. Wir machen fünf Debüt-Filme, alles Kinofilme, in diesem Jahr. Alle mit Budgets um die Million, einer reißt nach oben etwas aus mit knapp zwei Millionen. Die Regisseure sind Hochschulabsolventen aus Berlin, Babelsberg oder München. Es muß einen Produzenten geben, der ebenfalls bereit ist, ein Stück Risiko mitzutragen, oder einen Sender, das «Kleine Fernsehspiel» vom ZDF oder der Bayerische Rundfunk zum Beispiel, jedoch – abweichend von den Regeln – keinen Verleiher.

Wir wollen mit dieser Initiative zur Stabilisierung dieser Struktur beitragen, so daß man weiß, bei den Produzenten wie bei den Hochschulen, solche Projekte haben eine Chance. Erstens, gemacht zu werden, zweitens, auf Festivals gezeigt zu werden, drittens, auch vermarktet zu werden. Schon damit wir zumindest theoretisch eine Chance haben, das Geld, das wir zusätzlich reinstecken, wiederzukriegen.

Letzten Endes ist die Idee von Babelsberg Independents ein Netzwerk. Wir verstehen uns als Schnittstelle in einem Netzwerk von unabhängigen Produzenten, kreativen Autoren und Regisseuren, von Agenturen,

Anwälten, Fonds, Förderungen und Banken. Ich bringe Banker mit Produzenten zusammen, kenne auch die Verleiher und Vertriebsfirmen. Ich versuche, eine Plattform herzustellen, wo sich diese Leute begegnen und miteinander reden, auch unabhängig von einem konkreten Projekt. So ist zum Beispiel das «Sommer Screening» entstanden, und weil es eine so gelungene Veranstaltung war, haben wir im Winter die «Independents Night» veranstaltet.

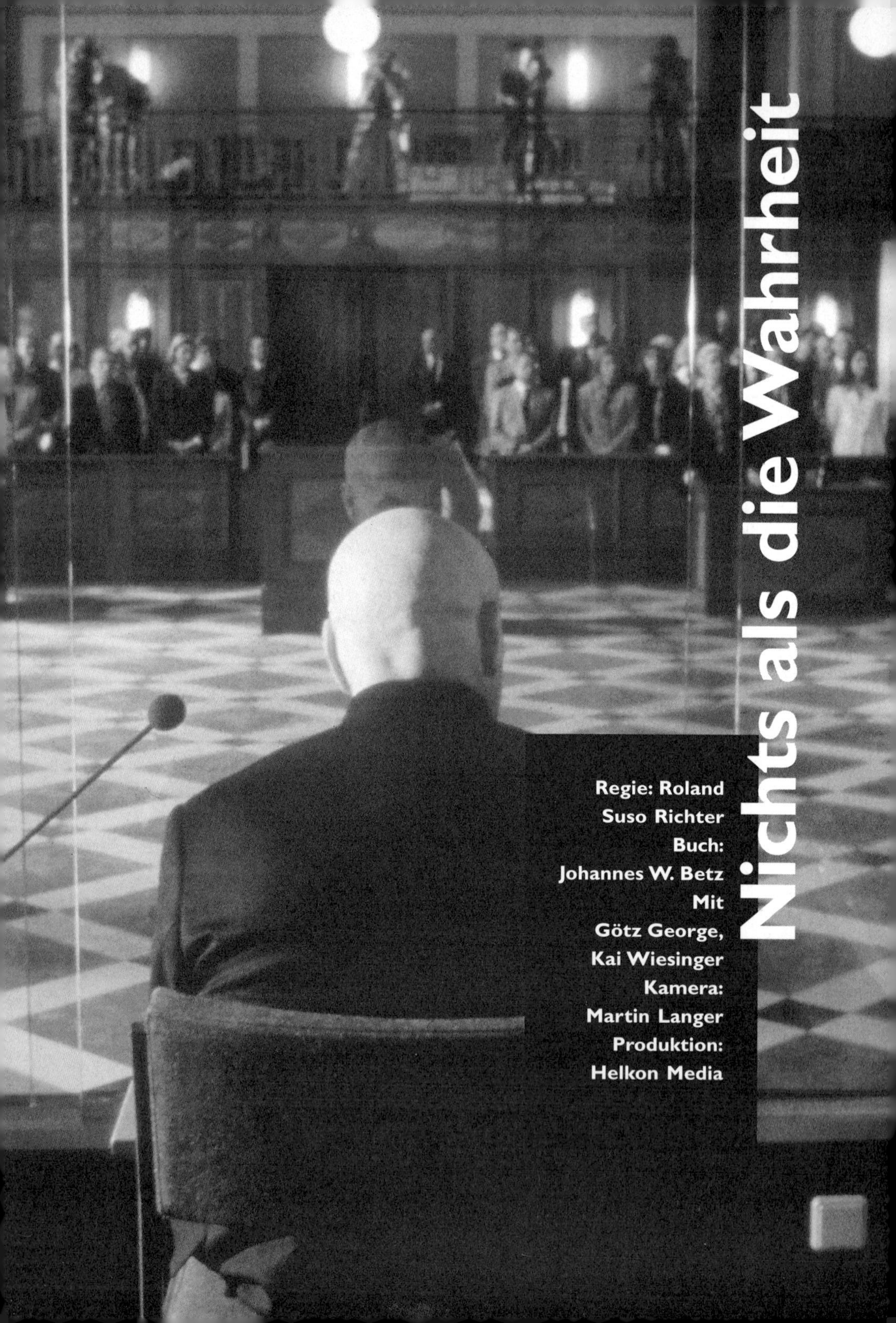
Nichts als die Wahrheit
Regie: Roland
Suso Richter
Buch:
Johannes W. Betz
Mit
Götz George,
Kai Wiesinger
Kamera:
Martin Langer
Produktion:
Helkon Media

Angst im Bauch

Drehbuchautor Johannes W. Betz über «Nichts als die Wahrheit»

Manchmal passiert es mir, daß ich im Kino sitze, einen zeitgenössischen, erstaunlichen Film sehe und danach ein paar Tage sehr, sehr wütend und neidisch bin. Darauf, daß ich diesen Film nicht gemacht habe. Das passiert nicht oft, eigentlich nur alle paar Jahre, obwohl ich relativ oft ins Kino gehe. Bei Carpenters «Escape From New York» war das so, bei Scorseses «Cape Fear», bei Kasdans «Accidental Tourist», bei Lasse Hallströms «Gilbert Grape», bei Soderberghs «Out Of Sight». Sogar, man möge es mir nachsehen, bei Dietls «Rossini». Bloß damit Sie einen Überblick über mein ungefestigtes Stilbewußtsein bekommen, das ich gegen alle Widerstände pflege. Es wäre mir vielleicht auch bei «14 Tage lebenslänglich» passiert, wenn die Story das außergewöhnliche Niveau der ersten sechzig Minuten bis zum Schluß gehalten hätte (der Produktion soll gegen Schluß das Geld knapp geworden sein, woraufhin man den 3. Akt irgendwie zu Ende schusterte). Trotzdem: da ging ich aus dem Kino mit dem Gefühl, daß es einen deutschen Regisseur gibt, der seinen Job auf sehr hohem Niveau beherrscht. Ein Traum.

Im März 1998 rief mich Béla Jarcyk von der Schauspieleragentur Player's an. Es ging um das Rewrite eines Kinostoffes. So kam ich mit dem Produzenten Werner Koenig in Kontakt. Koenig, Anfang 30, drahtig, mit unstetem Blick und übervollem Terminkalender, bewegt sich ständig im Spannungsfeld zwischen völliger Unverbindlichkeit, heller Begeisterung und buchstäblicher Abwesenheit, ist mithin für Drehbuchautoren ein schwer einzuschätzender Partner. Er ist der Spiritus rector eines aufstrebenden Konglomerats von Produktionsfirmen, die bislang einen Haufen Geld mit dem Handel internationaler Filmrechte verdient und ab und zu einen ihrer Titel selbst vertrieben hatten. Die bislang nur einen Film selbst produzierten, und zwar «14 Tage lebenslänglich». Das ließ mich aufhorchen. Tatsächlich ging es um den neuen Film von Roland Suso Richter. Für die Hauptrolle war Kai Wiesinger vorgesehen. Never change a winning team.

«After the Truth» Werner Koenig hatte ein Problem. Er hatte den besten Regisseur Deutschlands. Er hatte einen profilierten jungen Schauspieler. Die Drehvorbereitungen und die Finanzierung liefen auf Hochtouren. Und er hatte ein Drehbuch in der ersten Fassung, auf englisch geschrieben von einem amerikanischen Ehepaar namens Kathleen und Christopher Riley. Dieses Buch, sagte er mir am Telefon, sei so nicht verfilmbar. Eine zweite Fassung der Rileys sei in eine vollkommen falsche Richtung gegangen. Kurzum: er brauche einen deutschen Autor, der aus dem Buch eine deutsche Geschichte zu machen imstande sei. Ich sagte zu. Richter und Wiesinger! Kein guter Tag für falsche Bescheidenheit. Ich fragte: «Wieviel Zeit habe ich?» – Werner antwortete: «Sechs Wochen.»

Am nächsten Tag lag das Drehbuch auf meinem Schreibtisch: «After the Truth». Jenseits der Wahrheit. Mengele lebt. Er ist keineswegs 1979 bei einem Badeunfall im brasilianischen Embu ums Leben gekommen. Er kehrt nach Deutschland zurück, im Alter von 87 Jahren, weil «die Zeit reif ist, mich zu verstehen». Er will vor Gericht gestellt werden, um seine Sicht der Dinge darzustellen. Er will sich rehabilitieren. Als Verteidiger hat er sich, über ein im verborgenen agierendes Netzwerk von Neo- und Altnazis, den unbescholtenen jungen Feld-Wald-und-Wiesen-Anwalt Peter Rohm ausgewählt, der aus Günzburg stammt und seit Jahren an einer umfassenden Monographie über Mengele schreibt, um eine Antwort auf die Frage zu bekommen: Wie konnte der Nachbar meiner Eltern zu einem solchen Teufel werden?

Ein ehrbarer Mann auf der Suche nach dem Missing link. Und der Teufel persönlich, der mit ihm einen Handel schließt: Ich gebe dir die Antwort auf diese letzte Frage. Aber nur, wenn du mich verteidigst. Nach einigem Hin und Her sagt Rohm zu. Er hat jedoch nicht bedacht, daß der Teufel keinen Pakt schließt, ohne mindestens einen Joker im Ärmel zu haben. Denn das Missing link ist niemand anderes als Peter Rohms Mutter Hilde, die als Krankenschwester in einer Euthanasie-Klinik zu den Tätern gehörte. Mengeles These: Es gibt kein Missing link. Der Nachbar kann ohne Umwege zum Monster werden. Ausschlaggebend sind die richtige Zeit und der richtige Ort.

Kai Wiesinger

Da überkam es mich wieder, dieses Gefühl, mir sei hier wieder mal jemand zuvorgekommen. Das Konstrukt ist in seiner Einfachheit brillant. Warum bin ich nicht selbst darauf gekommen? Warum müssen es zwei Amerikaner sein, die es wagen, auf so spielerische und doch so ernste Weise deutsche Vergangenheit mit deutscher Gegenwart zu verknüpfen? Wie weit entfernt muß man von Nazideutschland sein, um das Unfaßbare ein Stück weit eigenständig zu begreifen und zu erzählen, worüber man angeblich nicht erzählen darf?

Respektvolle Respektlosigkeit

Es gibt sie, diese gleichsam respektvolle Respektlosigkeit. In jüngster Vergangenheit: Spielbergs «Schindlers Liste», Benignis «Das Leben ist schön». Und Bernhard Schlinks beeindruckendes Büchlein «Der Vorleser», das die menschliche Dimension der Täter einfängt, indem es dem Grauen ein Gesicht gibt, einen Charakter, und eine schlüssige Antwort auf Peter

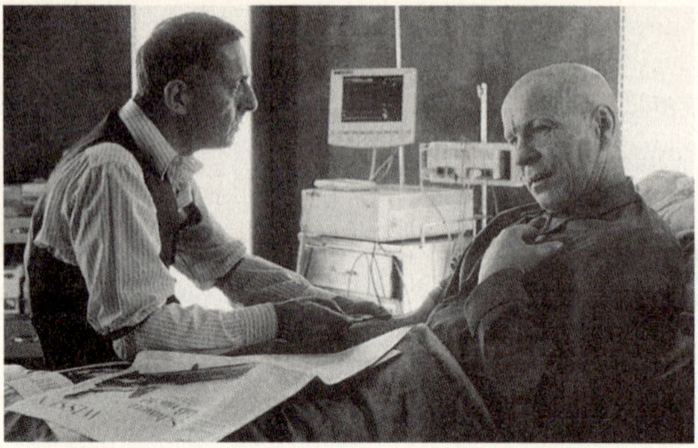

Peter Rühring und Götz George

Rohms Frage bereithält. Doch Mengeles Antwort wird eine andere sein, *muß* eine andere sein. Soviel war mir schon nach den ersten 30 Seiten Lektüre dieses Drehbuchs bewußt. Ich bekam sie nach 110 Seiten: Mengele ist ein unheilbar krebskranker Psychopath, der für sich in Anspruch nimmt, humane Sterbehilfe in der Hölle von Auschwitz geleistet zu haben, aber die Sterbehilfe für sich selbst in letzter Konsequenz ablehnt. Ein Blender, eine falsche, altersstarrsinnige Schlange.

Eine enttäuschende Antwort. Sie wiegt uns in falscher Sicherheit. Falsch deshalb, weil ebendiese Sicherheit uns zu viel wert ist, um einem Josef Mengele ohne Not ein Forum zu bieten, dazu noch in der dialektischen Form einer Gerichtsverhandlung. Frage an mich selbst: Wenn ich mir meines moralischen Standpunktes so sicher bin – warum sollte man Mengele kein Forum bieten? Was könnte er mir anhaben, wogegen die Rileys immun zu sein scheinen? Antwort: ungewiß. Der Weg zur Antwort: ein Prozeß im wahren Wortsinn.

Graustufen Die Story hatte mich am Haken. Das Drehbuch der Rileys war szenen- und sequenzweise gut gebaut, souverän und spannend ausgeführt. Einzelne Passagen waren schlicht atemberaubend. Kurz, es war eine hochprofessionelle Arbeit. Das Problem des Buches war, daß die Autoren von Deutschland herzlich wenig Ahnung hatten. Amerikaner können es sich leisten, von Mengele zu erzählen und sich dabei auf einen Teilaspekt wie «Sterbehilfe damals und heute» zu konzentrieren. Deutsche sollten das nicht: Mengele ist als historische Figur eine der perfidesten Herausforderungen für unsere Mentalität, für die brüchige Unschuld der Generationen nach '45. Ein weiteres Problem war, daß die Rileys das amerikanische Justizsystem in Deutschland voraussetzten: Kreuzverhöre, Geschworene, «Einspruch, Euer Ehren». Das Duell zwischen Verteidiger und Staatsanwalt, der Richter als Schiedsrichter. Schuldig oder nicht schuldig, schwarz oder weiß. Keine Graustufen. Unsere Prozeßordnung müht sich redlich, Schwarzweißmalerei zu unterbinden. Sie besteht auf Graustufen. Darin liegt die Spannung der Prämisse: Was passiert, wenn Mengele in Deutschland vor Gericht steht? Hält unser System einen solchen Angeklagten überhaupt aus? Ist es in diesem Sonderfall politisch korrekt, überhaupt eine Zwischenwelt zwischen Gut und Böse vorauszusetzen?

Ich traf Roland Suso Richter Anfang April in Köln. Er war gerade mit der Tonmischung seines TV-Zweiteilers «Die Bubi-Scholz-Story» beschäftigt. Mit von der Partie: Bernhard Springer, Dramaturg in Lohn & Brot der Helkon, ein besonnener Mann, der viel von Semiotik versteht und der mir in den nächsten Wochen und Monaten ein wertvoller Lektor wurde. Werner wollte eigentlich auch kommen, aber er ist einer dieser rastlosen Produzenten, die mit einem Katapult am Hintern geboren wurden. Er war gerade in Cannes Filme einkaufen und schaltete sich alle fünf Minuten per Handy dazu.

Der Held und sein Konflikt

Es ist bezeichnend für dieses Projekt, daß es bei den ersten Gesprächen nicht um die Story ging, nicht um das Konstrukt, nicht um die Charaktere, den Plot und das sonstige dramaturgische Einmaleins, sondern um die Aussage des Films. Roland machte auf mich einen überaus vorsichtigen Eindruck. Er ist ein ernster, eher leiser Mann, der jünger aussieht, als er ist, und erst mal zuhört. Ich sagte ihm, was ich mir dachte. Seine Meinung war klar: Dieser Schluß kann es nicht sein. Peter Rohm muß die Geschichte beenden, indem er die Verteidigung Mengeles niederlegt und ihn für nicht verteidigbar erklärt. Ich lehnte das ab: «Das geht nicht. Wenn wir diese Geschichte erzählen wollen, muß Peter unser Held sein. Der Held kann sich nicht einfach aus der Geschichte stehlen und sagen: Macht euren Kram doch alleine. Er muß die Verteidigung bis zum bitteren Ende durchziehen. Das ist sein Konflikt. Die einzige Alternative wäre, diese Geschichte *nicht* zu erzählen.» Steinerne Mienen. Der Dreh war in Vorbereitung. Es wurde bereits viel Geld ausgegeben. Drehorte standen fest, die Rollen waren besetzt, Studios gemietet. Die Pointe erzählte er eher beiläufig: Götz George werde den Josef Mengele spielen.

Zunächst blieb mir die Spucke weg. Götz George ist nicht mehr der Allerjüngste, aber wie zum Teufel sollte er einen Siebenundachtzigjährigen spielen?! Roland lächelte auf eine Art, die keinen Zweifel daran ließ, daß diese Entscheidung schon lange feststand.

«Totmacher» Mengele

Fazit: Da waren ein wagemutiger Produzent, ein brillanter Regisseur, zwei Stars und eine atemberaubende Idee, die aber in dieser Form nie funktionieren würde. Das sprach niemand offen aus, aber die Atmosphäre roch ein bißchen nach Verzweiflung. Roland blieb stur: Er wollte keinen Helden, der Mengele wirklich verteidigt. Ich spürte da noch etwas anderes: Offenbar war er bereits jetzt der Faszination erlegen, Götz George als Mengele zu inszenieren, das Monster, den Todesengel von Auschwitz. Der Anwalt war nebensächlich und sollte das Monster als solches möglichst nicht in Frage stellen. Er sollte vor dem Monster kapitulieren.

Ich verstand Rolands Standpunkt. Nur: wozu soll der Film dann gut sein? Plötzlich hatte ich eine Horrorvision: «After the Truth» als hochglanzpolierte Variation über den «Totmacher». Das war mir entschieden zuwenig. Sekt oder Selters. Ich sagte aufmüpfig: «Dann sucht euch einen anderen Autor.» Ich dachte schon, den Job sei ich los. Aber es kam anders, fast in Form einer Wette: Wenn ich es schaffen würde, Peter Rohm zum glaubwürdigen, kathartischen Helden zu machen, obwohl beziehungsweise weil er Mengele verteidigt, hätte ich gewonnen. Werner Koenig, telefonisch aus Cannes-oder-wo-auch-immer: «Die Zeit läuft.»

Sechs Wochen, um aus einem (im besten Sinne) naiven amerikanischen Drehbuch ein (ebenfalls im besten Sinne) bedeutungsschwangeres deutsches Drehbuch zu machen. Eines, das verschiedene Anforderungen zu erfüllen hat. Eines, das die Deutschen etwas angeht. Jenseits der Wahrheit. Erst die Wahrheit. Und dann?

Schon damals klang in den Gesprächen an, daß die Finanzierung noch keineswegs gesichert sei. Die Fördergremien ließen keinen Zweifel daran, daß sie diesen Stoff nicht mal mit Kneifzangen anfassen wollten. Ein Millionenbetrag fehlte noch zur Sicherung des Projektes.

Sparringspartner

Ortswechsel: Drehbuchwerkstatt Rhein/Ruhr im beschaulichen Düsseldorfer Stadtteil Kaiserswerth, nur wenige Tage später. Im zweiten Stock eines alten Schulgebäudes, strategisch günstig gelegen zwischen dem Drei-Sterne-Restaurant «Schiffchen», den Altbiergärten am Rheinufer und der anerkannt besten Currywurstbude Deutschlands, residiert Charlie Möller-Naß. Charlie ist ein Alt-68er, Vollakademiker allererster Güteklasse, der deutschen Film- und Fernsehlandschaft gegenüber weitgehend feindlich eingestellt. Der Markt interessiert ihn nur insoweit, als er damit sich und seine Familie ernähren kann. Seine Leidenschaft gilt der Frage, wie sich kreative Prozesse derart systematisieren lassen, daß diese Systeme von einer künstlichen Intelligenz verstanden und umgesetzt werden können. Oder eben von echten, lebendigen Drehbuchautoren – sofern sie dazu bereit sind, Kreativität nicht als gottgegebenes Privileg, sondern als Ergebnis von Logik, Variation und Zufallsgenerator zu betrachten. Er ist so ziemlich der beste Drehbuchlehrer, der in Mitteleuropa für Geld Seminare hält. Vielleicht der einzige gute. Er ist erklärter Logiker und Semiotiker, kam über allerlei Umwege zur Filmwissenschaft und hat mit so unterschiedlichen Koryphäen wie Umberto Eco, François Truffaut und Edward Dmytryk geklüngelt. Jetzt heckt er in seinem chaotischen Büro Seminare für Drehbuchautoren und Produzenten aus. Von ihm habe ich gelernt, daß man mit klarem Kopf und einem kompetenten Sparringspartner sehr schnell sehr weit kommen kann. Charlie selbst ist der beste Sparringspartner, den ich kenne. Unser Ziel: in vier Tagen ein komplettes Rewrite in Treatmentform.

Als erstes kümmerten wir uns um die Figur des Peter Rohm. In der Riley-Fassung fehlte ihm eine bestimmte konfliktdefinierende Eigenschaft: sein Ethos als Anwalt. Also definierten wir es: Jedem Angeklagten steht ein Anwalt zu. Ich bin Anwalt. Wenn ich meinen Beruf wirklich ernst nehme, darf ich meinen Beistand niemandem verweigern. Pflichtbewußtsein: Ohne das kriegt man keinen Helden hin. Wenn es keinen Anwalt gäbe, der jemanden wie Mengele verteidigen würde, wäre unser Rechtssystem nichts wert. Und das Rechtssystem ist schließlich ein trefflicher Spiegel jedweder Gesellschaft.

Da tun sich zwei Konflikte auf: das Ringen mit sich selbst, also mit Roland Suso Richters persönlichem Standpunkt, dem Angeklagten in diesem einen Extremfall den Beistand zu verweigern. Und das Ringen mit der Inkonsequenz der politisch Korrekten, die den Anwalt Mengeles selbst entweder des Zynismus oder gleich des Nazitums zeihen. In der Folge: Konflikt mit seiner Frau. Konflikt mit den Zeugen der Anklage, deren Aussagen er notgedrungen zerpflücken muß. Und über allem die bestürzende Frage, ob er es tatsächlich schaffen würde, diesen Mann vor der «gerechten» Strafe zu bewahren. Stoff genug für einen abendfüllenden Spielfilm.

Um dem Ringen Peter Rohms mit sich selbst gerecht zu werden, schlüpfte ich zwei Tage lang in die Rolle des Advocatus Diaboli. Charlie übernahm die Gegenseite des Staatsanwalts Voigt, und so gingen wir einen Großteil der historisch dokumentierten Zeugenaussagen gegen Mengele durch. Diese beiden Tage waren für mich die erschreckendsten des ganzen Schreibprozesses, muß ich doch ehrlich zugeben,

Ist Mengele verteidigbar?

Kai Wiesinger

daß mich das konsequente Abklopfen der Greuelbeschreibungen auf juristische Verwertbarkeit faszinierte und ich immer mehr zu der Überzeugung kam, daß Josef Mengele in der Tat verteidigbar ist. Wie jeder x-beliebige Serienmörder auch. Ich war richtig erleichtert, daß am Ende immer noch genug an handfesten Beweisen für seine Untaten übrigblieb. Doch wenn man sie in ein anderes Licht setzte und sich auf «die medizinisch-ethische Praxis der damaligen Zeit» berief, konnte man eine neue Verteidigungslinie aufbauen. War Mengele nur der Gnadenengel, der Hunderttausenden einen noch schlimmeren, noch quälenderen, noch langsameren Tod ersparen wollte, indem er sie in die Gaskammern selektierte oder als Probanden für seine «Experimente» auserkor?

Gerichtsrituale

Solchen Fragen galt es also in einer Gerichtsverhandlung nachzugehen. Das Genre des Gerichtsfilms ist in Deutschland merkwürdig unterrepräsentiert. Verständlich wird das, wenn man die Rituale und Zielrichtungen der deutschen Prozeßordnung mit der amerikanischen vergleicht: Sie sind einfach viel undramatischer. Vermeintlich. Mich interessieren Wertesysteme und Rituale. Rituale sind historisch gewachsene Handlungsmuster mit symbolischem Charakter, aber von praktischem Wert. Eine Gesellschaft ohne Rituale ist nicht denkbar. Ich weiß nicht, ob sich jemand jemals ernsthaft die Mühe gemacht hat, die zeremoniellen und rituellen Elemente einer deutschen Schwurgerichtsverhandlung in narrative Handlungsmuster zu übersetzen. Mir fällt da nur Staudtes «Rosen für den Staatsanwalt» ein. Die deutsche Prozeßordnung bietet ein eigenes Regelsystem. Und siehe da: Sie läßt sich sehr wohl dramatisieren, ritualisieren, auf wesentliche Elemente konzentrieren, die der konzentrierten Dramatik der amerikanischen Variante – zumindest theoretisch – in nichts nachstehen.

Schuld oder Unschuld Mengeles anhand der Sterbehilfe- und Euthanasiefrage zu ermitteln ist aus deutscher Sicht exotisch, wenn nicht skurril. Amerikanische Drehbuchlehrer dozieren gerne, man solle sich auf ein Thema konzentrieren, und die Rileys, ein in New York lebendes jüdisches Ehepaar, haben diesen Rat beherzigt. Ich habe sie nie persönlich getroffen oder auch nur gesprochen. Erst Wochen später erfuhr ich, daß die beiden auf schreckliche Weise ein Kind verloren hatten: Es war von lebenserhaltenden Apparaten abhängig, und sie mußten entscheiden, ob sie ihm einen würdigen Tod gönnen oder diesen Zustand aufrechterhalten sollten. Sie entschieden sich für ersteres, und das Kind starb. Wohl der grausamste Konflikt, in den Eltern geraten können. Sie haben lange daran gelitten und dieses Buch geschrieben, indem sie den extremsten aller möglichen «Sterbehelfer» einem Strafprozeß aussetzten, mit nur zwei möglichen Antworten: schuldig oder unschuldig. Sollten wir diese Verteidigungsstrategie beibehalten? Wir entschieden uns dafür. Es macht nicht nur aus prozeßstrategischer Sicht Sinn, sondern auch aus gesellschaftlicher. Denn die Hemmschwelle zur Sterbehilfe sinkt unmerklich immer tiefer, vor allem aus wirtschaftlichen Gründen. Auch die medizinisch-juristischen Vorbilder Mengeles, Binding und Hoche, haben volkswirtschaftliche Argumente für die Euthanasie strapaziert. So schließt sich der Kreis in der Gegenwart – ein Grund mehr, den aktuellen Stand unserer Ethik ausgerechnet mit Josef Mengele zu konfrontieren.

Profane Perfidie

Dennoch: Das konnte nicht alles sein. Wir reduzierten die Euthanasiefrage auf die Pointe und konzentrierten uns während des Prozesses darauf, die Zeugenaussagen von Überlebenden, die in den Geschichtsbüchern unangefochten dokumentiert sind, juristisch zu überprüfen. Darin besteht Peter Rohms Pflicht als Anwalt, und es entwickelte sich ein Duell zwischen Rohm und Voigt, dessen profane Perfidie uns so erschütterte, daß Charlie mehrmals den Kram hinschmeißen wollte. Er wollte nicht mal mehr einen Nachspann-Credit als Dramaturg. (Die Ironie des Schicksals wollte es, daß er tatsächlich keinen bekam. Produktionsfirmen können sehr vergeßlich sein.)

Diese neuen Prämissen tasteten die Grundstruktur des Rileyschen Buches nicht an. Doch in der Ausführung ergaben sich viele Akzentverschiebungen, die sich zu einem tektonischen Beben der Stärke 8 summierten. Vielleicht sieben oder acht von rund 180 Szenen blieben weitgehend so, wie die Rileys sie konzipiert hatten. Während dieser vier Tage entstanden neue Szenen und Sequenzen, wie die Szene, in der Rohm vor dem Gefängnistor im Auto sitzt, wohl wissend, daß hinter diesen Mauern sein Mandant gerade vom Anstaltsarzt im Auftrag der rechtsradikalen Hintermänner beseitigt zu werden droht, und zögert, ob er eingreifen soll, weil dies auch alle seine Probleme beseitigen würde.

Bedenkenträger Schreiben mit Angst im Bauch: Nachdem ich beschlossen hatte, mich für einige Zeit in Josef Mengele und Peter Rohm hineinzuversetzen, bekam ich es mit der Angst zu tun. Keineswegs Angst vor dem Innenleben des Todesengels von Auschwitz, auch nicht davor, was dieser Ausflug ins Ungewisse aus mir und aus dem noch zu drehenden Film machen würde. Ich hatte vielmehr, in einer Art von vorauseilendem schlechtem Gewissen, Angst vor dem deutschen Bedenkenträgertum. Von verschiedenen Seiten bekam ich den wohlmeinenden Rat, mich warm anzuziehen.

Anfang Mai war ich fertig. Ich traf mich mit Roland, Bernhard, Werner und einigen anderen Beteiligten in einem Konferenzraum am Münchner Flughafen. Wieder stand vor allem das Inhaltliche zur Debatte; Peter Rohms Integrität wurde auf Herz & Nieren abgeklopft. Alle waren einverstanden. Ich sah mich um. Im Raum saßen nur Thirtysomethings. Sie wollten alle diesen Film machen. Als wir uns darüber einig waren, ging es ans Dramaturgische. Dabei verlangte niemand eine Kürzung (tatsächlich hatte die erste Schnittfassung etwa 160 Minuten). Die Finanzierungsfrage war übrigens immer noch nicht geklärt.

Ein erschreckend banaler Charakter Es folgten die üblichen Überarbeitungen, zäsiert durch gelegentliche Treffen mit Roland, Werner, dem Kameramann Martin Langer und natürlich Bernhard Springer. Zusammen trafen wir uns in der Frankfurter Staatsanwaltschaft bei dem Ankläger, der Josef Mengele bis zur offiziellen Feststellung seines Todes jagte. Er war die juristische Instanz, die unsere Interpretation einer Schwurgerichtsverhandlung auf Plausibilität abklopfte. Er hatte nichts einzuwenden, sagte lediglich: «Wenn es in den deutschen Gerichtssälen immer so fair und kollegial zugegangen wäre wie in diesem Drehbuch, hätte mir meine Arbeit mehr Spaß gemacht.» Er wünschte uns viel Glück. Wir wälzten

Zeugenaussagen, bekamen Einblick in die Tagebücher Mengeles, die er in seinen südamerikanischen Verstecken schrieb. Zeugnisse eines erschreckend banalen Charakters. So banal, daß ich damit nicht viel anfangen konnte. Roland baute sich aus Versatzstücken dieser Aufzeichnungen die Titelsequenz zusammen.

Peter Roggisch

Auch der Panzerglaskäfig, in dem Mengele im Verlauf des Prozesses sitzen wird, eine starke Metapher, war Rolands Idee. Immer mehr Details kamen dazu. Nur über den Schluß waren wir uns zwei Tage vor Drehbeginn noch uneinig. Sollte es enden wie bei den Rileys, wo Rohm Mengele mit der erlösenden Überdosis Morphium droht und ihn damit aus der letzten Reserve lockt? Es paßte haargenau, war als moralische Finte aber zu preiswert. Inzwischen hatten wir Mengeles Ziel genau definiert: Er kam zurück nach Deutschland, um endlich ernten zu können, was er in Auschwitz säte. Sein letzter Triumph war, seine vormals jämmerliche Existenz mit dem Mythos des Todesengels von Auschwitz zu verbinden. Dem Grauen ein Gesicht aus Fleisch und Blut zu geben. Darin lag sein Triumph.

Koproduzent Götz George

Götz George war mittlerweile als Koproduzent eingestiegen und ging mit seinem privaten Vermögen ins Risiko, für einen Schauspieler eine schier unglaubliche Entscheidung. Man kann sagen: Götz hat das Projekt gerettet. Darüber hinaus verzichtete er auf seine Gage, worin ihm Kai Wiesinger in nichts nachstand. Die Förderungsgremien waren düpiert, rangen sich zu einer Entscheidung durch und besorgten zum guten Ende die Spitzenfinanzierung. Als die

Verträge unterschrieben wurden, wurde in Berlin längst gedreht – auf eigene Faust. Der Vergleich mit der Situation bei «14 Tage lebenslänglich» drängte sich förmlich auf. Produzenten wie Werner Koenig sind selten. Zu selten. Wir brauchen entschieden mehr Hasardeure in Deutschland.

Im Juni wurde ich zur Warm-up-Party nach Berlin eingeladen. In einem italienischen Lokal besprach ich mit Götz George und Bernhard Springer bis 3 Uhr nachts Feinheiten des Buchs, gemischt mit philosophischen Betrachtungen über den deutschen Film. Irgendwann kam der noch unbefriedigende Schluß aufs Tapet, und Götz hatte seine eigenen Vorstellungen. Er sagte: «Laßt den Blödmann doch sabbeln. Er hat sich während der Geschichte keinen Zentimeter bewegt. Am Ende müssen dieselben Rechtfertigungsarien einfach so stehenbleiben. Er muß dummes Zeug reden, im Stil seiner Tagebücher. Bis zum Nachspann – am besten noch darüber hinaus. Kein Zuschauer darf sich dieser Wahrheit entziehen können.» Eine unkonventionelle Lösung. Aber naheliegend und einfach. Mengele soll die letzte Einstellung gehören. Ich schrieb in den nächsten Tagen mehrere Vorschläge und mailte sie nach Berlin. Das war für lange Zeit der letzte Kontakt mit der Produktion, und es war ein bißchen so, als hätte ich ein adoptiertes Kind wieder zur Adoption freigegeben. Ich war nie bei den Dreharbeiten. Autoren stehen da meistens dumm herum und stören. Für mich war der Prozeß vorbei. Mengele ist schuldig.

Nachklapp: Den fertigen Film sah ich vor der offiziellen Premiere zweimal. Einmal im Februar in einer Rohschnittfassung auf Video. Sie war 135 Minuten lang und funktionierte ganz gut. Bis auf den Schluß. Rolands Linie hatte sich durchgesetzt. Das Schlußplädoyer Peter Rohms: nicht vorhanden. Der Schlußmonolog Mengeles auch nicht. Nur Rohms Fazit: schuldig in allen Anklagepunkten. Dann steigt er zu seiner Frau ins Auto und fährt durchs nächtliche Berlin. Abblende. Es war ein Desaster. 135 Minuten quälerische Konflikte, nur damit der Held am Ende den Schwanz einzieht?

Schlußplädoyer

Die nächsten Tage verbrachte ich am Telefon, um Werner Koenig zu erreichen. Bernhard versicherte mir, daß sowohl das Schlußplädoyer als auch Mengeles Schlußmonolog gedreht wurden. Das Material war also vorhanden. Im übrigen sei er meiner Meinung, aber eine Entscheidung könne nur Werner treffen. Der fliegende Holländer. Er war rastlos unterwegs und schien sowohl seine Mailbox als auch seine Sekretärin beharrlich zu ignorieren, jedenfalls was mich betraf. Nomen est omen, aber schließlich schaffte ich es mit Drohungen und Bettelei, eine Audienz bei Koenig zu bekommen. Ich fuhr nach München. Ich quatschte ihm die Ohren voll. Er war nicht ganz bei der Sache und gab mir in allen Punkten recht: Das Plädoyer muß wieder rein, die Autofahrt muß raus, der Film muß wie geplant mit Mengeles starrsinnigem Geblubber enden. Ich dachte schon: So einfach ist das? Später erfuhr ich, daß dies ausgerechnet der Abend des Tages war, an dem sein Vater gestorben ist.

Das zweite Mal sah ich den Film Anfang Juli im Münchner Maxx-Kino. Sondervorführung für die Werbefachleute von Scholz & Friends, der Agentur, die die bundesweite Werbekampagne entwerfen sollte. Hier sah ich den Film das erste Mal *richtig*. Ich konnte die schauspielerischen Leistungen genießen, die erlesene Bildsprache Martin Langers, die überdurchschnittlich gut gelungene Musik. Ich sah das Schlußplädoyer Peter Rohms und lauschte mit Grausen den letzten Worten Mengeles. Als das Licht wieder anging, schwiegen die vielleicht zehn Zuschauer. Es war Sommer, ein warmer Tag. Man trug Kurzärmliges. Ich konnte die Gänsehaut auf allen Armen sehen.

Eckhard Theophil über die Arbeit mit Detlev Buck

Männerpension

Durch den revolutionären Singsang, die sozialwissenschaftlichen Redensarten, unter denen die Damen und Herren 68er – bei ihrem Gang durch die Institutionen – Anfang der achtziger Jahre in den Führungsetagen aufsattelten, um dem Sozialstaat das Fett von den Hüften zu saugen, wurde selbst ich, nach 15 Jahren wirklich leidenschaftlicher Sozialarbeit, plötzlich vom Durchblick erfaßt. So suchte ich im Aufbaustudiengang Film bei Hark Bohm nach einer neuen Ausdrucksmöglichkeit und schrieb das Drehbuch «Kachelküche», eine romantische, kitschige Liebesgeschichte im St. Pauli- und Knastmilieu, mit einer Genauigkeit im Detail, die bis heute in kein Fernsehformat reinpaßt und daher auch nicht wirklich jemand interessierte. Außer Buck, den ich daraufhin im Sommer 1995 kennenlernte.

Ich hatte mich zurückgezogen und als Hausfrau reformieren lassen in die Heinrichstraße 42 – staatliche Fürsorgeerziehung in einer Männerpension, auf zweihundert Quadratmeter mittelständischem Wohnambiente. Sechs Jungs, zwei Sozialarbeiter und Hyäne Gockel, der Hund. Unauffällig, eingeordnet und mittendrin in den passenden Eigentumsverhältnissen, Umgangsformen und Verkehrsregeln. Nachbarn wie überall, mehr als ein schiefer Blick ist nicht drin. Die Ränder vom Schanzenviertel sind auch ohne öffentliche Heimerziehung bunt. Hier bleibt die Hundescheiße noch liegen, wo sie hinfällt. Ein dicker deutscher Nachbar rückt Sommer wie Winter dem Stück Bürgersteig vor seinem Fenster zu Leibe, indem er ihn mit dem Wasserschlauch abspritzt und anschließend schrubbt. Das macht der

Mann jeden Nachmittag und, wenn die Witterungsverhältnisse es erlauben, auch zweimal am Tag.

Und während die struppigen Hunde der Wagenburg Henriette in unserem Garten die Stiefmütterchen platt pissen, wackeln zwei leichte Mädchen mit ihren netzbespannten Strumpfhalterhintern vor dem Privatpuff Sabrina herum. Weit aus dem Küchenfenster gelehnt, schiebt Mischi, das älteste Heimkind aus der Wohngruppe Heinrichstraße, blitzschnell und ununterbrochen die Zunge aus seinem kantigen Ostfriesenschädel heraus und wieder herein. Sichtlich bemüht, damit die Aufmerksamkeit der beiden Strumpfhalterinnen zu erregen. Die beiden Nutten lachen, der Mann mit dem Wasserschlauch schüttelt den Kopf und sagt: «Zustände wie im alten Rom.»

Als Detlev Buck das erste Mal in der Heinrichstraße einläuft, kommt Chaot Kevin, der Jüngste, gerade wieder aus einer Schule rausgeflogen und den ersten Tag zur Beobachtung in der neuen, mit ihm zur Tür herein und brüllt über den langen Flur: «Zehn Minuten immer zuerst Gymnastik, wegen ... weil ... sie einem da das Gehirn durchblasen wollen, gleich von vornherein.» Daraufhin Buck schmunzelnd: «Brauchbare Dialoge um dich rum, wa?»

Detlev Buck

Vor unserem Haus steht sein Trecker, ein fettes Turbo-Diesel-Ding, «schneller als 'n Trabbi», behauptet Buck. Damit am Hamburger Filmbüro vorzufahren erfüllt die Erwartungen der Kulturfunktionäre. Buck kommt in seiner direkten Art sofort zur Sache: «Wat is dat überhaupt für 'ne Heimerziehung, die du hier veranstaltest, so ganz normal in 'ner Wohnung. Soll das 'n Witz sein, oder was?» Daß durch die Privatisierung staatlicher Pflichten Geld eingespart wird, begreift Buck sofort. Der Mann hat im Gegensatz zu mir gelernt, vernünftig mit Geld umzugehen. Bei dem geht keine müde Mark sinnlos über den Jordan. Als ich behaupte, daß so sicher wie das Amen in der Kirche als nächstes der private Knast kommt, sind wir wieder beim richtigen Thema. Buck will einen Knastfilm drehen und sich erst mal versuchen vorzustellen, ob er «mit den Vögeln da drinnen überhaupt was anfangen kann». «Erzähl mal 'n bißchen, allein so stimmungsmäßig, wie das war im Knast.» Ich versuche, ihn reinzuholen in die Zärtlichkeit des Elends ...

Zehn Knackis in einem vergitterten Schulzimmer in den Versuch verwickelt, den Realschulabschluß nachzumachen. Mit 23 bin ich der Jüngste, neben mir sitzt Rolli, 44, der heute nicht mit mir spricht, weil wir gestern einen gemeinsamen Tag in der grünen Minna verbracht haben. Knie an Knie. Die Zelle im Bus ist eng und niedrig. Gekrümmt kannst du durch den schmalen Sehschlitz rausgucken ... ins richtige Leben. Die Knastkutsche hält an einer Ampel in Eppendorf, direkt neben einer Bushaltestelle, an der ein hübsches Mädchen steht. Unsere Augen treffen sich, mein Gott, das kann nicht wahr sein ... sie lächelt. Urschauer von Wärme jagen mir durch den Leib, ich wage zurückzulächeln. Doch plötzlich sieht sie genauer hin, entdeckt, was los ist, ihr Lächeln erstarrt zu einem Parallelogramm. Beschämt setze ich mich zurück und lasse Rolli ans Fenster ran. Der fängt sofort mit seinem Lieblingsthema an. Von der Ampel in Eppendorf bis zum Untersuchungsgefängnis entdeckt er mindestens zwanzig Objekte, in denen er dringewesen sein will. Gerade frisch in der Sicherheitsverwahrung, nach sieben Jahren Zuchthaus, weil er bei Karstadt einen Wecker mitgehen ließ. Der klingelte plötzlich in seiner Hosentasche los, und Rolli war zum zwanzigsten Mal gnadenlos fällig. «Tscha, Theo», sagt er zu mir, «warum ich den Wecker gezockt habe, das weiß zum Glück bis heute keine Sau, weiß das nicht.» Ich wollte es gar nicht wissen. «Jedenfalls», läßt Rolli nicht locker, «den Wecker, den brauchte ich, wegen weil ... ich ein' Tresor aufsprengen wollte.» Da war mir der Kragen geplatzt: «Du kennst dich vielleicht bei Karstadt in der Haushaltswarenabteilung aus, aber 'n vernünftigen Tresor hast du in deinem Leben noch nicht gesehen.» Rolli hat kein weiteres Wort mehr mit mir gesprochen, auch auf der ganzen Rückfahrt nicht.

Damals bin ich noch kein Sozialpädagoge gewesen ...

Buck und ich sitzen an der dritten Flasche Chablis: «Der Scheiß schmeckt gut», brummt Buck, «erzähl weiter, so wahnsinnig spannend ist das ja nicht, aber wenn ich schon mal hier bin.»

Zur Schulpause lädt mich Hinnak, der Geburtstag hat, in seine Pantry ein. Hinnak stammt aus einem kleinen Dorf an der Nordsee, er war Krabbenfischer und lieber auf dem Wasser als an Land. Seine Frau bewirtschaftete den kleinen Hof. Hinnak saß seit zwölf Jahren in Santa Fu, weil er seine Frau «aus Versehen» eine mit 'n Spaten auf 'n Kopp gekloppt hat, nachdem «de olle Söch» mit der Sense auf ihn losgegangen war. Anschließend buddelte er sie auf dem Feld ein, ein Jahr später pflügt ein anderer sie wieder raus. Zu Hinnaks 42. Geburtstag hat Gottfried, der Bruder seiner verstorbenen Frau, ihm eine Plastiktüte mit Krabben aus Büsum vorbeigebracht.

Wir sitzen in Hinnaks Pantry, er reibt die Pfanne mit echter Butter aus, weiß der Teufel, wo er die herhat.

Sie war als achtjähriges Kind ganz alleine von Masuren nach Büsum gekommen. Hinnak sagt: «Ich wollte sie nicht totmachen, ich hab ihr doch geliebt.» Im Untersuchungsgefängnis versucht er, sich die Pulsadern durchzubeißen.

Die Krabben brutzeln in der heißen Pfanne, Hinnak legt zwei Schusterkarbonaden dazu. Aufmerksam registriert er mein unglaubliches Erstaunen, als er einen Schuhkarton öffnet und eine Flasche dänischen Jubiläumsaquavit von einem kleinen Block Trockeneis herunternimmt. Hinnak verteilt den Inhalt der Pfanne auf zwei Teller. Mir läuft das Wasser im Mund zusammen. Der Aquavit wird aus der Flasche getrunken. Während wir essen, fällt kein Wort. Pfanne und Teller werden mit Brotstückchen blitzblank gerieben. Und Hinnak spielt zum Nachtisch weinend «Ännchen von Tharau».

Später schreibt er in sein Tagebuch: «Es war ein schöner, sonniger Tag, wir haben Büsumer Krabben mit Schusterkarbonaden gegessen und Schnaps getrunken.»

Buck packt sein Faxgerät aus, schließt es bei mir an und läßt sich häuslich nieder. Wir basteln die ganze Nacht an einer wilden Knackigeschichte unter dem Arbeitstitel «Die Zärtlichkeit der Wildsau», in der eine vom Leben gelangweilte Frau eines Bankdirektors sich auf einen Knacki einläßt, dem daraufhin Sehen und Hören vergeht. Am anderen Tag gegen Mittag bekoche ich meine Sozialfälle und Buck gleich mit. Die Jungs streiten sich wie immer. Ich fahre das erste Mal nicht mit ihnen gemeinsam in Urlaub, weil ich mit Buck ein Drehbuch schreiben will. Die Großen hacken schadenfroh auf dem elfjährigen Kevin herum, weil der keine Angehörigen mehr hat und deswegen in den Sommerferien in der Wohngruppe abhängen muß. Doch Kevin behauptet, daß er auch Verwandte hat ... in Kiel. «Spinn bloß nicht rum, du Idiot», faucht Mischi ihn an, «da kennst du doch überhaupt keine Sau.» «Logisch kenn ich da einen», antwortet Kevin trotzig.

Eckhard Theophil als Gasi in «Männerpension»

Irgendwann muß er die Karten natürlich auf den Tisch legen. Kevin überlegt gründlich und sagt dann: «Ich tu

Eckhard Theophil, Claus Boje, Detlev Buck

zu meine Schwiegermutter hinfahren, die wohnt in Kiel.» So was gefällt Buck: «Das Segelohr können wir gebrauchen.» Und er verspricht Kevin eine kleine Rolle, wenn wir das Drehbuch tatsächlich hinkriegen sollten.

Der erste Drehbuchdurchlauf mit Buck ist grandios. Schon nach vierzehn Tagen liegt die erste Fassung auf dem Tisch. Buck fährt zufrieden nach Hause zum Mähen. Ich verteile wohngruppenmäßig jede Menge Heiermänner, geh um die Ecke in meine Stammkneipe und laß mir die Hucke vollaufen, weil Drehbuchschreiben manchmal nicht ganz so Scheiße ist. Am anderen Morgen steht Buck wieder auf der Matte und schiebt das Manuskript über die Tischkante: «Damit können wir uns getrost den Arsch abwischen», sagt er, zieht den Stecker aus seinem Faxgerät und verabschiedet sich: «Das ist alles viel zu dünn, es reicht hinten und vorne nicht.» Na gut, sag ich, eigentlich schade, aber so verbissen hab ich das nicht gesehen. Wo liegt eigentlich das Problem? Da wird er richtig gallig und laut, ein Wort gibt das andere. Er keilt aus nach allen Seiten, ich steck ein, spring beiseite, fang wieder eine ein und so weiter.

Irgendwann mußt du dich gerademachen, ob du willst oder nicht. Er wirft mir vor, daß ich die Sache nicht leidenschaftlich genug angehe, und ich keil zurück, daß er überhaupt nicht weiß, was er will. Wir schonen uns nicht, und Buck stellt grinsend sein Faxgerät ab und setzt sich wieder hin. Dann haben wir die Angelegenheit ausdiskutiert, die ganze Nacht, und am anderen Morgen ging es wieder von vorne los. Buck hat sich bei mir eingenistet, ausgebreitet und viel von mir verlangt. Ihm reicht es nicht, wenn du als Autor eine gute Szene mit vernünftigen Dialogen erfindest. «Erzähl keine Operetten, sondern spiel mir das vor», war eine seiner permanenten, sympathisch unverschämten Standardforderungen. So kam ich zu einer Rolle und spielte ihm Gasi, einen liebenswürdigen Blödmann, dessen Heimat der Knast ist. In einer Szene sieht Til Schweiger Detlev Buck grinsend an und sagt dann pastoral zu mir: «Das ist original gut für dich, Gasi, daß du auch wirklich so blöde bist, wie du aussiehst, weil, deswegen merkst du den Knast nicht so.»

Buck ist auf jeden Fall anstrengend, mit ihm ein Drehbuch zu erarbeiten ist ein permanentes Krisengespräch. 24 Stunden am Tag, monatelang, hat nichts anderes mehr Platz im Leben als Bucks Film. Irgendwann hatten wir eine neue erste Fassung, inzwischen hatte der Film den Titel «Erfüllung im Hühnerstall», und Claus Boje kam aus Berlin nach Hamburg, um uns mitzuteilen, daß ihm drei Bilder von neunzig gefallen und der Rest Schrott sei. Das war nicht witzig, aber ich wußte, daß Detlev den Film drehen will und wird. Wir sind immer wieder ans Buch gegangen und hatten nach der dritten oder vierten Fassung einen ganz ordentlichen ersten und zweiten Akt, mit dem auch Claus Boje leben konnte. Ich saß am dritten Akt fest, bis zum ersten Drehtag, und wirklich fertig geworden sind wir nie. Buck fing währenddessen an zu casten, mit der Leidenschaft, die ihn als Regisseur ausmacht. Unsere Kerle waren schwer zu finden, und nach etlichen Castings, zu denen mich Buck hinzuholte, mimte er aus Verzweiflung selbst den Knacki, und sofort war klar, daß er einen der schrägen Vögel selbst spielen mußte, ob er wollte oder nicht.

Ich war beim gesamten Dreh dabei und aufrichtig von dem enormen Engagement aller Beteiligten überrascht, mit dem dieses Spektakel heil über die Bühne gebracht wurde. Während der Knastszenen in Rummelsburg standen als Komparserie an manchen Tagen mehr als hundert Jahre Knast auf dem Hof. Mir wurde angst und bange um unsere leichte Knaststory, als die grellbunten Hardcorejungs sich gegenseitig mit Schubkarren umnieten sollten. Meine Befürchtungen waren überflüssig, weil die echten Knackis hier nicht nur als Tischdekorationen verarscht wurden, sondern spürten, was keinen Filmkritiker interessiert. Es ging um den ersten Kinofilm nach dem Zweiten Weltkrieg in Deutschland, bei dem zwei Knackis die Hauptthelden waren.

Nicht immer erschienen die schweren Jungs morgens nüchtern am Set, und der eine oder andere schlief manchmal erst mal seinen Rausch aus, aber mit Begeisterung waren wirklich alle dabei. Als das Schubkarrenrennen gedreht wurde, sollte Thomas Kaitz – Kevins Vater, der übrigens vor zwanzig Jahren in Hark Bohms «Nordsee ist Mordsee» einen Jugendlichen von der Straße spielte – mit «Auf die Plätze, fertig, los!» das Rennen einleiten. Thomas, noch angeschlagen von der letzten Nacht, hält den ganzen Laden auf, weil er dreimal seinen Einsatz verpennt. Sagt Buck zu Thomas: «Paß jetzt das nächste Mal auf, und guck verdammte Scheiße direkt in die Sonne rein, sonst haben wir dich überhaupt nicht in der Kamera drin, du Dussel.» Thomas sieht daraufhin Buck vorwurfsvoll an und brummt: «Sei du bloß still, du kannst nämlich froh sein, daß ich heute morgen überhaupt aus meine Augen rausgucken kann.»

Chaot Kevin kam im übrigen auch noch zum Zug. In einer Szene versucht er, Til Schweiger das Auto zu klauen, hält ihm wenig später die Knarre gegen die Schläfe und sagt: «Ich hab zwar keine Eltern, aber ich hab 'ne Wumme, du Penner.» Leider fliegt die Einstellung später wieder raus – Til sah einfach zu alt aus in der Szene.

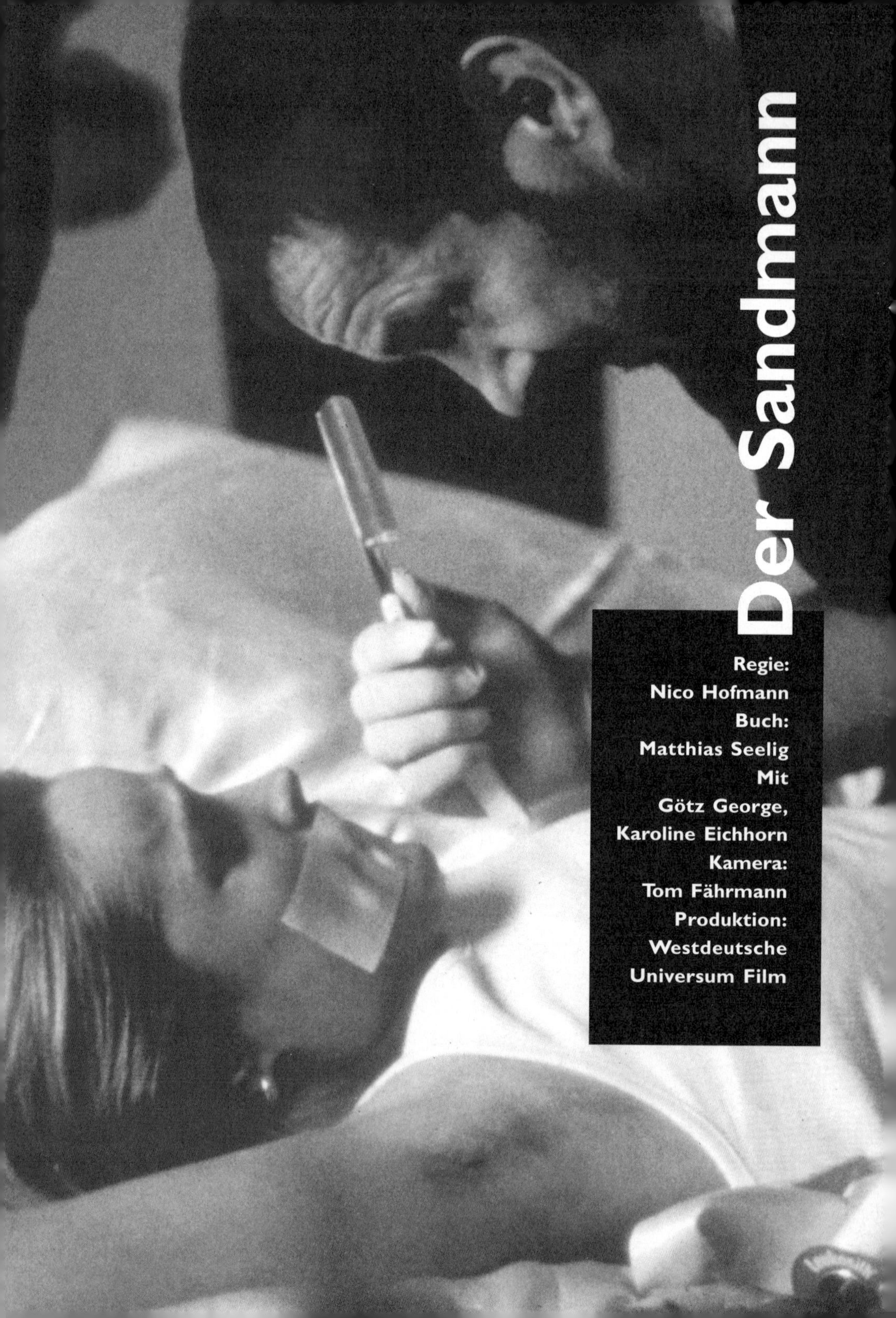
Der Sandmann
Regie:
Nico Hofmann
Buch:
Matthias Seelig
Mit
Götz George,
Karoline Eichhorn
Kamera:
Tom Fährmann
Produktion:
Westdeutsche
Universum Film

Knallhartes Kopfkino

Uta-Maria Heim über «Der Sandmann»

Keiner stirbt, denn wir sind schon in der Hölle. Im vereinigten Mediendeutschland tobt ein Quotenkrieg zum Mitmachen, bei dem letztlich alle dafür sind. Wer gewinnt, kriegt die Köpfe der Konsumenten. Alle müssen gewinnen. Es gibt nur künstlich am Leben gehaltene Sieger zum Schluß, für die nichts mehr gilt. Würde, Autonomie, Subjektivität – alles vergangenes Jahrtausend. Es zählen nur noch drei Dinge: Eitelkeit. Perversität. Und der totale Kapitalismus als Kopfkino.

Der gesellschaftskritischste Film der neunziger Jahre lief nicht im Kino, sondern er war eine Koproduktion von RTL 2, ORF und M6 France. RTL 2! Ausgerechnet! Nirgendwo im deutschen Privatfernsehen wird das Bestehende so orgiastisch bekräftigt wie bei RTL 2, wo der Zeitgeist vor lauter Lustgepeitsche zu hecheln anfängt. Und nun startete dieser Sender am 5. Oktober 1995 mit dem Film «Der Sandmann» eine TV-Movie-Reihe, die längst schon wieder Geschichte ist. Ein mit dem «Sandmann» vergleichbares Fernsehereignis hat es auf RTL 2 seither nie wieder gegeben. Das Drehbuch für den 94-Minuten-Film schrieb Matthias Seelig. Regie führte Nico Hofmann.

Nico Hofmann: Für mich war das beim Drehen ein Film wie jeder andere. Es gab ein gutes Buch und eine gute Besetzung. Den Rest kann man selbst sehr schwer einschätzen. «Der Sandmann» hat beim Publikum total unterschiedliche Wirkungen gehabt. Nach der Premiere, die während der Funkausstellung im «Gloria» lief, sagten einige, die ich lieber nicht nennen will, das sei das spekulativste Machwerk, das sie je gesehen hätten. Der Film sei so effekthascherisch wie das, was er anprangere. Aber als er dann plötzlich mehrere Preise bekam, da kamen sie und gratulierten mir.

Am Ende der Erstausstrahlung hatten einige Medienkritiker das manische Gefühl, die Revolution sei ausgebrochen. Wir hatten schon fast nicht mehr damit gerechnet, und schon gar nicht auf RTL 2. Ich mußte an die Worte meines Lieblingsonkels selig denken, der immer gesagt hatte, von dort, wo das Elend am größten ist, von dort naht schließlich die Befreiung. So war es dann auch, oder es hätte zumindest so sein können, wenn die real existierenden Fernsehverantwortlichen mit der Fernbedienung auf ihre eigenen Programme geschossen hätten. Haben sie aber nicht. Am nächsten Morgen sah der Bildschirm wieder friedlich, glatt und grau aus.

Götz George und Barbara Rudnik

Nico Hofmann: Daß der «Sandmann» Selbstkritik beinhaltet, das hat RTL 2 gar nicht gemerkt. Der Stoff wurde ursprünglich fürs ZDF entwickelt. Die wollten ihn aber nicht machen, weil er ihnen zu spekulativ war. Heute würde der Film beim ZDF vermutlich laufen. Der Generationswechsel beim Fernsehen wirkt sich nämlich sehr positiv aus. Qualität wird eher erkannt, das handwerkliche Niveau steigt permanent, weil die Ausbildung besser ist, und die jungen Regisseure sind einfach spielfreudiger. Etwa einmal im Monat entdecke ich was im Fernsehen, das ist radikal und gut erzählt.

Die Hauptrollen wurden mit Götz George als Schriftsteller Henry Kupfer und Karoline Eichhorn als Fernsehredakteurin Ina Littmann besetzt. Starke, ihre Rolle betonende Szenen geben ihr von vornherein die Chance, mit dem brillanten George mitzuhalten, der seinen Charakter mit einer atemberaubenden Ambivalenz ausstattet. Denn obwohl bei Götz George immer noch ein wenig der Schimanski durchschimmert (allzu charismatische Figuren sind der Fluch eines Schauspielers), fesselt seine Darstellung. Er macht Henry Kupfer zu einem restlos überzeugenden, aber kaum zu ortenden Charakter, bei dem man bis zum bitteren Ende nicht weiß, ob er von janz weit draußen oder direkt aus der Unterwelt kommt. Ist er tatsächlich so weltfremd, wie er tut, oder ist er in Wirklichkeit ein bestialischer Psychopath? Hat er über Gewaltverbrechen nur spektakuläre Romane geschrieben, oder ist er womöglich selbst ein gefährlicher Serienkiller?

Karoline Eichhorn und Götz George

Nico Hofmann: Wie um Henry Kupfer war es um Götz George 1995 etwas stiller geworden. Es war ja noch vor dem «Totmacher». Ich wollte ihn unbedingt für die Rolle, und ich setzte mich durch. Denn, überspitzt ausgedrückt, Götz George *ist* Henry Kupfer. Also ein Mann, der das Flair des sympathischen Spielers und des charmanten Verführers stets aufrechterhält und gleichzeitig tief in sich reinblickt. Das hat mit Schmerz zu tun, mit Verletzungen, mit Verletztwerden. Henry Kupfer ist ein Mann, der in ungeheure eigene Abgründe geschaut hat, er ist dabei selbst Schauspieler, und er hat alles drauf, vom Showmaster bis zum perversen Serienmörder.

Es ist nicht Inas Idee, den zunächst harmlos erscheinenden Henry Kupfer in die Sendung zu bringen, sondern die Idee des tapsigen Kollegen Volker, aber sie bekommt

Karoline Eichhorn und Götz Argus

den Auftrag zur Recherche. Ina arbeitet als Jungredakteurin für ein Talkmagazin, das entfernt an «Schreinemakers live» erinnert (auch das schon Geschichte), und es ist *die* Chance für sie. Ina verabredet sich mit Kupfer zu einer Vorbesprechung. Kupfer willigt ein. Er macht mit. Ina ist selig. Für ihre Karriere würde sie nämlich über Leichen gehen, und das merkt Kupfer sofort und legt ihr ein paar Skelette in den Weg.

Weit und breit kein Brad, nur Janet

Eigentlich eine humorvolle Geste, zumal der Anfang dieser Episode stark an die «Rocky Horror Picture Show» und weitere ambitionierte Gruselfilme erinnert. Aber Ina ist allein. Weit und breit kein Brad, nur Janet. Es ist Nacht, es regnet, und sie ist gefangen in Kupfers entlegener Bruchbude. Das Auto ist kaputt, Berlin unerreichbar, und in den Schränken stehen eingelegte Körperteile.

Kupfer lügt, Kupfer inszeniert, Kupfer ist eigentlich gar kein Schriftsteller. Er ist ein Exknacki, acht Jahre abgesessen wegen Totschlags, ansonsten sensibel, durchtrieben bis intelligent. Sehr intelligent, aber wahnsinnig. Dumpf? Ein Frauenhasser. Ein Schwein. Oder hat er womöglich doch recht? Hat er nicht, hat er nicht. Allein diese sexistischen Zeichnungen, die er in den Kalender kritzelt. Sein krankhaftes Interesse an der uralten Sprache der Gewalt. Seine schmierigen Blicke. Und immer finden seine Lesungen in der Nähe von Orten statt, an denen dann kurz darauf eine Prostituierte ermordet wird.

Ina spiegelt sich in Kupfers Widersprüchen.

Ihre Ängste, ihre Träume bilden das phantasierte Pendant seiner mutmaßlichen Taten. Beide schenken sich nichts, sie passen hervorragend zusammen, die Fernsehredakteurin mit ihren masochistischen Alpträumen und der Bestsellerautor mit seinen sadistischen sexuellen Drohgebärden. Beide zusammen ergeben wohl das, was man eine vollständige pathologische Persönlichkeit nennt. Ina wünscht sich heimlich, wovor sie sich am meisten fürchtet: von Kupfer zerfleischt zu werden.

Nico Hofmann: Ich wollte für diese Rolle kein Girlie. Karoline Eichhorn ist das genaue Gegenteil von Ina: ein sehr starker, tiefer Mensch. Ich wollte, daß die Schauspielerin, die den Prototyp des aufstrebenden Privatfernsehjournalisten verkörpert, selbst extrem sensitiv ist. Daß sich also die zwei Figuren, Ina und Kupfer, wirklich auf einer Ebene gegenüberstehen.

Hauptkommissar Stulpe

Bei ihren Recherchen schreckt Ina vor nichts zurück: Sie bricht in fremde Wohnungen ein, durchsucht Taschen, fotografiert heimlich, filmt heimlich, setzt Spitzel an, spioniert. Immer klarer wird dabei, daß Kupfer tatsächlich der Psychopath sein muß, der Serienkiller, der von Stulpe gesucht wird. Aber Ina arbeitet nicht mit dem Kommissar zusammen, sie horcht ihn nur aus; selbst dann noch, als sie die in Blut badende Leiche einer Prostituierten gefunden hat. Sie ist nicht bereit, den Triumph der Polizei zu überlassen, sie lädt Stulpe statt dessen ein zu ihrer Sendung.

Nico Hofmann: Der Abend vor der Sendung, das ist dann auch meine Lieblingsszene: Kupfer packt Ina am Kopf, er macht ihr vor, er werde die Sendung nicht durchstehen, denn er fürchte, sie werde ihn fertigmachen. Sie schwört, daß sie es nicht tut, sie gesteht, daß sie ihn mag, er treibt sie in eine bedrohliche sexuelle Obsession hinein, er beschwört sie, einen magischen Satz zu sagen, da klingelt es. Volker kommt. Die Spannung reißt ab. Kupfer wünscht Ina eine gute Nacht.

Götz George

Kupfer kommt schließlich doch zur Talk-Show, und hinter den Kulissen am Bildschirm haucht Ina der jung alternden Moderatorin Sabine, die inzwischen ein Verhältnis mit Volker hat, die richtigen Fragen ins Ohr. Sie sind wie die Filmeinspielungen knallhart und treiben Kupfer immer mehr in die Enge. Dann wird noch eine bestochene Zeugin ins Feld geführt, die Kupfer als Mörder ihrer Freundin wiedererkennt. Als er nur noch gestehen kann, flieht Kupfer.

Ina will die Quote, Kupfer die Auflage.

Kommissar Stulpe nimmt ihn mit zu einem sogenannten Informationsgespräch. Kupfers Anwalt taucht auf, der das Blatt schlagartig wendet. Sehr schnell wird klar, Henry Kupfer ist nicht nur unschuldig, sondern er hat die Medien, die ihn manipulieren wollten, für seine Zwecke wiederum manipuliert. Er macht nichts als PR für sein neues Buch. Ina und Sabine wollten die Quote, Kupfer will die Auflage. Die Fernsehredakteurin und der Bestsellerautor schenken sich nichts. Sie haben alle gewonnen, es gibt nur Gewinner bei diesem Spiel, trotz einer saftigen Schadensersatzklage an den Sender.

Um ihr Klarheit über seine Motive zu verschaffen, dringt Kupfer in Inas Wohnung ein. Er fängt an, sie genauso sadistisch zu quälen, wie sie sich das immer vorgestellt hat. Und sie, die ihn nach wie vor für den Prostituiertenmörder hält, liegt gefesselt, entblößt und mit Todesangst im Bett, als er ihr eiskalt eröffnet, was er wirklich von ihr will: Gratiswerbung. Selbst in diesem Moment wirkt er noch nicht unsympathisch, während Ina schon längst verloren hat. Sie wird von Kupfer vorgeführt, und man hat nicht mal Mitleid.

Als er gegangen ist, schaut sie aus dem Fenster.

Kupfer steigt in ein Auto, in der die Frau sitzt, die sie für die ermordete Prostituierte gehalten hat. Es war alles nur Schein, Berechnung, eine höchst intelligent inszenierte PR-Kampagne! Zu Ina hoch schaut der tapsige Kollege Volker. Ohne ihn als Komplizen hätte Kupfer sein Schauspiel natürlich nie fertiggebracht.

Nico Hofmann: Es geht um Verführbarkeit, Manipulation, um den Abgrund des Normalen. Um ein Spiel also, bei dem jemand in eine ganz perverse Lust hinabsteigt.

Götz George

Das Irrsinnige dabei ist, daß alle das tun. Sie schenken sich dabei nichts. Die abrupte, unerwartete, dabei bis in jedes Detail vom ersten Bild an sorgsam vorbereitete Schlußpointe wird zu einem Schock, wie ihn uns das Medium Fernsehen noch nie verpaßt hat. Denn ohne sich dem entziehen zu können, wurde der Zuschauer zusammen mit Ina zum Voyeur. Auch er hat Kupfer vorverurteilt, auch er hat Inas Methoden gebilligt, auch er hat sich durch sein Einverständnis schuldig gemacht. Jetzt sehen wir: Henry Kupfer ist nicht im strafrechtlichen Sinne pervers. Er ist bloß pervers im gesellschaftlich akzeptierten Rahmen, er will Erfolg haben, Geld machen, Karriere, und er zwingt uns dafür unsere Zustimmung ab. Denn nur indem man selbst die Initiative ergreift und zum Täter wird (lehrt uns Kupfer), kann man verhindern, als Opfer von den Medien herabgewürdigt, denunziert und verheizt zu werden.

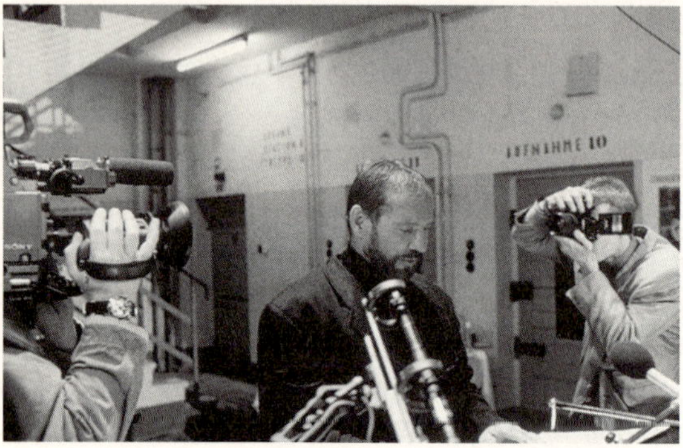

Götz George

Nico Hofmann: Ich finde es toll, wenn der Film eine kontroverse Debatte auslöst. Es gibt mittlerweile eine ungeheuer seriöse Filmkritik, die sich auf einem sehr intellektuellen Niveau mit dem Sinn des «Sandmanns» auseinandersetzt.

Fernsehen und Lüge In den neunziger Jahren existieren nur noch zweierlei Klassen: Entweder, man gehört dazu, oder man gehört eben nicht dazu. Wer dabei ist, das entscheiden die Medien. Und es gibt Menschen, die tun alles dafür. Wie Kupfer und Ina. In dieser Moral steckt immerhin die krudeste gesellschaftliche Wahrheit, die uns das Fernsehen in den Neunzigern präsentieren kann. Sie beinhaltet eine ungeahnte Fähigkeit zur Selbstreflexion. Das Fernsehen weiß also, was es tut, wie es uns belügt, worum es uns betrügt. Aha, das haben wir nicht gewußt, daß das Fernsehen das so genau weiß.

Spätestens seit dem «Sandmann» soll uns kein Sender mehr sagen, er wisse nicht, was Qualität ist, auch Spielfilmqualität, er wisse nicht, was Wahrheit ist, auch im Hinblick auf die Selbsterkenntnis. Man muß kein Anthroposoph sein (und im Bildschirm den Teufel persönlich sehen), damit es einem angesichts der Vision des «Sandmanns» graust. Selbst wenn es bei RTL 2 zunächst tatsächlich keiner gemerkt haben sollte, so hat sich's inzwischen doch wohl rumgesprochen: Der Film wirkt, rückblickend, wie ein Geständnis und eine Selbstanklage des Fernsehens.

Deshalb schlug «Der Sandmann» in Fachkreisen ein wie eine Bombe. Er wurde gleichzeitig mit Preisen überhäuft, er bekam 1996 den Adolf-Grimme-Preis in Gold, den Publikumspreis des Adolf-Grimme-Instituts, den «Goldenen Gong» für herausragende Leistungen im deutschen Fernsehen, den Deutschen Fernsehpreis «Goldener Löwe» und den Bayerischen Fernsehpreis. Dieser Film hat jede erdenkliche Auszeichnung verdient. Nur ist es wohl so, daß an die Stelle der kritischen Auseinandersetzung seit der Wende gern das Wegloben tritt. Was den Konsens gefährdet, wird angestrahlt und so hoch gehängt, daß wir uns alle irgendwie davon gewärmt fühlen.

Nico Hofmann: Nein, so würde ich das nicht sehen. Die Diskussion ging ja weiter. Der Film hat, zusammen mit einigen anderen, viele Anstöße gegeben. Er hat gezeigt, daß man im TV-Movie-Bereich durchaus cineastisch erzählen kann. Und auf den Grimme in Gold, da bin ich wirklich stolz. Er hat mich echt überrascht. Ich dachte nämlich, der Film ist der Jury viel zu kommerziell.

Das Privatfernsehen, so wie es im «Sandmann» gezeigt wird, ging bei uns Gesamtdeutschen im Herbst 89 los. Damals fiel ja nicht nur die Mauer, sondern wir montierten auch die Schüssel. Plötzlich hatten wir statt drei Sendern neun. Oder zwölf. Oder achtzehn. Das Privatfernsehen wurde über Nacht zu einem Massenkonsumartikel, und das neuartige Zappen paßte wunderbar zu dieser herrlich deutsch-demokratischen Revolution, bei der sich Ossis und Wessis auf allen Kanälen mit Schampus übergossen.

Ende der Achtziger fanden zwei Umbrüche parallel statt. Während die einen auf die Mauer kletterten, saßen die anderen im Wohnzimmer, sahen fern und übten an ihrem High-Tech-Gerät. Das war ja noch Steinzeit, was die damals an Computern herumstehen hatten, und den Westberlinern fehlte beim Feiern das Handy. Die Ostdeutschen hatten zu Hause noch nicht mal eine Klingel an der Tür, gigantisch, was für Märkte sich da erschlossen!

Inzwischen haben wir alle überall alles.

Wir können jederzeit jedermann an jederlei Ort erreichen, per Stimme, per Schrift und per Bild. Wir können jederzeit jede Nachricht abrufen, jede Info bekommen, jede Ware kaufen und jeden Film ansehen. Der Preis dafür ist hoch, denn wir können jederzeit von jedermann überall erreicht, unterbrochen, abgelenkt, genervt, verführt und manipuliert werden. Die meisten Telefonate sind sinnlos, die meisten Nachrichten unverdaulich, die meisten Waren unnötig und die meisten Filme schlecht. Dennoch hat in diesem Jahrhundert höchstens das Auto dermaßen aggressiv in unser Leben eingegriffen. Die Atombombe, der Holocaust, Aids und die Pille haben unseren Alltag hingegen längst nicht so tiefgreifend verändert, wie das die modernen Kommunikationstechnologien und Medien tun. Nämlich sekündlich, in jedem einzelnen Augenblick.

Nico Hofmann: Der Anspruch des deutschen Films ist höher geworden. Mitte der Neunziger ging das los. Damals entstanden ein paar wirklich gute TV-Movies, und es sind seither immer mehr geworden. Eine kleinere Gruppe von jungen Regisseuren, die ständig größer wird, beweist, daß man zwar kommerziell, aber dabei durchaus radikal erzählen kann. Das ist für mich eine äußerst positive Entwicklung.

Eine Schlüsselszene

Der «Sandmann» war einer der ersten Filme, die das grundlegend Fatale der neunziger Jahre erkannt und weitergedacht haben. Eine Schlüsselszene: Ina versucht verzweifelt, über Handy ihren Freund zu erreichen, weil es ihr nachts bei Kupfer unheimlich ist. (Ihr Handy ist eindeutig erste Generation und fast so groß wie ein Feuermelder.) Kupfer liegt beim Kaminfeuer, hört ihre Stimme, er mokiert sich über das Handy, und es kommt zur ersten intuitiven Annäherung, bei der sich Kupfer in Inas Vaterproblem hineinversetzt. «Wie hat er Sie damals genannt? Mein Püppchen, mein Engelchen. Dabei waren Sie ihm nur lästig. Jetzt schickt er Ihnen nicht mal mehr eine Karte zum Geburtstag. Obwohl er Ihnen doch irgendwie den Job beim Fernsehen verschafft hat (...) Sie werden genau die Karriere machen, die Ihnen keiner zugetraut hat. Am wenigsten Ihr Vater.»

Das Eigentliche erfährt Kupfer weder über die Medien noch über das Handy, noch von seinem Spitzel beim Fernsehen, Volker. Das Eigentliche teilt sich ihm mit durch Intuition. Intuitiv weiß Kupfer, in welche Kindheitsmuster Ina verstrickt ist, intuitiv kennt er ihre masochistischen Ängste, Träume und Obsessionen genau. Nur deshalb kann er Ina für seine Zwecke benutzen, weil er für ihre Psyche eine Art Hellsicht besitzt und sie so im Innersten bedrohen und treffen kann.

Karoline Eichhorn und Götz George

Kupfer ist intelligent und sensibel, doch das ist längst nicht alles. Er verfügt über die Möglichkeit, in Ina hineinzuschauen, nonverbal zu kommunizieren. Er baut Strategien auf, mit ihr ohne Worte und technische Hilfsmittel in Kontakt zu treten, und er nutzt seine Macht über sie brutal aus. Unter anderen Umständen jedoch hätte sich zwischen der lebensunerfahrenen Ina und ihm vielleicht eine von Kupfer dominierte Liebesgeschichte entwickelt.

Jetzt ahnen wir langsam, *weshalb* der Schriftsteller selbst in der grausamsten Szene sympathisch bleibt: weil er über ein ungeheures Maß an Intuition verfügt, an Charisma, an nonverbaler Energie. Er manipuliert zwar die sich selbst vollkommen überfordernde Ina damit, doch das Macho-Spiel wirkt trotzdem nicht wirklich sexistisch. Kupfers wortlose und äußerst radikale Kommunikationsmethoden sind vielmehr faszinierend, während Inas Schweigen dumpf bleibt, denn sie verfügt über keinerlei intuitive Mittel.

Der Sandmann streut Ina keinen Sand in die Augen, sondern er gibt ihr jederzeit die Gelegenheit, aus dem Duell auszusteigen. Daher zeigt der Film mehr als nur den Zweikampf zwischen einem abgebrühten Zyniker und einer ehrgeizigen Jungfrau. Denn Henry Kupfer stellt eine neue, subversive und ungeheuer wirksame Kampftaktik vor, wie sich der einzelne gegen die Bedrohung seiner Autonomie, gegen die Ohnmacht, gegen das Überrolltwerden schützen kann. Dabei unterwandert er nicht nur ohne Skrupel eine anonyme Institution, sondern er mißt sich vor allem auf sehr subtile Weise mit einer einzelnen, ihm zunächst ebenbürtigen Frau. Die verborgene Botschaft des Films spricht Kupfer zuletzt nicht aus, weil er sie damit verraten würde. Ina verstünde ihn sowieso nicht. Und wir müssen den «Sandmann» vielleicht zwei- oder dreimal sehen, ehe wir wissen, was gemeint ist.

Ein Regisseur wird Produzent

Aus einem Gespräch mit Nico Hofmann über teamWorx

Das ist ein ganz ernst gemeinter Entschluß: Regie aufgeben und nur noch produzieren. Anders als bei Helmut Dietl oder Dieter Wedel ist in meinem Fall die klare Ansage: Ich mache jetzt mit teamWorx die Filme der anderen, also der ehemaligen Kollegen. Dieser Punkt ist ganz wichtig, um Vertrauen herzustellen. Am meisten Angst hatte ich, daß Regisseure, mit denen wir zusammenarbeiten wollen, denken könnten, ich fummel ihnen in ihre Arbeit rein. Es gibt das sogenannte Dieter-Wedel-Syndrom: Als Produzent hatte ja Dieter beim «König von St. Pauli» einen Regisseur engagiert, den er später wieder vor die Tür gesetzt hat, um dann selbst die Regie zu übernehmen. Das passiert bei uns nicht, und es wird auch nie passieren.

Man braucht eine unheimliche Energie, um eine solche Firma aufzubauen. Schon die Gestaltung der Gesellschafterverträge war eine Kraftanstrengung, schließlich gehören wir zu einer großen Medienfabrik. Über ein Dreivierteljahr – wir waren mindestens dreimal kurz vorm Abbruch – haben wir verhandelt, um das kreative Alleingestaltungsrecht zu haben: Der Vorsitz der Geschäftsführung liegt bei mir und nicht bei der Ufa. Das Modell ist insofern bemerkenswert, weil die Ufa die komplette Infrastruktur finanziert, uns jedoch die kreative Eigenverantwortung übertragen hat. Das ist in den Statuten des Gesellschaftervertrags festgeschrieben, das heißt, die Ufa hat nur ein einziges Recht einzugreifen, indem sie uns als Firma liquidieren würde. Andere Einflußnahmen sind ausgeschlossen, solange wir den gemeinsam verabschiedeten Businessplan einhalten. Die teamWorx-Produzenten, das sind Doris Zander, Ariane Krampe, Bettina Reiz und ich, halten Anteile an der Firma, die Ufa hat 51 Prozent. Im Grunde ist das eine Art von Genossenschaftsmodell.

Dazu gehört Mut. Auch bei der Ufa. Irgendwann wird es garantiert Konflikte geben, weil die Ufa natürlich ein renditeorientiertes Unternehmen ist und mich die Rendite erst zweitrangig nach der Qualitätsfrage interessiert. Im Moment gibt der Erfolg uns recht. Wir liegen weit über den Umsatzerwartungen des Businessplans, und man sieht daran, daß teamWorx am Markt gewollt wurde. Alle deutschen Sender haben uns einen Vertrauensvorschuß gewährt, das macht sich in der Form von Aufträgen bemerkbar. Die Firma ist angetreten im TV-Movie-Segment, das ist unser Kerngeschäft, darin unterscheiden wir uns maßgeblich von X-Filme und anderen Firmen. Bettina Reitz konzentriert sich aber auch auf Kino und hier sehr stark auf den cineastischen Nachwuchs.

Ein gewisses Brennmoment

Nicht zuletzt profitieren wir vom Generationswechsel in den Sendern. Bei RTL ist die Redaktion im Schnitt 34 Jahre alt, denselben Generationsbreak gibt es bei SAT.1, selbst im ZDF. Ein Redakteur im Alter von Mitte 30 will bei den Produzenten lieber mit der gleichen Generation arbeiten. Du hast eine andere Sprache, es gibt einen direkteren Austausch, man redet über die gleichen Filme, die gleichen Stoffe. Dazu kommt eine gewisse Leidenschaft, die Projekte mit der anderen Energie anzugehen, als es der klassische Auftragsproduzent vor fünf oder vor zehn Jahren gemacht hat. Außerdem kann man bei allen großen Produktionsgesellschaften, ob das NDF, Ufa oder Studio Hamburg ist, beobachten: Je größer die Firmen werden, desto mehr kommt die persönliche Betreuung der Projekte und auch ein gewisses Brennmoment abhanden. Natürlich stemmen auch diese Medienfabriken großartige Projekte, aber ich habe das Gefühl, daß die stärkere Kraft von kleineren kreativen Teams ausgeht, und habe gar keine Lust, teamWorx zu vergrößern, weil dann die Spannung rausgeht.

Zwei Dinge wußte ich: Am Markt überlebe ich nur mit einer schlagkräftigen Gruppe, die sofort ein gewisses Volumen am Markt holt. Wir haben es geschafft, gleich als eigenständige Firma ernst genommen zu werden. Der zweite Punkt: Ich suchte die Anlehnung an einen Konzern, weil ich den finanziellen Freiraum haben wollte, Projekte zu developen. Dazu gehört auch, daß wir viel Geld ausgeben im Nachwuchsbereich, extrem viel, rund 30 Prozent unseres Umsatzes.

Diese Erfahrung habe ich hinter mir.

Ich habe die ersten beiden Filme von Roland Suso Richter produziert, auch meine eigenen. «Land der Väter, Land der Söhne» und «Krieg meines Vaters» waren Nico-Hofmann-Filmproduktionen (und Roland Suso Richter hat die Herstellungsleitung gemacht). Das war ein Modell auf Gegenseitigkeit, Roland hat zum Beispiel meinen «Polenweiher», den ich 1986 gemeinsam mit Thomas Strittmatter gedreht habe, produziert.

Damals habe ich viel, viel Geld verloren. Mein Niedergang war «Durst», ein Film von Martin Weinhart mit Jürgen Vogel, André Eisermann und Nicolette Krebitz. Ich habe an diesem Film 298 000 Mark privates Cash-Money verloren. Um die Schulden abzuarbeiten, habe ich dreieinhalb Jahre Regie bei Markus Trebitsch gemacht. Ich will damit nur sagen: Produzent mit eigener Firma, eigenem Geld und ohne Konzern im Hintergrund, diese Erfahrung habe ich hinter mir. Deshalb habe ich ganz klar gesagt, wenn ich das Ding hier stemme, dann mit finanziellem Rückgrat und einem Businessplan, der auf drei Jahre läuft. Das ist der Grund für die Anlehnung an die Ufa, und ich habe mich über die Geduld und den Mut von Ufa-Boß Wolf Bauer gefreut, der die Gründung von teamWorx gemeinsam mit mir sehr leidenschaftlich vorangetrieben hat.

Ludwigsburg

Die Entscheidung, teamWorx zu gründen, geht zurück auf meine Professur in Ludwigsburg. Schon vor der Gründung der Filmakademie war ich an dem Projekt einer neuen baden-württembergischen Filmschule beteiligt. Die Spielfilmabteilung mußte gegen mancherlei Widerstände durchgesetzt werden: Ursprünglich sollte es eine reine Werbefilmschule werden, vielleicht ein Digital- und Trickfilmstudio oder was sonst alles in den Köpfen der Landesregierung rumspukte. Daß wir uns im Bereich Drehbuch/Regie dermaßen erfolgreich behauptet haben, erfüllt mich mit ziemlichem Stolz.

Es ist keineswegs so, daß die Ludwigsburger Absolventen keine Jobs bekommen, das Gegenteil ist der Fall. Sie kriegen sehr schnell sehr lukrative Angebote. Zwei Jahre nach seinem Abschluß hat Thorsten Schmidt jetzt für fünfeinhalb Millionen für Buena Vista seinen ersten Kinofilm gedreht. Dasselbe gilt für den TV-Movie-Bereich. Aber es hat mich schon getroffen, daß ich dauernd Talente nach außen vermittelt habe. Ich hatte einfach zu sehr selbst Lust, die in der Schule begonnene Wegstrecke mit den Absolventen fortzuführen. Es gibt Studenten, da hab ich den Ehrgeiz, den ersten großen Kinofilm mit ihnen zu machen.

Und wie hat alles angefangen beim Nachwuchsregisseur Nico Hofmann?

Klassisch. Mit elf, zwölf Jahren habe ich Super-8-Kameras ausprobiert, später Kellerkinos gegründet. Ähnlich wie bei Tom Tykwer, der ja auch Kino gemacht hat. Übrigens liefen unsere allerersten, an der HFF in München entstandenen Filme – Uwe Janson, Roland Suso Richter, Lutz Konermann, wir hatten damals eine eigene Verleihkooperative, «Der andere Blick» – bei Tom Tykwer im Kino. Ich habe eine Redakteursausbildung gemacht, beim «Mannheimer Morgen», mich dann an der Filmhochschule München beworben und wurde angenommen. Es folgten fünf schwierige Jahre. In dieser Zeit gab es eine starke Hinwendung zu biographisch gefärbten Stoffen, die mit dem Nationalsozialismus und der eigenen Familienbiographie zu tun hatten. Mein Abschlußfilm war 1984 der dokumentarische Spielfilm «Der Krieg meines Vaters». Die Filme sind bei der Kritik wohlwollend aufgenommen worden, haben an der Kasse aber nichts eingespielt. Mein größter Flop mit 5000 Zuschauern war «Land der Väter, Land der Söhne», der auf internationalen Festivals Preise gewann, aber in Deutschland überhaupt kein Publikum gefunden hat.

Da geriet ich in eine wirkliche Krise: Wo steh ich jetzt eigentlich, was für Filme will ich machen. Kreuz und quer habe ich alle möglichen Genres durchprobiert, sehr viel Fernsehen gemacht. Wiedergefunden habe ich mich in der Begegnung mit Götz George. Er hat mich maßgeblich stimuliert, das kann ich nicht anders sagen. Viele Dinge habe ich von ihm gelernt, auch in der Inszenierung. Mit «Der Sandmann» begann die Phase, wo ich das Gefühl bekam, ich spüre wieder, welche Stoffe ich will.

Götz George in «Solo für Klarinette»

Eine Karriere, parallel zur Entwicklung der Medien in Deutschland

Ich finde, an meiner Karriere sind drei Dinge interessant: die Abwendung vom Autorenfilm, einer bestimmten Form des introvertierten, ichbezogenen, subjektiven Erzählens, das war für mich zu Ende mit «Land der Väter, Land der Söhne». Dann der Einfluß des Fernsehens, für das ich, und zwar durchaus auch leidenschaftlich, gearbeitet habe. Ich hatte eine große Unterstützung damals beim Südwestfunk: Susan Schulte und ihr späterer Chef, Dietrich

Mack, das ist eine Ausnahmeredaktion, beide zeichnet Engagement, Experimentierfreude, schlicht Neugierde aus – die Reihe «Debüt im Dritten» zum Beispiel war und ist immer noch spannend. Mit dem Aufkommen des Privatfernsehens hatte ich einen Erfolg wie «Der Sandmann», der wiederum stark ans Privatfernsehen gekoppelt ist. In gewisser Weise verlief meine Karriere parallel zur Entwicklung des Mediums Fernsehen in Deutschland.

Eine Constantin-Anekdote

«Es geschah am hellichten Tag» stand am Beginn meiner zweijährigen Tätigkeit bei Bernd Eichinger. Das Konzept hatte sich ein Filmmogul mit dem Chef eines Privatsenders im «Romana Antica» beim Abendessen ausgedacht. Da sind zwei Freunde auf die Idee gekommen, die tollsten deutschen Filmerfolge noch einmal zu drehen fürs Fernsehen. Was macht diese Stoffe heute aus, warum sollte man sie heute noch mal erzählen, worin besteht eventuell ihre Modernität – diese Debatte ist nie geführt worden. Ich hätte unheimlich gern die Einsamkeit dieses Triebtäters erzählt, nur kam diese in Eichingers Drehbuch kaum vor: dieser Aspekt war schlicht vernachlässigt worden. Mario Adorf sollte die Rolle spielen, und Bernd hat mich beauftragt, zu ihm zu gehen und die Rolle zu erklären. Zum Schluß saßen wir beide in einer Suite des «Vier Jahreszeiten» auf dem Fußboden: Ich hab das kleine Mädchen gespielt, Adorf, im Unterhemd, den Triebtäter, und er hat verzweifelt versucht, aus den fünf, sechs Sätzen von Bernd irgendwie die Szene zu kreieren. Dann hat er abgesagt. Es gab ein wunderschönes Essen im «Romana Antica», wo Bernd zu Adorf in letzter Verzweiflung gesagt hat: Also, das ist wie im «Weißen Hai», es reicht eben, wenn man die Flosse sieht, dann weiß man, das Böse kommt. Da hat Adorf gesagt: Das ist für einen Schauspieler total langweilig, wenn er die Flosse vom Weißen Hai sein soll. Und dann hat er endgültig abgesagt, Axel Milberg hat's gespielt. Wir haben versucht, aus jedem Komma noch eine Szene für seine Figur zu machen.

Der Film ist ein Zwitter, auch wenn ich die Arbeit mit Joachim Król und Barbara Rudnik genossen habe. Diese Liebesbeziehung war auch in Bernds Drehbuch toll geschrieben. Den besten Film der German Classics fand ich «Das Mädchen Rosemarie». Dieses Verführungsmotiv ist das große Thema von Eichinger, jetzt auch wieder in «Der große Bagarozy». Der Moment der Obsession, der Verführung, das ist sein Synonym als Produzent, angereichert mit den Themen Sexualität und Einsamkeit. Ich kann Bernds Leitmotive ungeheuer stark nachvollziehen und bin immer wieder von seiner persönlichen Rigorosität überrascht, wenn er selbst Regie führt. Meine Zeit bei Eichinger war neben der Begegnung mit George die wichtigste Erfahrung in meinem Leben.

Corinna Harfouch und Götz George in «Solo für Klarinette»

Filmen im roten Bereich

Mit «Der Sandmann» hatte ich für mich die physische Form des Erzählens entdeckt, danach habe ich mir nur noch solche Stoffe gesucht. Der Höhepunkt war «Solo für Klarinette». Der Film beinhaltet alle meine Lieblingsthemen: Liebe, Sexualität, Gewalt und Einsamkeit. «Solo für Klarinette» sollte quasi zwischen Götz und mir die Kür des triebhaften Inszenierens werden. Das gibt es ja wirklich, daß Regisseur und Hauptdarsteller sehr leidenschaftlich zugange sind. Wir haben vielleicht 40 Prozent über die Grenze geschlagen bei dem Film, auch in der Darstellung, aber trotzdem – das Thema des Films und auch die Stimmung am Set, die war sehr wahrhaftig. Wahrhaftiger konnt's schon gar nicht mehr sein, auch zwischen Corinna und Götz. Es war eine sehr ehrliche Arbeit.

Ich hab vielleicht den Fehler gemacht, sowohl der Kraft der verzweifelten Liebesgeschichte als auch dem Psychogramm nicht genügend vertraut zu haben. Ich dachte, ich müßte noch einen Krimi reinbasteln, statt mich darauf zu verlassen, daß diese starken Momente, die ich im Kopf hatte für Corinna und Götz, funktionieren. Der Film krankt daran, daß ich eine Melange aus Krimi und Psychogramm versucht habe und nicht genügend Material hatte für die privaten Momente zwischen Corinna und Götz. Ich hätte einfach eine klarere Entscheidung treffen müssen: mehr Psychogramm erzählen, die Krimigeschichte in den Hintergrund rutschen lassen. In der Gewichtung geht das nicht mehr ganz auf. Mir fehlen richtig Szenen, auch Szenen mit Götz alleine.

Keine Limits mehr

Wir haben ja ein ganzes Spektrum im Moment, da gehört «St. Pauli Nacht» genauso dazu wie «Nichts als die Wahrheit», «Nachtgestalten» oder «Solo für Klarinette». Jetzt kommt noch mal eine ganz andere Generation hinzu: Sebastian Schipper mit «Absolute Giganten», Peter Thorwarth mit «Bang Boom Bang». Ich liebe diese Filme. In den nächsten zwei Jahren, wirst du sehen, werden wir eine unglaubliche Formenvielfalt haben, wird es einen anderen Erzählrhythmus geben, eine neue Frechheit, mit Stoffen umzugehen, es werden Genres überschritten, es werden Tabus überschritten. Ich bin sicher, daß wir in den nächsten Jahren ein Feuerwerk an Formen und Inhalten haben werden in jeder Richtung, von HipHop-Love-Parade-Liebesgeschichten bis zu pechschwarzen Melodramformen. Es gibt einfach keine Genre-Limits mehr, weil die Jungen nicht mehr so denken. Sie wollen HipHop gekreuzt mit Thriller gekreuzt mit Melodram. Ich weiß nicht, ob das gutgeht, aber du wirst sehen, es wird passieren.

Jenseits des Rheins

Michael Farin über Romuald Karmakar

... der Rhein ist doch ein deutscher Fluß. Wir haben doch ein Lied vom Rhein – wie heißt doch das – ja, stimmt – (singt) – der Rhein, der Rhein, der deutsche Rhein. (singt vor sich hin)
Fritz Haarmann

In Wiesbaden wurde er geboren, 1965. Von '77 bis '82 hat er in Athen gelebt. Dann kam er zurück, nach Deutschland, allein, nach München. Machte Abitur. Seit 1985 ist Karmakar Filmemacher. «Eine Freundschaft in Deutschland» heißt sein erster Film. Mit zwanzig Jahren hat er ihn gedreht, auf Super 8 – zu einer Zeit, als das «Werkstattkino» noch geholfen hat – und viele Filme gesehen (dort und im Münchner Filmmuseum). Auch die, bei denen er selbst mitgemacht hat. «Lonesome Cowboys» etwa, von Anatol Nitschke. Mit Rainald Goetz, Florian Süssmayer und den anderen. Die kinoeigene Fußballmannschaft FC/DC feierte damals beim AZ-Pokal mit Karmakar Triumphe, gegen Fruchtpalette Grünwald oder die Ephedrin Junkies.

«Eine Freundschaft in Deutschland» ist ein Film über Adolf Hitler, sein Privatleben, aus heutiger Perspektive. Ein Freund erzählt, was er weiß, vom Addi jener Jahre, berichtet von einem Ausflug zum Königssee, vom Nebel dort. Hitler im Ganzkörperbadeanzug, dargestellt von Karmakar selbst, Hitlers Gesicht unter einer Frau, die uriniert. Ein Film über Legendenbildung, provozierend unprätentiös, politisch korrekt und unkorrekt zugleich – und dementsprechend umstritten. (Der Film wurde in München sowohl im «Maxim» als auch im «Werkstattkino» gezeigt, was im München Mitte der achtziger

Jahre Weihe war.) Ausschnitte daraus liefen zudem zur Premiere des Theaterstücks «Die Überglücklichen» von Andreas Dorau, und Alexander Kluge hat in seinem dctp-Fernsehfenster mittlerweile auch schon das eine oder andere aus dem Film gesendet.

Es dürfte anläßlich des zehnjährigen Jubiläums des «Werkstattkinos» gewesen sein, daß wir uns kennenlernten, bei der Reihe «Todesfilme». Der deutsche Amokläufer Ernst Wagner, genannt Hauptlehrer von Degerloch, war ein erster Anknüpfungspunkt. Der Kontakt hat sich über die Jahre intensiviert. Gemeinsame Projekte wurden realisiert. Vor allem aber sind wir Freunde.

Von seiner Armeezeit, die er als französischer Staatsbürger 1987 in der Nähe von Trier ableistete, brachte er zwei Kurzfilme mit: den Hahnenkampffilm «Gallodrôme» und «Coup de Boule», der 1988 auf der Berlinale lief. Mit ihm, sagt Karmakar, habe alles erst so richtig begonnen. Er zeigt die Freizeitrituale französischer Rekruten, die sich, zum Beispiel, einen Sport daraus machen, mit ihren Köpfen Spindtüren einzuschlagen, oder besser, ihre Köpfe an den Spindtüren. Eine erschreckende Sozialreportage – wäre da nicht dieses Leuchten in den Augen der Rekruten, ein Weggetretensein. Wegtreten hallt es einem durch den Kopf beim Schauen und beim Hören dieses Films. Wegtreten. Weggetreten. Ein starker Film.

Dank dieser Kurzfilme werden Karmakar erstmals öffentliche Gelder zur Verfügung gestellt. Werner Dütsch sei Dank. Er beginnt mit der Arbeit an «Warheads», einem Film über Fremdenlegion und Söldnertum. Gute drei Jahre wird diese Produktion in Anspruch nehmen. Zwischenzeitlich realisiert Karmakar «Hellman Rider» (mit Ulrich von Berg), «Hunde aus Samt und Stahl» sowie «Sam Shaw on John Cassavetes». Für «Demontage IX – Unternehmen Stahlglocke» (1991) erhält er (zu gleichen Teilen mit Vlado Kristl) den Ersten Preis der 38. Internationalen Kurzfilmtage von Oberhausen.

Eine Performance des Aktionskünstlers «Flatz» diente als Grundstoff für den Film «Demontage IX»: Zwischen zwei Metallplatten baumelt kopfüber ein Körper, als menschlicher Klöppel. Ein «Glöckner» setzt diesen mit Hilfe eines Seils langsam in Bewegung, unerträglich langsam, bis er schließlich doch mit den stählernen Wänden kollidiert, die Stahlglocke zum Tönen bringt. Der Zuschauer wird Zeuge schlimmster Folter (im zaristischen Rußland in Perfektion betrieben). Körperkontakt der härtesten Art: Body Music – elf Minuten lang. Dann plötzlich beginnt sich ein Tänzerpaar zu formieren, vor diesem Gebilde aus Fleisch und Stahl. Walzerklänge übertönen das Klingen des Metalls. Das Paar tanzt. Acht Minuten. «Der hartleibige Ritus der Gewalt und das Ritual der leichtfüßigen Beschönigung zehren gleichermaßen an den Körpern», schreibt Heike Kühn. Dann das Auspendeln, die Abnahme des geschundenen Körpers, die Beulen und blauen Flecken. Zurück bleibt der Zuschauer – als Opfer. Denn Karmakar hütet sich, das Gezeigte zu relativieren. Es ausschließlich als Kunst zu deklarieren. Oder gar als politischen Beitrag gegen Folter und Gewalt. Er öffnet dem Zuschauer keine vordergründigen Hintertüren. Dem Authentischen entkommt man in seinen Filmen nicht so leicht.

Diese Wirkung seiner Filme wurde Romuald Karmakar bisweilen zum Vorwurf gemacht. Die im November 1992 formulierte Ablehnung einer Prädikatsvergabe der Filmbewertungsstelle Wiesbaden, den Film «Warheads» (1989–1992) betreffend, ist dafür ein Beispiel. Von «unbearbeitetem Rohmaterial» ist da die Rede, von einer «leider nicht in analytischer Form» betriebenen Auseinandersetzung mit Personen und Themen des Films, von einer «Unverbindlichkeit der Aussage». «Die Zeit» weiß es besser, sie schreibt zum Film «Warheads»: «Wir haben uns daran gewöhnt, das Reden in Schlagworten und halbwahren Begriffen für ‹Analyse› zu halten. Analyse aber bedeutet Auflösung, Brechung, Zersetzung ...»

Krieg als Beruf, Krieg als Droge: Hauptfiguren des Dokumentarfilms «Warheads» sind der Legionär Günter Aschenbrenner und der britische Söldner Karl. Aschenbrenner tritt 1958 in die Französische Fremdenlegion ein. Er wird Fallschirmjäger und erreicht im Lauf seiner zwanzigjährigen Dienstzeit den höchsten Unteroffiziersgrad. Den Einsätzen im Algerienkrieg folgen Operationen im Tschad, in Djibouti, in der Republik Zentralafrika, in Kolwezi sowie Überseeaufenthalte auf dem Mururoa-Atoll und in Französisch-Guayana. 1979 nimmt er einen Auftrag bei einer deutschen Firma in Afrika an. Karl stammt aus Liverpool und ist seit fünfzehn Jahren als Söldner tätig. Er war in Westafrika, Surinam und im Sudan: «Es ist wie eine Droge, dieses Leben ... weißt du, es ist wie im Whirlpool. Du kommst nicht mehr raus, wenn du einmal drin bist. Für mich jedenfalls ist es so. Für mich ist es wie ein Whirlpool. Ich kann aus dem Scheißding nicht mehr raus. Und eines Tages werde ich in diesem verdammten Loch versinken.» Im Dezember 1991 ist er an einem neuen Einsatzort: Gospic, Kroatien. Karmakar ist mit Kamera und Tonband dabei.

«Warheads»

«In der Nacht vom 27. Dezember 1991 erleben wir zum letzten Mal einen Artillerieangriff auf die Stadt. Der Kameramann liegt im Bett, der Tonmann befindet sich in der Küche, und ich sitze mit einem Tonbandgerät auf dem Balkon.» Aus den Aufnahmen, die Romuald

Karmakar aus Gospic mitbringt, realisiert er 1993 für den Bayerischen Rundfunk das Hörspiel «Nacht über Gospic», als ersten Teil der «Warheads»-Trilogie. 1997 entsteht der zweite Teil: «Das Warheads-Oratorium», eine Hörspiel-Adaption des Dokumentarfilms mit Manfred Zapatka als Sprecher und Musik von Kalle Laar und Zeitblom. Der dritte Teil ist in Vorbereitung.

1994 dreht Karmakar für arte einen Film übers Boxen: «Infight» sowie den Nietzsche-Film «Der Tyrann von Turin». Mit seiner im selben Jahr gegründeten Produktionsfirma «Pantera Film» aber bereitet Karmakar bereits seinen bis dahin aufwendigsten Film vor: «Der Totmacher».

«Vor uns steht eine keineswegs unsympathische Erscheinung. Äußerlich betrachtet: ein schlichter Mann aus dem Volke. Freundlich blickend und gefällig, zuvorkommend; auffallend gepflegt, sauber und ‹tipptopp›. Er ist gut mittelgroß, breit und wohlgebaut und hat ein derbes, grobes, aber gleichsam wie blankgescheuertes, klares und offenes Vollmondsgesicht mit frischen Farben und kleinen neugierigen und fröhlichen Tieräuglein.» Mit diesen Worten hat Theodor Lessing den Mörder Fritz Haarmann (1879–1925) beschrieben, der zwischen 1918 und 1924, in den Wirren der Nachkriegszeit, mindestens 24 junge Männer tötete, indem er ihnen im Liebesrausch die Halsschlagader durchbiß.

Götz George stellt ihn im Film dar. «Er spielt das Böse und Brutale im zurückgesetzten Kind und zugleich Mutters lieben Jungen – mit der Tücke und der Geltungssucht der Liebesgierigen.» (Ponkie) Die strenge, asketische Inszenierung, die präzise Schauspielerführung Karmakars läßt ihn dabei alle Virtuosität entfalten. George lebt die Sätze, die er spricht, ist in jeder Geste, jedem Ton glaubwürdig bis ins Mark. Sein Gegenüber, Jürgen Hentsch als Professor Schultze, leistet Vergleichbares, auf einer anderen Ebene. Er öffnet des anderen

Seele, fast ungewollt, aus sicherer Distanz, und entkommt ihr dennoch nicht. Psychiater und Delinquent werden ein Paar, ein ungleiches zwar, Vater und Sohn, die Übertragung aber findet statt.

Mit diesem Film ist Karmakar der Sprung vom Dokumentar- zum Spielfilm gelungen. Basierend auf Hunderten von Seiten psychiatrischen Originalprotokolls, wird der ausschließlich in einem Raum gedrehte «Totmacher» mehrfach ausgezeichnet: Bei den Filmfestspielen 1995 von Venedig mit dem Darstellerpreis für Götz George. 1996 mit drei Filmbändern in Gold – für den besten Darsteller, die beste Regie und als bester Film. Das Drehbuch wurde zudem von mehreren Bühnen als Theaterstück umgesetzt.

Romuald Karmakar und Götz George

«2000 Seen by …» ist der Titel einer Reihe von Filmen, die im Auftrag von arte und dem WDR produziert wurde. Ein Film von Romuald Karmakar ist auch darunter: «Das Frankfurter Kreuz». Er entstand nach dem Hörspiel «Für eine Mark und acht» von Jörg Fauser. Mit Manfred Zapatka und Michael Degen in den Hauptrollen, Kamera und bestes Licht, wie schon beim «Totmacher», von Fred Schuler. Der Film spielt am 31. Dezember 1999 im «Frankfurter Kreuz», einem Kioskladen mit Ausschanklizenz und Mikrowellengastronomie. Für Walter und seine Gäste ist das allerdings ein Tag wie jeder andere. Zu sehr mit ihrem eigenen Leben beschäftigt, warten sie nicht mehr auf ein Wunder. Doch obwohl sich offenbar keiner von ihnen auf die Nacht der Jahrtausendwende einlassen will, passiert es am Ende doch, das Wunderbare.

«Manila»: Auch mit seinem neuesten Film, seinem teuersten und ensemblereichsten, durchleuchtet Karmakar wieder die deutsche Seele. Er fokussiert den «häßlichen Deutschen» im Ausland, ohne jedoch auf die sattsam bekannten Klischees zurückzugreifen und sie zu kolportieren. Auch dieser Film (nach einem Drehbuch von Bodo Kirchhoff) wahrt die Einheit von Zeit und Raum: eine Nacht auf dem Internationalen Flughafen von Manila. Das Flugzeug kann nicht starten, die Passagiere werden vertröstet oder trösten sich selber. Geschichten entspinnen sich, heitere, banale, Verzweiflung entsteht, aber auch Liebe. Es ist ein Reigen des Wartens, des Beobachtens. Da sind die unvermeidlichen Sex-Touristen, ein Frührentner aus Mannheim, zwei Cousins aus Neustadt ... Da ist das Ehepaar Görler aus Apolda, ein Ort, der, wie sie jedem erzählen müssen, genau zwischen Buchenwald und Weimar liegt ... Möglicherweise doch ein bißchen näher an Weimar ... Martin Semmelrogge, Manfred Zapatka, Jürgen Vogel, Michael Degen, Peter Rühring – auch diesmal schöpft Karmakar wieder aus dem vollen. Ihm gelingt so ein dichter und zugleich alltäglicher Film, der einen aufmerksamen Blick wirft auf Vereinsamung heute, auf unser aller Nebeneinanderher ...

Sein nächster Film wird wieder eine historische Figur aus der jüngsten Geschichte aus dem Projektor auf die Leinwand schleudern. Und wie immer wird Karmakar dabei mit äußerster Konzentration an den Stoff herangehen, wird sich aller Quellen versichern, wird sich verbeißen und ein Leben schildern, das bis in unsere Tage reichte. Er, der Franzose, wird wieder allen alles abverlangen, sich selbst am meisten, wird einen deutschen Film drehen, jenseits des Rheins, wird in «Nibelungenland» die Geschichte eines Unverbesserlichen erzählen, eines Nazis ohne Schuld und Sühne. Wird seine Kamera auf diese unsere Welt richten, unverwandt.

Silvester Countdown
Regie und Buch:
Oskar Roehler
Mit
Rolf Peter Kahl,
Marie Zielcke
Kamera:
Lorenz Haarmann
Produktion:
Erdbeermund
Filmproduktion

Der schönste Sexfilm aller Zeiten

Matthias Altenburg über «Silvester Countdown»

Ach, laßt mich doch in Ruhe. Natürlich sagen immer alle, daß der Neue Deutsche Film Scheiße sei, und natürlich haben immer alle recht. Und natürlich ist immer einer da, der findet, daß man das aber differenzierter sehen müsse, weil es ja schließlich Ausnahmen gebe. Und natürlich hätte auch dieser differenzierte Tränensack recht, wenn er mit seinen Ausnahmen nicht ausgerechnet diese gelackte Dietl-Kacke meinen würde, die ja hierzulande als absoluter Glanz- und Höhepunkt des Humors und der Lichtspielkunst gilt, wenn er nicht ausgerechnet Buck sagen würde, dem ein einziges Mal was verhältnismäßig Neues eingefallen ist und dann nie wieder, der aber nun, einmal zum Hoffnungsträger erkoren, nicht mehr anders kann, als ewig Wasser in die Suppe zu schütten, wenn er seine zahlreicher gewordenen Gäste nicht enttäuschen will. Oder Mutter Dörrie, deren «Männer» ja hier noch immer als so was wie die Geburtsurkunde des neuen deutschen Filmwunders gefeiert wird, bloß weil dieses nichtswürdige, beifallheischende Machwerk alles vergessen machte, was eine wirklich neue, wirklich moderne Filmkunst – wie verquält und unter welchen Schmerzen auch immer – sich in den vergangenen Jahrzehnten an wirklich neuen Blikken auf das, was wir Welt und Leben nennen, erobert hatte.

Ich meine, was soll man schon halten von einem Land und seinen Filmen, wenn darin jemand wie Dicklippe Makatsch nicht nur zu so was wie einem Star, sondern sogar zu einem Sexsymbol werden kann, wo ein so grober Geselle wie Uwe Ochsenknecht eine viel zu geraume Zeit lang als echt authentische Verkörperung des neuen Mannes galt, wo der stumpf-empfindsame Bruno Ganz die höchsten Preise bekommt, bloß weil er auch nach fünfundzwanzig Jahren noch immer so guckt, als habe er nichts anderes als ein Messer im Kopf und als habe er noch immer nicht die zweite Brust gesehen. Und wo ein dauerpubertierender Milchbart wie Schlingensief, wirklich und wahrhaftig als – nein, man mag es gar nicht sagen, doch, jetzt sag ich's –, als Anarchist gilt.

Irgendwann hat man genug. Irgendwann sagt man: Ach, laßt mich doch in Ruhe mit Neuem Deutschen Film und Haribo-Konfekt. Irgendwann wartet man nur noch auf den nächsten Altman, Chabrol oder Scorsese.

Bis, ja, bis dann ein nettes Mädel kommt und fragt, ob man nicht mal gemeinsam ins Kino gehen wolle, und weil nichts anderes läuft und der Film ja sowieso egal ist, weil man eh nur ein bißchen knutschen will, geht man in einen deutschen Film, der heißt «Silvester Countdown», von einem Regisseur, der heißt Oskar Roehler, is' ja egal.

Aber, o Gott, dann geht das so los, wie man befürchtet hatte, daß es losgehen würde: Ein nackter Mann, nennen wir ihn Romeo, mit Federschmuck auf dem Kopf, tänzelt selbstverliebt in einer kahlen Mehrraumwohnung herum. Eine junge Frau, nennen wir sie Julia, mit kaum was an unter ihrem Mantel, kommt rein, und dann wird erst mal gefickt, so laut, daß ich mir die Ohren zuhalte, so lange, daß ich wegschauen muß. Alles so bekokst und aufgekratzt, wie man es kennt aus so Filmen, wo Independent und Underground draufsteht und die man eigentlich auch nicht mehr sehen will. Und kurz danach wäscht sich das hübsche Mädchen im Bad seine hübschen Brüste, die Musik wird schon langsam gefährlich, und dann geht ein «Dressed-to-kill»-Thrill los, mit Sonnenbrille, Perücke und riesig langem Messer und Geschrei, daß man denkt, der Regisseur sei nun aber völlig durchgeknallt, und ich kriege Herzklopfen und

Angst und will schon raus aus dem Kino, weil ich nicht sehen will, wie das hübsche Mädchen von diesem irren Zappler abgeschlachtet wird.

Aber dann: Schnitt, neue Szene, neue Musik; und Roehler hat mich, wie ich nicht dachte, daß ein deutscher Regisseur mich noch mal kriegen würde: Die beiden rennen lachend durch Berlin, so verliebt, so verspielt, so anrührend leichtfüßig wie seit «Jules und Jim» kein Liebespaar mehr gelaufen ist. Dann sehen wir noch, wie die beiden nach Polen fahren, wie sie dauernd miteinander spielen müssen, um sich ernst nehmen zu können, wie sie sich quälen müssen, um sich lieben zu können, wie sie, die so leichtfertig wirken, es sich schwermachen, wie sie sich finden, wie sie sich fliehen. Und wir sehen einen Striptease, der so traumwandlerisch unpeinlich ist, daß man sagen möchte, er gebe der Geilheit ihre Unschuld zurück, denn natürlich geht es dauernd um Sex in diesem schönsten Sexfilm aller Zeiten, aber dann endet halt doch alles wieder im nächsten Mißverständnis und im Matsch der nächtlichen Großstadt. Na ja, da ist halt keiner böse, und keiner ist gut. Das fängt so an, das geht so weiter, das hört so auf, nicht wie im richtigen Leben, aber so, wie einer, den sie noch nicht ab- und zugerichtet haben, dieses Leben, kraft seiner Sinne *und* seines Verstandes, sehen und verstehen will.

Rolf Peter Kahl,
Marie Zielcke

Das ist jetzt anderthalb Jahre her. Und ich, der ich seitdem vielleicht zweihundert Filme gesehen und wieder komplett vergessen habe, könnte euch jede einzelne Szene dieses wunderbaren Films in jedem ihrer Details nicht nur nacherzählen, sondern regelrecht vorschwärmen könnte ich sie euch. Mag ja sogar sein, daß man das alles schon kannte, diese Geschichte mit Julia und Romeo, aber man hat sie eben noch nie so gesehen, wie der Exterritoriale Roehler sie uns vorführt. Hier bekommt man Bilder von der Eisenbahn gezeigt, die so taumelig schön sind, eben weil sie nicht aussehen, als habe sie die Deutsche Bahn AG bei einem Regisseur von Weltrang in Auftrag gegeben, und Frauenbeine, die den Namen Schenkel verdient haben und für die man jedes Geläuf aus der Nivea-Werbung stehenlassen würde. Und wenn ein Film wirklich gut ist, ist es mir völlig egal, was darin geredet oder gezeigt wird, von was er handelt und wo er spielt. Plot, Geschichte, Dramaturgie? Alles egal. Das sind bloß die Kaputtmacherworte, mit denen die Redakteure und Produzenten uns die Phantasie austreiben wollen, mit denen sie jede Idee klein- und das Publikum immer aufs neue drankriegen. Oder wie Harry Rowohlt sagt: «Wer Handlung will, soll zum Catchen gehen.»

Wißt ihr was, Leute? Ich hör jetzt auf. Ich laß die Rolläden runter und schieb noch mal die Kassette mit «Silvester Countdown» in den Recorder. Weil, diese kleinen Momente des Glücks, die hat selbst einer wie ich verdient, finde ich. Der große Rest ist gerade gut genug für euch, die ihr euch ja doch immer mit Weltniveau abspeisen laßt. Finde ich.

Angelmac

Jan Hans über die Regisseurin Angelina Maccarone

Gestern hat sich eine bei mir vorgestellt,
die lebt in einem Wohnklo in der Billrothstraße
und hat Visitenkarten mit einem Vampir in der Ecke,
und die hat erzählt:
Sie hat früher für Udo Lindenberg Songtexte geschrieben
und nun für die ARD ein Drehbuch,
und die ARD findet das gut und will das kaufen
und sie außerdem die Regie machen lassen.

Als die Kleine mir allerdings weismachen wollte,
ihr Name ist Angelina Maccarone – da wußte ich:
Ich sollte verarscht werden.

Am 7.6.1995, ein knappes Jahr nachdem dieser Text in einem der noch verbliebenen *little magazines* erschienen war, lief Angelina Maccarones (kein Pseudonym) Film «Kommt Mausi raus?!» im Abendprogramm der ARD. Allerdings hatte man ihr nicht die Regie anvertraut, jedenfalls nicht allein. Das änderte sich erst bei Film Nummer zwei.

Eine «Mainstream-Lesben-Komödie»

Das von Maccarone stammende Wortungetüm verweist auf ein Unding – ist doch Mainstream-Kultur gerade durch eine ebenso exklusive wie aggressive Heterosexualität gekennzeichnet, die ungeachtet aller Lippenbekenntnisse zur Liberalität ihre Witze vorzugsweise daraus zieht, daß sie Lesben und Schwule als Kranke, Verirrte oder komische Vögel vorführt: «Une Cage aux Folles». Und im Rahmen von Mainstream-Kino soll gerade die Komödie die geeignete Form sein, um sich jenseits von Klischee und Stereotyp mit lesbischen und anderen alternativen Lebensformen auseinanderzusetzen?

Filmgeschichte kennt lesbisches Leben nur als ein Leben am Rande und mit tragischem Ausgang. Maccarone: «Ich wollte mit ‹Kommt Mausi raus?!› von Anfang an einen Akzent gegen diese trostlose Tradition setzen.» Ihr Verbündeter bei diesem Unternehmen soll ausgerechnet das *Classical Hollywood* sein. Sie setzt auf das Wiedererkennen der vertrauten Muster, auf jene Gesetze und Regeln, die noch in der fremdesten Filmwelt die schnelle Orientierung ermöglichen. Im Gegensatz zu anderen feministischen Filmemacherinnen hält sie wenig davon, den Bruch mit dem vorgefundenen Kino und seinen Traditionen über die ganz anderen, ganz neuen Formen herzustellen. Vehement verficht sie statt dessen die Rückbesinnung auf die klassischen Formen, um die alten Sehgewohnheiten mit neuen Inhalten zu füllen.

Natürlich hat Maccarone nicht die Lesbe im Mainstream-Film erfunden. Die Kombination von Mainstream und Lesbe hat auch vorher schon funktioniert – allerdings nur unter bestimmten Bedingungen: denen des Melodrams, das dem lesbischen Selbst nur die Optionen Selbsttötung oder Eintritt in die heterosexuelle Norm läßt.

Hier kommt die Komödie ins Spiel, weniger wegen ihrer positiven Figurenzeichnung und der versöhnenden Möglichkeiten eines glücklichen Endes, vielmehr als Mittel, um die Absurdität bestehender Übereinkünfte bloßzustellen. Ihre normzersetzende Wirkung kann ein Problem als das Problem der anderen entlarven: Nicht die Lesbe ist pervers, sondern die Situation, in der sie lebt. Nicht das abweichende Verhalten und die Schrillen werden ausgestellt und preisgegeben (wie in Sönke Wortmanns die schwulen Comics von Ralf König auf den Kopf stellende Verfilmung von «Der bewegte Mann»), sondern die zementierenden Konventionen und ihre Fahnenträger: Der alt- und jungdeutsche Kleinbürger hat einen Stamm(tisch)platz in allen Maccarone-Filmen.

Und schließlich (und am wichtigsten): Die Komödie, die sich nicht augenzwinkernd im Einverständnis mit den Verhältnissen findet, kann vorstellbar machen, daß neben und hinter den Verriegelungen auch das ganz Andere möglich ist. Ihr Credo findet Maccarone bei der indisch-britischen Filmemacherin Pratibha Parmar: «Statt es widerstandslos hinzunehmen, daß wir aufgrund unserer Marginalität dem Schweigen anheimfallen, machen wir Filme und Videos, in denen die Begriffe ‹Mainstream›, ‹Differenz› und ‹Anderssein› neu definiert und neu entworfen werden. Es ist wichtig, daß wir zum Nachleben einladende Bilder entwerfen, die die herrschende Meinung aus der Position von Leuten in Frage stellen, die weder weiß noch männlich, noch heterosexuell sind. Und es ist wichtig, aus der Position des einfach nur Dagegenseins herauszukommen.»

Auch in Maccarones zweitem Film «Alles wird gut» (1997) geht es um Frauenliebe und heterosexuelle Zwangsmoral, um Jungspießertum und abweichende

Nabou (23)
ist Lebenskünstlerin
mit dem erklärten
Berufsziel «Lottokönigin».

Kim Berger (32)
ist der klassische
Workaholic.
Ehrgeizig und
kreativ, leidet sie
unter chronischem Zeitmangel.

Giuseppa
Minestrone (26)
ist Nabous
esoterische
Mitbewohnerin.

Kofi Eké (31) ist
Kims bester Freund.
Zeichnungen:
Fatima El-Tayeb

Kati Stüdemann in «Alles wird gut»

Lebensform. Der Film sollte ursprünglich «Hakuna matata» heißen – das ist Suaheli und läßt sich mit «Kein Problem!» übersetzen. Der Titel ist Programm: Lesbisches Lieben und Leiden ist eingelagert in einen großen bunten Kosmos unterschiedlicher Lebensstile und Liebesformen, bevölkert von Menschen, die sich einen Scheiß um eine Normal-Biographie und die klassischen Festschreibungskriterien «race, class, gender» kümmern.

«Alles wird gut» ist ein wahrhafter Multikulti-Film, der spielerisch und humorvoll vorführt: Nicht die «Schanze» ist das Problem, sondern die Leute, die mit diesem Hamburger Wohnquartier und seinen Bewohnern ein Problem haben.

Die Geschichten-Maschinistin

Was würde passieren, wenn man diese rasanten Maccarone-Figuren aus ihrem Biotop rausnehmen und sie – so frech und sensibel, so laut und bunt, wie sie sind – in eine geschlossen deutsche Normalo-Welt versetzen würde? Als ob Maccarone sich das auch gefragt hätte, erfand sie die Figur der deutsch-türkischen Prostituierten Ayse für «Ein Engel schlägt zurück» (1998), die von einem Stammfreier eine Frittenbude auf Helgoland erbt. Natürlich bekommt Ayse in dieser abgekapselt-insularen Welt straighter Bürgerlichkeit nie wirklich ein Bein auf den Boden. Aber allein durch ihr Da- und Zugegensein treibt sie diese Fassadenwelt in die Kenntlichkeit.

Maccarone sieht sich als Geschichtenerzählerin – und wer von ihr mal einen Film erzählt bekommen hat, hegt keine Zweifel an ihrem Fabuliertalent. Doch ihre eigentliche Stärke liegt im Austüfteln von Konstellationen.

Alle ihre Filme sind im Kern Versuchsanordnungen. Wenn die Ausstattung der Figuren und ihre Positionierung in einem sozialen Geflecht erst einmal stimmt, läuft die Erzählmaschine von alleine. Man darf sich getrost eine Autorin vorstellen, die – wenn sie die Konstellation gefunden hat – sich zurücklehnt und ihren Figuren beim Ausagieren zuschaut.

Angelina Maccarone hat Literatur- und Medienwissenschaft studiert und ist alles andere als eine naive Erzählerin. Einen Eindruck von ihrem Planungskalkül vermitteln ihre Überlegungen zur Anlage des «Mausi»-Films. Hier verrät Angelmac, daß sie das Thema Coming-out auch wegen seiner strukturellen Möglichkeiten gewählt hat. Es ist «mainstreamfähig», weil es auf einer übergeordneten Ebene als Normenkonflikt gelesen werden kann, als etwas, in dem alle Zuschauer und Zuschauerinnen schon mal gesteckt haben. Zum einen

«Ein Engel schlägt zurück»

erleichtert es der Hetera (und dem Hetero) den (zumindest intellektuellen) Zugang zu lesbischen Lebensformen, weil es die Schnittstelle zwischen beiden Welten bildet. Zum anderen kann die Mausi-Figur dadurch, daß sie zunächst selbst Außenseiterin im «Sub» ist, die Unsicherheiten der Zuschauerin binden und zu ihrer «Fremdenführerin» werden. Daß die «Führung» ein Erfolg wird, kann dann der Attraktivität der ausgefalteten Bilderwelten überantwortet werden.

Die Controlletta Wie präzise Maccarone ihre Filme vorausplant, verrät ein Blick in ihre Drehbücher. Da wird nichts dem berühmten Zufall überlassen. Es sind keine Filme, die erst am Schneidetisch entstehen. Maccarone kommt schon mit dem fertigen Film im Kopf an den Set.

Das einzige, was dann doch viel im Schnitt entsteht, sind die exzessiven Liebesszenen, die in ihrer Filmästhetik eine zentrale Rolle spielen. Im ansonsten detailverliebten Drehbuch steht in diesem Fall lakonisch «Sie lieben sich leidenschaftlich».

Chantal de Freitas und Kati Stüdemann in «Alles wird gut»

Um die monomanische Besessenheit zu verstehen, mit der sich Maccarone auf Erzählanlässe stürzt, die es ihr erlauben, ihre Protagonisten in intime Szenen zu treiben, muß man sich daran erinnern, daß sie mit solchen Situationen stets zweierlei kann: Zum einen geht es ihr natürlich um Schaulust und die positiven Gegenbilder – Liebesszenen zwischen zwei Frauen haben eine eigenständige Erotik. Zum anderen geht es um die Kehrseite der Schaulust, den Voyeurismus, der mit der Filmform generell verbunden ist und durch Liebesszenen auf beklemmende Weise bloßgelegt wird. Auch an diesem Punkt versucht Maccarone das Unmögliche: Sie will die Faszination des Kinos nutzen (positive Bilder), aber sie will es gleichzeitig auch unterlaufen (Gegenbilder) und seine voyeuristische Struktur in Frage stellen.

Maccarone hat für ihre drei Filme das Drehbuch, zum Teil mit Koautorinnen, geschrieben und Regie gemacht. Auf die Frage «Was gibst du deinen Schauspielern vor?»

antwortet sie abweisend: «Das Buch.» Doch sie händigt vor Drehbeginn den Schauspielern Bios aus. Wenn die Kofi-Figur im Drehbuch noch zwei Kinder und eine Frau hatte (wobei sich die beiden Autorinnen nicht einig waren, ob die Frau, die morgens mit einer Aktentasche aus dem Haus geht, eine «weiße Birgit» oder eine «schwarze Amer» sein sollte), und wenn der Schauspieler des Kofi dann sagt: «Wozu die Frau? Sie hat für den Film eigentlich keine Bedeutung, macht die Rolle für mich nur komplizierter» – dann sieht Maccarone ausnahmsweise und nach langen Diskussionen ein, daß er recht hat. Im fertigen Film ist Kofi ein alleinerziehender Hausmann.

Auf die Frage, ob sie sich vorstellen könnte, daß jemand anders ein Buch von ihr verfilmt, antwortet sie ohne nachzudenken: «Nein, nicht wenn ich es selbst gut finde.» Ausnahmen würde sie bei Regisseurkollegen machen, die sie bewundert. – Auf die Frage, ob sie sich vorstellen könnte, das Buch einer anderen Autorin zu verfilmen, sagt sie überraschenderweise «Ja». Erst auf Nachfragen wird klar, daß das Buch der anderen Autorin, das sie verfilmen würde, eines sein müßte, bei dem sie bedauert, es nicht selbst geschrieben zu haben.

Der Strand von Trouville
Regie und Buch:
Michael Hofmann
Mit
Boris Aljinović,
Antje Westermann,
Lars Rudolph,
Katja Zinsmeister
u. a.
Kamera:
Hans Fromm
Produktion:
Trans-Film

Wie lange wollen wir Jungfern bleiben?

Sarah Khan über Michael Hofmanns «Der Strand von Trouville»

Es gibt Leute, die kommen immer zu spät im Leben: Ich zum Beispiel, im Sommer 1999 werde ich plötzlich «Take that»-Fan, eine Million Jahre zu spät, und mein Mitbewohner Jan, der sonst von nichts schnall hat, muß mir erzählen, daß der großartige Sänger den unglaublichen Namen «Gary Barlow» trägt. Zu spät, zu spät, selbst dafür, den versäumten Ekstasen eines voll eingemeindeten Take-that-Fans nachzutrauern. Lady tonight, *never forget*. Every guy – back for good. Hate it? The day after tomorrow! Hör zu, Schätzchen, sagt mir meine Fee: Es ist nie zu spät, sich zu Gefühlen zu bekennen. Wenn auch peinlich, schmierig, manchmal so aufgepoppt. Hauptsache melodiös, melodramatisch. *Get-get the message now?* «Nobody else in this world could love you more» singen die Knaben im Chorus, weil die Aussage so wichtig ist, das muß man vielstimmig einhämmern. Manisch verliebte Männer, Weichlinge, Träumer. Gibt es so was auch außerhalb der entlegenen Welten von Boygroups?

Letztes Jahr gab es einen deutschen Film im Kino, der hieß «Der Strand von Trouville». Der erzählt von einem Romantiker aus Berlin, der, um Liebe zu finden, ins Einkaufszentrum Waldau an der A10 reist. Dort trifft er zwar seine angebetete DJ-Zicke nicht gleich,

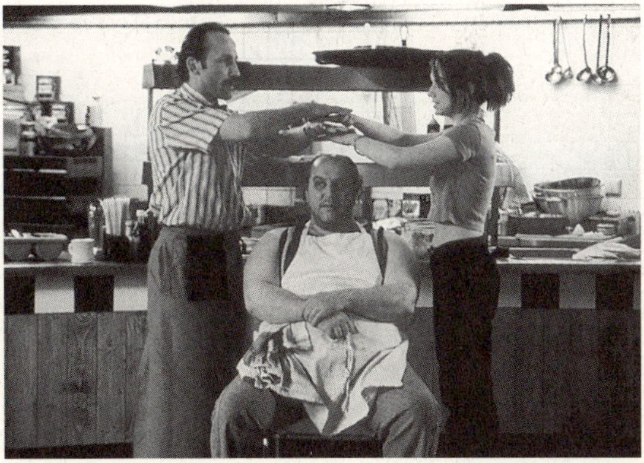

Karl Markowics, Josef Ostendorf und Antje Westermann

dafür aber die «Cool Water»-Parfümsprüherin Alice. Die ist wirklich cool. Tjaaaa, und damit ist schon ziemlich viel von der «Handlung» erzählt. Handlung, was ist das? Handlung ist Aktion, äußerliche Veränderung, Bewegung, *action.* Dementsprechende Handlung interessiert Romantiker nicht, interessiert mich oft nicht, interessierte den Drehbuchautor und Regisseur Michael Hofmann irgendwie auch nicht. Am Rand bemerkt: Schon mal was von «innerlicher» Handlung, psychologischer Motivierung blablabla gehört? Egal. Leider fand dieser verliebte, dieser komische Film nur wenig Publikum, was ein bißchen sehr ungerecht ist. Michael Hofmann ist nämlich, das zeigt sein Debüt eindeutig, ein Talent. Wenn man sich beispielsweise den Erstling von Tom Tykwer ansieht – «Die tödliche Maria» – und mit Hofmanns «Der Strand von Trouville» vergleicht: da kommt Hofmann besser weg. Tykwers «Maria» ist doch das Werk eines alten Mannes! Hofmann dagegen, Jahrgang 1961, hat den Griff auf seine Gefühle früher gefunden. Tykwer, Jahrgang 1965, wurde erst mit «Lola rennt»

Egal

der explosive Teenager, der man sein muß, um Filme zu machen. Hofmann ist in seinem Potential wohl nicht so explosiv ausgeprägt, der ist eher weich. Auch gut, es muß auch weiche Teenies geben. Alles eine Sache des «Lebensgefühls» (LG).

Mit dem simplen Lebensgefühl an sich und an anderen ist in Deutschland schwer Filme machen. Problem

Boris Aljinović als Lukas mit Klaus Manchen

Handlungsarmut. Erinnert sich jemand an die Handlung von Werken wie «La Boum – die Fete», «Waynes World», «Pretty in Pink», «The Breakfast Club»? Aber an das Feeling erinnert man sich. Da spielten Musiksongs immer eine große Rolle, und die bügelbrettartigen Körper noch unbekannter Schauspieler, die in ihren ersten großen Rollen der großen Liebe entgegenfiebern. Mit Klamotten und Frisuren, die die Signale unserer Zeit sind. Zeit, die mit Sehnsucht gefüllt ist statt mit Ekstase. Ist so! Handlungsarm und sehnsuchtsvoll. Ist so! Die Versatzstücke der handlungsarmen LG-Filme: Knutschen, Engtanz, Süßigkeiten essen, Eis schlecken, erste Liebe, zweiter Versuch, Kichern und Probleme auf dem Niveau von Kicheranfällen. Alles, was sonst passiert, erzählt die Musik. Kein Sex, keine Obsessionen, keine Aggressionen. Die dunkle Seite ist zwar ein essentieller Teil des Lebens und der Kunst, spielt aber in LG-Filmen so gut wie gar keine Rolle. Wenn Lebensgefühle in TV-Serien vermittelt werden, in neolumpigen Kaufhausklamotten und entleerten Phrasen, kommt nur das Gefühl der Warenwelt rum: Take that. Im Kino, Sommer 1998, dagegen: Ankunft in Waldau, in der Sackgasse, das Angeberauto und die scheußliche Langzopffrisur des in den Wolken spazierenden Helden Luke werden aus dem Verkehr gezogen. Lukes Spitzname ist Skywalker, und Luke Skywalker, mal ganz nebenbei vermerkt, war auch so ein Boygroup-Typ ohne dunkle Seite, eine Jungfer, der

Luke Skywalker

«reine» Held. In der Provinz ist alles möglich, merkt Luke. Dort muß der Berliner, der über «kognitive Dissonanz» seine Magisterarbeit geschrieben hat, Wurst verkaufen, neue Drogen nehmen (Bügelspray!) und Flamenco tanzen. Da werden Getränke zu sich genommen, die in Großstädten keiner trinkt: Coke du Rhône (Cola mit Rotwein), Prokuristenbier (mit Sekt) oder Möwenschiß (Korn mit Leberwurst). Das austauschbar gestaltete Einkaufszentrum als poetischer Ort, Käsehäppchen und Crêpes, Peter Maffay und Tocotronic. Alles ist möglich, im Nichts. Und das größte Puzzle der Welt, der Druck einer impressionistischen Malerei von Eugene Boudin namens «Der Strand von Trouville», hauptsächlich aus der Farbe Blau bestehend, ist so unendlich schwierig wie unerwiderte Liebe.

Alice zu Luke: Ganz klar, du bist die Frau bei uns.

Doch schlimmer als unerwiderte Liebe, und deshalb weint Alice in den Armen von Luke erstickt, sind Männer, die so weich sind, daß sie ihrer Liebe keine Kraft und keine Richtung geben können. Alice oder Natalie, Berlin, Waldau oder Trouville? Die große Leistung *im Leben* der neunziger Jahre und *in den Filmen* der neunziger Jahre ist in der Tat: der Liebe Kraft und Richtung geben, Gefühle haben und diese entwickeln. Und warum kann es dann nicht weitergehen, besser werden, in den nächsten Jahren, mit nächsten Filmen, nächsten Lieben. Und die dunkle Seite,

Antje Westermann und Boris Aljinović

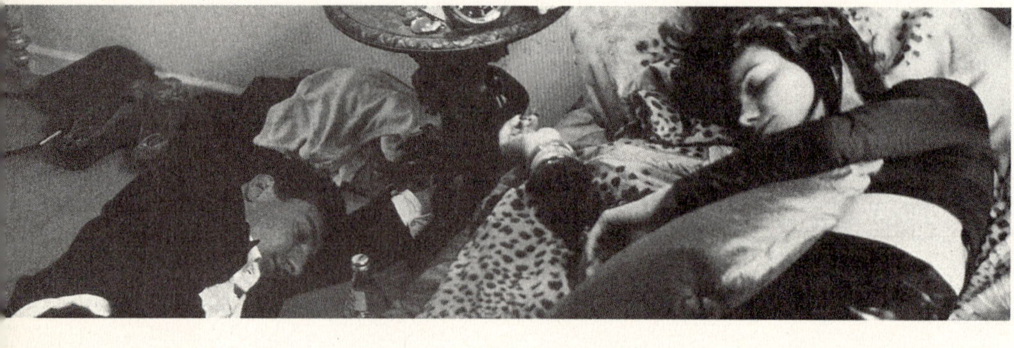

auch Sex genannt, warum nicht auch die erzählen? Sex ist die Handlung der Liebe. Sex ist nicht handlungsarm, der «Strand von Trouville» zeigt es kaum, traut sich nicht, den Clou zu bebildern: Da verliert ein Mann seinen Arm, weil er von Ehe, Familie, Haus, weißem Gartenzaun träumt. Hackt sich den Arm ab in der Träumerei. Liebe und Sex haben einen Preis, erfordern Mut, sind gefährlich. Wie lange wollen wir Jungfern bleiben?

LUKE: Sex ist nicht das einzige im Leben.
ALICE: Na ja, aber ich finde, es steht auf der Liste ganz weit oben.

Luke rennt raus und übergibt sich.

Wie sagte doch die Fee: Es ist nie zu spät, sich zu Gefühlen zu bekennen. Wenn auch peinlich, schmierig, manchmal so aufgepoppt. Hauptsache melodiös, melodramatisch. *Get-get the message now?*

St. Pauli Nacht
Regie:
Sönke Wortmann
Buch:
Frank Göhre
Mit
Armin Rohde,
Benno Fürmann
Kamera:
Tom Fährmann
Produktion:
Hager Moss

Der Kino-Mythos ist größer als die Wirklichkeit

Autor Frank Göhre und Regisseur Sönke Wortmann im Gespräch

Zwischen Roman und Film liegen fünf Jahre und ein knappes Dutzend Drehbuchfassungen.

Frank Göhre: «St. Pauli Nacht» ist ein Episoden-Roman. Ein Reigen: Die Nebenfigur einer Geschichte wird zum Protagonisten der nächsten usw. usw. Schon von der Struktur her fallen etliche Personen im Verlauf dieser einen Nacht auf St. Pauli raus, treten ab – sie werden erschossen, verbrennen, landen in der Gerichtsmedizinischen, im Krankenhaus oder sind einfach nicht mehr präsent.

Ursprünglich standen die Geschichten als Episoden nebeneinander, klar voneinander getrennt: Johnny, Manfred, der Friese usw. So war der Roman gebaut, so hatte ich das Drehbuch geschrieben. Sönke schlug vor, die Geschichten der drei Figuren parallel zu erzählen, sie aufeinander zulaufen zu lassen. Also nicht: Erst handeln wir die eine Figur ab, dann kommt die nächste Person. Stattdessen wurden Schnittstellen gesucht, der Rhythmus des Films wurde schneller – man ist einfach zügiger in der Geschichte drin.

Sönke Wortmann: Was wir im Schnitt noch verstärkt haben. Wir haben immer mehr verschachtelt. So haben wir immer mehr Tempo reingekriegt.

«St. Pauli Nacht» ist kein Episodenfilm, sondern ein raffiniert gewebter Erzählteppich.

Frank Göhre: Der Roman hat mehrere Ebenen. Der lange Liebesdialog ist verkürzt auf das Moment, das entscheidend ist aus der Sicht von Manfred: daß sich seine Frau von ihm trennt. Im Prinzip ist das die Mittelachse der Erzählung, daraus wird ein zweiter Teil hervorgebracht, aus dem wiederum die anderen Figuren hervorgehen.

Auf manches mußte ich verzichten, zum Beispiel auf Jörg Fedder. Der Polizist interpretiert am Ende des Romans die Ereignisse in seinem Raster, für ihn ordnet sich alles zu einem üblichen Kiez-Komplott. Wir wissen aber, daß die Kette der Ereignisse durch einen Zufall entstanden ist.

Statt dessen gibt es am Anfang des Films eine Geschichte, die im Roman nicht vorhanden ist: Badekapp, Indianer-Joe, Kaiser-Kalle, Brilli, also die Ludenrunde

Benno Fürmann als Johnny

diskutiert den Selbstmord eines Friseurs, eine ebenso groteske wie tragische Verkettung von unglücklichen Zufällen. Die Geschichte selbst basiert auf einer Zeitungsnotiz und wirft die Frage auf, was ist Zufall. Persönlich bin ich der Überzeugung: Nichts ist Zufall. Alles hat eine Logik. Dafür sollte diese Episode mit den versammelten Kiezgrößen stehen, damit sollte leitmotivisch etwas eröffnet werden für diese Nacht. Ich bin unsicher, ob dieser Witz ...

Sönke Wortmann: Diese Szene ist bei den Testvorstellungen nicht verstanden worden, deshalb ist sie jetzt nur noch sehr kurz im Film. Leider. Frank, ich mochte die Szene, aber das war im Film nicht zu lösen. Schade, aber nun weißt du es.

Dieses Zufallsprinzip ist im Film aber leitmotivisch enthalten. Ein Beispiel, ein Ereignis, das nur am Rande vorkommt und der Zuschauer gar nicht sieht, ist der

Einbruch: Wenn in Manfreds Wohnung nicht eingebrochen worden wäre, dann wäre die Geschichte jeder dieser Figuren anders verlaufen. Johnny würde noch leben, der Friese hätte Dorit nicht getroffen, Roberta hätte nicht verkauft werden müssen.

Auch ich glaube nicht an Zufälle, eher an Schicksal, an Chancen. Ich habe einmal ein schönes Wort gehört: «zufallsempfänglich». Diese Figuren sind alle zufallsempfänglich, es bieten sich ihnen unverhofft-ungewollt Chancen, und je nachdem, wie sie sich entscheiden, geht ihr Lebensweg in dieser oder einer anderen Richtung weiter. Das hat mir gefallen an dem Buch, das ist fast eine Art Chaostheorie.

Sönke Wortmann: Ich wollte eigentlich mal eine längere Pause machen. Deshalb habe ich das Drehbuch mit dem festen Vorsatz gelesen, es nicht gut zu finden. Das hat nicht geklappt. In Göhres Skript wird der vermeintliche Hauptdarsteller schon auf Seite 15 weggeschossen. Von da an hat mich die Geschichte gepackt und bis zum Ende nicht mehr losgelassen.

Dem Regisseur wurde das Projekt angeboten, als die Drehbuchentwicklung schon weit vorangeschritten war.

Ich habe die zweite Drehbuchfassung gelesen, die vierte und die neunte. Dabei ist mir etwas sehr Typisches aufgefallen: Irgendwann ist der Punkt erreicht, wo alles, was man als Regisseur braucht, vorhanden ist; danach wird verschlimmbessert, geht Wichtiges wieder verloren. Wahrscheinlich kann dies aber nur entdecken, wer völlig neu, so jungfräulich wie ich damals, darangeht.

Ich bin von der vierten Fassung ausgegangen und habe danach den Roman gelesen, um zu sehen, ob da nicht noch etwas drin ist, und bin auch fündig geworden mit der Szene mit Heiner Lauterbach als Taxigast, eine Szene, die die Geschichte auf den Punkt bringt.

Frank Göhre: Ich hatte Dinge weggelassen, die für mich erledigt waren. In der gemeinsamen Arbeit sind wir auf

Sachen gestoßen, die reaktiviert wurden, haben wir Figuren wieder aus der Versenkung geholt.

Zur Chaostheorie: Vor «St. Pauli Nacht» habe ich drei Kriminalromane über den Kiez geschrieben, in denen es um Geschäfte, um Verquickungen von Prostitution und Kriminalität und dergleichen geht. Was ich im Laufe der Zeit so nebenher erlebt hatte, reizte mit einemmal sehr viel stärker als der übliche Krimi-Plot: Wie kommen Leute zusammen, was passiert mit ihnen, und wie ergeben sich neue Konstellationen. Ich habe zu jeder einzelnen Geschichte von «St. Pauli Nacht» einen engen persönlichen Bezug. Wenn ich sie miteinander verknüpfe, kann ich nur sagen: Das ist für mich das Leben von St. Pauli, wahrer als das, was wir sonst in Fernsehserien oder im Kino sehen.

Kathleen Gallego Zapata als Roberta

Das wahre St. Pauli – wie sieht dies der Regisseur?

Sönke Wortmann: Der Mythos ist größer als die Wirklichkeit. Ich war ein bißchen enttäuscht: St. Pauli ist doch kaputter, frustrierender, als ich dachte. Man verbindet immer noch Romantik damit, aber wenn man dort jeden Tag dreht, kann man nicht übersehen, daß es einer Menge Leuten sehr schlecht geht. Die Aggression ist sehr groß – Leben möchte ich da denn doch nicht.

Frank Göhre: In Büchern und Publikationen über St. Pauli wird der Mythos ja immer noch aufrechterhalten. Natürlich gibt es noch Prostitution dort, aber die Luden regieren längst nicht mehr: Sowohl die Drogenszene, also die harte Sache, wie auch die andere Seite, die vielen Nachtclubs, der Technoschuppen und dergleichen, bestimmen die Szene. Auch durch die vielen Ausländer jetzt ist für mich alles undurchsichtiger geworden, was heute St. Pauli ausmacht.

Es ist kein St.-Pauli-Film, wie wir ihn geradezu als Genre kennen.

Sönke Wortmann: Nein, ist es nicht. Das Genre bezieht sich fast ausschließlich auf die Reeperbahn, die Große Freiheit, also den Kiez. St. Pauli ist ja noch ein bißchen mehr. Es leben nicht nur Zuhälter und Prostituierte da, sondern auch sogenannte einfache Leute, der Postbote, der Fitness-Trainer, die Grafikerin.

Anders als Dieter Wedels TV-Serie «Der König von St. Pauli» wurde der Film an Originalschauplätzen gedreht.

Sönke Wortmann: Studiobauten geben den Szenen etwas Steriles, was wir unbedingt vermeiden wollten. Deshalb haben wir fast nur Originalmotive benutzt. Am längsten waren wir am Spielbudenplatz. Also richtig mittendrin.

Ich kann mich noch gut an die erste Drehbuchlektüre erinnern: Ein nackter Mann stolpert über die Reeperbahn und ballert in die Luft, in die Passantenströme. Ich hab gedacht: Scheiße, es liest sich toll – aber wie soll man das denn machen. So einen zentralen Platz kann man ja nicht absperren. Den Spielbudenplatz selber konnten wir einzäunen. Links und rechts stehen immer Passanten, da muß man gute Mitarbeiter haben, die rechtzeitig da sind und den Verkehr weiterfließen lassen. Schnell bildet sich da ein Auflauf, der ebenso schnell wieder zerstreut werden muß.

Wie viele Tage habt ihr gedreht?

Sönke Wortmann: Insgesamt 40. Am Spielbudenplatz waren es fünf Nächte. Je später es in der Nacht wird, desto kälter wird es, desto weniger Leute sind auch da. Dann kann man es schon machen.

Man findet natürlich nicht alle Motive, die man gerne hätte, vor Ort auf St. Pauli. In Altona haben wir auch ein bißchen was gedreht. Wir hatten keinen dokumentarischen Anspruch. Film hat immer was mit Fiktion zu tun. Ich geh ins Kino, um die Welt ein bißchen größer zu sehen, als sie in Wirklichkeit ist.

Der Film hat nicht die übliche Starbesetzungsliste.

Sönke Wortmann: Die bekannten Namen haben eher Gastauftritte. Die Darsteller der Hauptrollen sind mehr oder weniger unbekannt. Das haben wir mit Absicht gemacht. Obwohl ich vorhin gesagt habe, daß man alles ein bißchen größer machen muß, darf man einen gewissen Realismus nicht aus den Augen verlieren.

Es gibt Filme, die eine Starbesetzung fordern. Meistens ist es bei Bestsellern der Fall. Wenn ich den «Pferdeflüsterer» sehe, dann möchte ich auch Robert Redford sehen. Dann gibt es aber Stoffe, wo das genau falsch wäre. Til Schweiger als Rasta Robby, das wäre verkehrt gewesen, den Taxifahrer durfte kein so bekannter Schauspieler geben. Bei vielen anderen Rollen war es genauso. Dieser Film braucht eine gewisse Authentizität.

Armin Rohde spielt aber in jedem Wortmann-Film?

Sönke Wortmann: Das stimmt. Armin Rohde ist jemand, den man auf der Straße nicht unbedingt wiedererkennt, deswegen hat er als Postbote in den Film gepaßt.

Frank Göhre: Er hat der Rolle noch einmal eine tiefere Dimension gegeben. Im Roman ist Manfred viel aggressiver angelegt, Sönke hat das zu Recht im Film zurückgenommen. Während der Produktion haben wir gerade über diese Figur sehr viel gesprochen. Für mich ist Manfred jetzt eine sehr tragische, menschliche Figur geworden, mit der ich mitleiden kann – nicht irgendein Wirrkopf, der Amok läuft.

Ill-Young Kim als Rasta Robby

Sönke Wortmann: Mich hat interessiert: Wie kommt jemand, der eigentlich nicht gewalttätig veranlagt ist, dahin, jemanden zu erschießen.

Wieweit haben die anderen Schauspieler ihre Rolle geprägt?

Sönke Wortmann: Wenn man sie ernst nimmt, muß man den Schauspielern ihren Freiraum geben. Sie müssen ihre Rolle finden. Als Regisseur ist man mehr so ein Begleiter. Man muß ihnen nichts vorspielen. Die Schauspieler haben viel zum Film beigetragen, aber auch der Ausstatter, die Kostümbildnerin, der Kameramann.

Tom Fährmann war auch der Kameramann bei «Campus».

Sönke Wortmann: Ja, aber die Filme kann man überhaupt nicht vergleichen. Bei «Campus» war die Aufgabe, die Uni zu einem erotischen Ort zu machen. Hier ist es eher das Gegenteil: einen erotischen Ort alltäglicher zu zeigen.

Das optische Konzept von «St. Pauli Nacht»?

Sönke Wortmann: Den Glamour von St. Pauli durchaus zeigen, aber auch das Dreckige, das tagsüber sichtbar ist.

Aimée & Jagar
Regie:
Max Färberböck
Buch:
Max Färberböck,
Rona Munro
Mit
Maria Schrader,
Juliane Köhler,
Johanna Wokalek
Kamera:
Tony Imi
Produktion:
Senator Film

Der Klang eines Films

Aus einem Gespräch von Nicos Ligouris mit Max Färberböck

Der Produzent Günter Rohrbach, der mir schon fünf, sechs Kinostoffe vorgeschlagen hatte, schickte mir Erica Fischers Buch «Aimée & Jaguar». In allen Geschichten, die ich aus dieser Zeit kannte, auch im Film, werden die Menschen von der politischen Situation erdrückt. Mich interessierte an dem Buch nicht nur die Liebesgeschichte zwischen den beiden Frauen, das große romantische Drama. Hier erfuhr ich etwas überraschend Neues: den irrsinnigen Lebenshunger inmitten der Zerreißprobe. Die Menschen kamen nicht mehr zur Ruhe, mußten sich vor den Bomben im Keller verkriechen, krabbelten völlig eingestaubt nach dem Alarm wieder heraus – und schminkten sich. Diese Art, das Leben mit Lust und auch Frechheit mitten im Chaos anzupacken, hat mich beeindruckt, das war mir neu, das hat mich gereizt.

Nach Berlin, zum Gespräch mit Rohrbach und Hanno Huth, bin ich mit Vorbehalten gefahren. Im Auto habe ich Furtwängler gehört, die «Neunte» von Beethoven, was mich dermaßen packte, daß ich geradezu ein musikalisches Gefühl für diesen Film entwickelte, in merkwürdig kurzen Eindrücken von Bildern schon eine Vision von diesem Film bekam.

Am Ende der Autofahrt tauchte das Bild der Alten im Park auf: Die Klammer des Films gehörte zur allerersten

Idee, wie man den Stoff realisieren könnte. Denn die Liebe zwischen Lilly und Felice war 1945 nicht beendet, sondern sie existiert noch heute. Sie hat eine von beiden für fünfzig Jahre aus dem Leben katapultiert. Lilly Wust lebt mit ihrer Liebe wie eine Figur von Faulkner: In seinem Roman «Wilde Palmen» gibt es einen jungen Mann, der seine Frau verliert, Charlotte Rittenmeyer, und dann vor der Entscheidung steht, sich umzubringen oder weiterzuleben, und er entscheidet sich weiterzuleben, denn solange er lebt, lebt diese Liebe. So ähnlich ist das mit Lilly und Felice. Die Geschichte nicht bis zu diesem Punkt zu erzählen hätte bedeutet, sie zu verkleinern.

Vorbehalte, Widerstände

Meine Vorbehalte entsprangen dem Gefühl, daß ich nicht noch einen Film über diese Zeit machen wollte, die mit so vielen Bildern, die wir alle kennen, besetzt ist: Aufmärsche, Uniformen ... Bei der Konstruktion der Geschichte sind wir rasch auf Widerstände gestoßen: Man kann an der Realität nicht vorbei erfinden, man braucht bestimmte Referenzen, doch sie widersprachen dem, was ich erzählen wollte.

Der erste Drehbuchentwurf war im Grunde immer noch die Nacherzählung des Lebens. Doch wenn man Emotionen abschreibt, sind sie tot. Wenn man sie erfindet, hat man vielleicht das Glück, daß sie mit dem, was in Wirklichkeit passiert ist, übereinstimmen.

Ich habe mich ins Café gesetzt und ihre Liebesbriefe gelesen, immer wieder, mindestens zehnmal, und ich habe gespürt, sie sind wahr. Dabei ist mir klargeworden, daß Lilly viel gewartet hat und mit einem großen Rätsel leben mußte, denn: Wer ist diese Felice? Lilly wußte nicht, wohin sie geht und mit wem sie sich trifft.

Das Licht der Liebe und ihr dunkler Schatten

Jede große Liebesgeschichte, dazu bedarf es nicht des Krieges oder der Nazi-Zeit, birgt immer auch ein Element von Gefahr. Kein Licht ohne Schatten. Alle Liebenden kennen dieses elementare Gefühl: die Angst vorm Sterben der Liebe, die Angst vor dem Tod. Denn die Liebe ist das lebenspendende Element – wenn sie versiegt, ist man gestorben. Ist die Liebe zu Ende, hat das Leben keinen Sinn mehr.

Es gibt keine Szene, die ohne diesen Schatten inszeniert ist. Er ist immer präsent, obwohl die Mädchen, wenn sie untereinander sind, sich darüber hinwegsetzen. Aber man braucht nur einen Millimeter zu kratzen, und schon lächelt der Tod.

Anziehung und Fluchtgedanken

Jede große Anziehung provoziert zugleich den Gedanken der Flucht, das Gefühl: um Gottes willen, jetzt verliere ich mich, ich darf mich nicht so weit reinfallen lassen.

Für Felice bedeutete diese Liebe eine Öffnung ihrer gesamten Persönlichkeit einem anderen Menschen gegenüber, wie es sie vorher, da bin ich ganz sicher, nie gegeben hat. Sie hatte andere Freundinnen, hat sie begehrt und war verliebt in sie, aber es gab nicht diese totale Angezogenheit. Sie konnte sich früher als lesbisches Mädchen nicht outen, sie mußte sich verstellen, ein Spiel treiben, dann kam die Verfolgung hinzu, die Lüge und die Verstellung wurden zur alles bestimmenden einzigen Lebensform. Ich glaube, sie hatte eine verdammt große Sehnsucht, irgendwann nicht mehr zu lügen – das jüdische Mädchen wollte sich nicht länger verstecken. Und Lilly muß mit dem Gefühl gelebt haben, mit der Frage, ob sie durch ihre Fahrt nach Theresienstadt vielleicht Schuld am Tod von Felice hat.

Die Anziehungskraft zwischen Lilly und Felice hat eine Dynamik, die in den Gesichtern spürbar ist und nirgendwo sonst. In den meisten Filmen heutzutage geht es nicht um Drama, sondern um Thrill. Eine Geschichte, die wie «Aimée & Jaguar» ein wirkliches Drama in sich trägt, braucht keine Stilisierungen, sondern man muß die Emotionen, die die Figuren erleben, kurzschließen. Die Kamera verzichtet auf polemische Momente, in keiner Szene wird etwas sichtbar exponiert. Solche äußeren Effekte würden nur die Stärke des Gefühls verletzen.

Eine musikalische Inszenierung

Alle Szenen sind inszeniert mit einer Musik im Kopf, einem Gefühl für den Rhythmus. Die Tempowechsel, manchmal das Stakkato, dann der lange Atem, das sind alles Dinge, die schon in den ersten Drehbuchentwürfen feststanden. Die Betonung von Sätzen, einzelnen Worten – ich habe ein Ohr für Wahrheit. Wenn ein Schauspieler sich offensichtlich vorbereitet hat, etwas geübt hat, dann wird das von mir sofort zertrümmert, so daß nichts mehr übrigbleibt als der Moment. Normalerweise versucht man am Set, so schnell und so gut wie möglich über die Runden zu kriegen, was man vorbereitet hat. Mein Arbeitsstil, der dann auch den Filmstil prägt, ist ganz anders, ich bin offen für das, was im Moment passieren kann. Wenn ich einen Ton höre, den ich nicht glaube, dann unterbreche ich. Das hat etwas mit Gehör zu tun, mit dem Klang des Films.

Ich habe schwierige Szenen ganz ohne Proben gemacht, in anderen Szenen die Situation geprobt; was ich jedoch nie probe, ist die definitive Emotion in der Szene. Das ist gewiß riskant, gefährlich, aber ich bevorzuge die rohen Momente, wo niemand vorher weiß, was genau aus der Szene wird.

Maria Schrader

Mich interessiert die Gleichzeitigkeit von Empfindungen, die man bei Maria Schrader auch im Leben spürt. Eine hochintelligente Person, die einen reizbaren Geist hat, diese Wachheit und Präsenz brauchte ich unbedingt für Felice. Ich brauchte jemanden, der in Sekundengeschwindigkeit von einem Gefühl ins andere springen kann. Felice war erotisch äußerst erregbar, auf der anderen Seite angstgepeitscht, nicht zuletzt durch ihre Situation in der Redaktion. Es gab eine starke Grundspannung bei ihr, und ich suchte einen Menschen, der über eine solche Grundspannung verfügt. Nicht der sie spielt, sondern dieses Potential schon in sich hat.

Die Katastrophe ist der dritte Hauptdarsteller.

Man kann nicht mit einer ausgewogenen Dramaturgie eine zerrissene Zeit behandeln. Diese Liebe ereignet sich in einer Zeit, in der das Leben vollkommen unberechenbar war. Die Leute haben nicht gewußt, was morgen, was in der nächsten Minute passiert. Ob der Mann wieder zurückkommt, was mit den Kindern ist, die morgens das Haus verlassen haben. Das permanente Auf und Ab, der Wechsel der Gefühle, die Unsicherheit und die Geschwindigkeit, in der damals Leben passierte, gibt dieser Zeit eine Grundenergie. Wie ein Peitschenknall haut der Krieg in das Privatleben hinein. Das hat die Musikalität dieses Films bestimmt – wenn man so will, wird es plötzlich atonal. Da gibt es die großen Harmonien, die sich im weichen Gefühl bewegen, und dann einen atonalen Ton, der das Chaos, die Katastrophe zum Ausdruck bringt. Man muß trotzdem weiterleben, auch die Liebe lebt weiter, aber die Umarmung danach ist eine andere als vorher. Liebe ist niemals das reine Glück, sondern sie ist in erster Linie eine Form von Intensität.

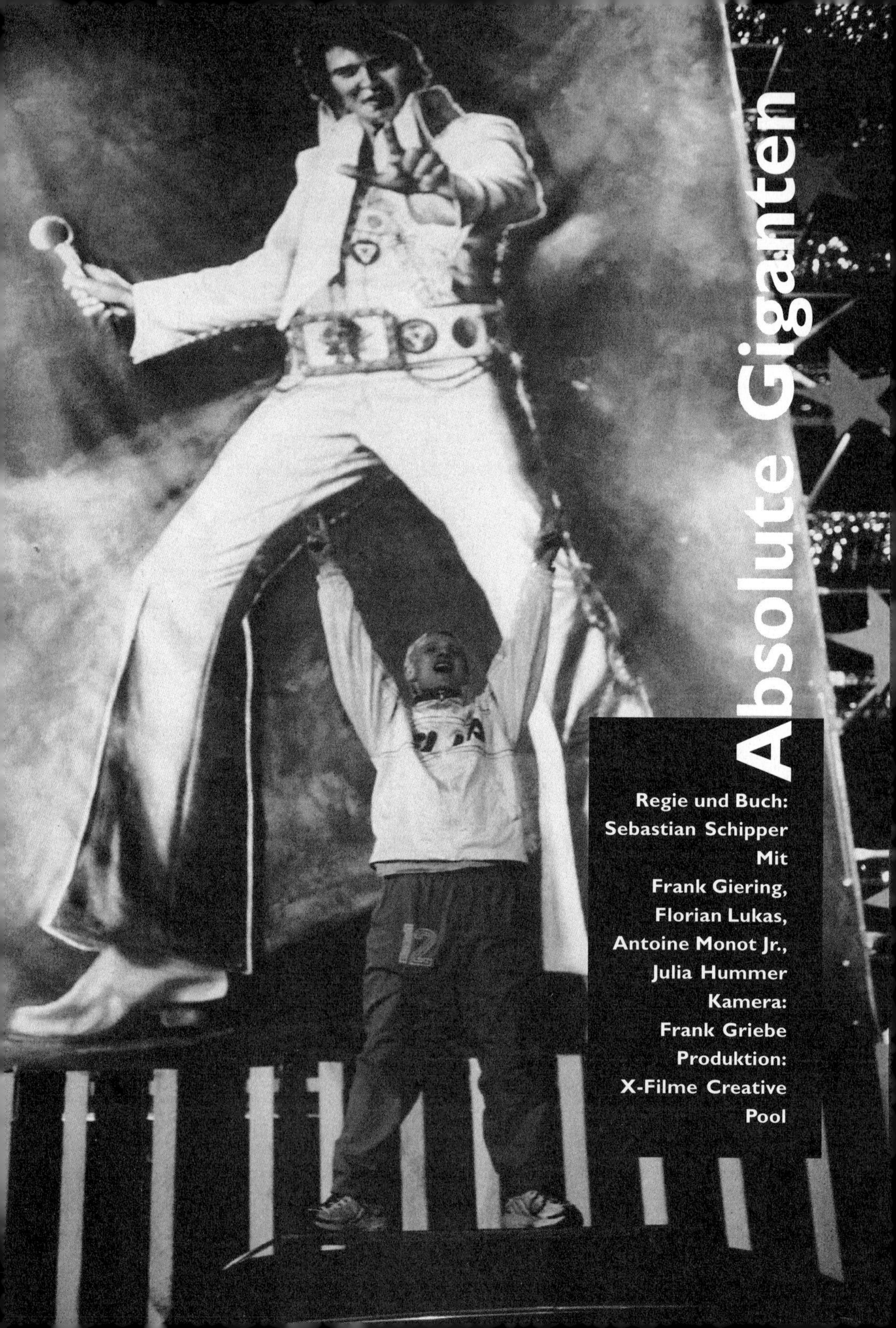

Absolute Giganten

Regie und Buch:
Sebastian Schipper
Mit
Frank Giering,
Florian Lukas,
Antoine Monot Jr.,
Julia Hummer
Kamera:
Frank Griebe
Produktion:
X-Filme Creative
Pool

Absolute Giganten

Aus einem Gespräch mit Sebastian Schipper

Looking for the Heart of Saturdaynight

Ich weiß sogar noch genau die Stelle, wo ich mit dem Auto langgefahren bin, als ich auf Kassette Tom Waits hörte: «Looking for the Heart of Saturdaynight». Der Song handelt von einem Typ, der die ganze Woche arbeitet, am Wochenende aber findet sein Leben seinen Höhepunkt. Er wird ausbezahlt, er duscht sich, rasiert sich, kämmt die Haare nach hinten, tankt das Auto auf und fährt los: Looking for the Heart of Saturdaynight. Zunächst wollte ich einen Film über drei Jungs machen, die eine von vielen Nächten miteinander verbringen. Ich habe dann aber irgendwann gemerkt, daß mir das nicht reicht, dieser Independent-Ansatz: Wir begleiten drei Jungs dabei, wie sie nichts tun. So kam der Aspekt dazu, daß sie ihre letzte gemeinsame Nacht verbringen. Sie suchen nicht nach dem Herz von Samstagnacht, sondern nach dem Herz ihrer Freundschaft, ihrer Sehnsucht.

Morgen ist alles vorbei.

Die Jungs treffen sich in einem freien, fast paradiesischen Zustand, wo das größte Problem ist, daß der Wagen mal wieder kaputt ist. Oder das T-Shirt, das man zum Fußballspielen anziehen will, wurde mal wieder von der Schwester getragen und riecht nach Chanel, so daß die Oma vom besten Freund meint, man sei schwul. Doch dann kommt der Moment, wo Floyd sagt: Morgen ist alles vorbei. Ab morgen wird nichts mehr so sein wie vorher. Das ist das erste richtige Problem, das den Jungs begegnet. Danach sind sie aus ihrem kleinen Paradies raus, was keineswegs eine Glitzerglanzwelt ist – sie wohnen in einer Siedlung, arbeiten bei

McDonald's. Sie sind dabei, ihre Unschuld zu verlieren. Die ganze Nacht kämpfen sie darum, sie wiederzuerlangen, sich wieder so zu fühlen: unbeschwert und naiv. Sie schlagen immer vehementer, immer verzweifelter und irgendwann auch aggressiver gegen diese Pforte. Sie wollen, daß alles immer nur ein Fest ist. In diesem zweiten Teil, wo sie die Nacht verbringen, werden sie verbissener. Es schaukelt sich hoch. Sie haben immer mehr Spaß, tanzen immer doller. Es wird auch immer verzweifelter. Das Kickerspiel ist das einzige Mal, wo sie ohne Wenn und Aber triumphieren. Sie gewinnen 840 Mark. Sie sind die Könige der Nacht, haben Snake von seinem Thron gestoßen und sind die Allergrößten. Das ist der Moment, wo ihnen alles genommen wird. Sie sind so berauscht von sich selber, daß sie gar nicht mitbekommen, wie es der kleinen Schwester in der Siedlung geht. In dem Moment, wo sie die größten Gewinner sind, verlieren sie alles. Das zerbricht sie so, daß sie im letzten Teil, nachdem sie vorher alles erlitten, erstritten, gelacht und geweint haben, in diesen Morgen fallen können, als wenn's der einzige Morgen ihres Lebens ist.

Im blauen Morgengrauen fahren sie mit ihrem völlig zerbeulten Granada Eis essend durch den Hamburger Hafen. Alle Fragen, die vorher ihr Leben bestimmt haben, sind mit einemmal nicht mehr wichtig. Wichtig ist, daß sie jetzt in diesem Moment zusammen sind. Dieses Leersein und Müdesein und Abgekämpftsein hat für mich ganz viel mit Glücklichsein zu tun. Am Ende, die Nacht ist vorbei, steht Floyd am Auto. Geht er oder geht er nicht – manchmal denke ich, er geht auf jeden Fall, manchmal, er wird nie in der Lage sein zu gehen. Entscheidend ist der Moment, dieses Dazwischen, wo er alles hinter sich und alles vor sich hat. Das berühmte Bild von Michelangelo, wo Gott und Adam sich die Finger entgegenstrecken: Wenn sie sich berühren, ist das

wunderbar. Aber dieser Abstand, der noch zwischen den Fingern herrscht, das ist der wirklich große Moment.

Tanzen auf dem Granada

Wenn ich gerade ausführlich über meine Metaebene gesprochen habe, dann gehört unabdingbar dazu, daß man es mit einer möglichst großen Lässigkeit erzählt. Wenn man es alltäglich macht. So ein Fundament macht nur dann Spaß, wenn man es permanent fordert, darauf Rock 'n' Roll und Party betreibt bis

Frank Giering, Florian Lukas, Antoine Monot Jr.

zum Bersten. Ein Fundament wird gut, wenn man darauf tanzt, es ein bißchen beschädigt wie den Granada. Der muß am Ende eingeschlagene Scheiben und Dellen haben und irgendwie nicht mehr richtig fahren. Er muß aber so belastbar sein, daß er uns trotzdem noch auf den Strand rollt. Deswegen muß er stark sein, deswegen braucht das dramaturgische Konzept einen austauschbaren V8-Motor. Wenn er so stark ist, dann kann ich damit diese Tour auch bestehen.

Von einem bestimmten Punkt an geht es nicht mehr darum, daß Ricco immer nur dumme Witze macht. Wenn das erst einmal stark etabliert ist, dann kann man dem auch viele Nuancen geben. Oder daß Walter immer nur der gütige Dicke ist. Er fängt einmal im Krankenhaus eine Schlägerei an und kann ein ganzes Kickerdesaster herumreißen, weil er einfach ein ganz Starker ist und trotzdem immer wieder total viel Bammel hat. Oder Floyd: auf der einen Seite einfach nur ein ganz melancholischer, sensibler Mensch, auf der anderen Seite aber auch ein ungeheurer Provo, der kaum einem

Mann, der zehn Jahre älter ist als er, begegnen kann, ohne daß er ihn sofort beleidigt.

Heute kann ich mir die Geschichte ohne die vier, ohne Frank Giering, Florian Lukas, Antoine Monot und Julia Hummer, kaum noch vorstellen. Das gehört ja auch dazu. Die Figur wird erst dann eine Filmfigur, wenn ein Schauspieler gekommen ist und seinen kleinen Zauberstab rausgeholt hat und einmal Bing gemacht hat. Dann ist sie erst fertig. Irgendwann muß man auch sagen: Das ist die Figur, nimm sie, ich kann nur noch zugucken. Für mich ist das auch das schönste im Kino: wie ich über jemanden lachen kann, wie ich mich in jemanden vergucke, wie ich ihn bewundern kann.

Julia habe ich im Café getroffen.

Als ich mit Frank Griebe zu Hause am Schreibtisch das Storyboard zeichnen wollte – draußen war eine Baustelle, wo permanent Dieselmotoren bretterten, außerdem habe ich diese Arbeit gehaßt, aber Frank war unerbittlich –, sind wir, um dem Krach zu entfliehen, ins Café gefahren und haben uns in die hinterste Ecke verkrochen. Dann setzte sich ein lauter Trupp neben uns. Da saß so ein junges Mädchen bei, die rauchte. Aus dem Augenwinkel habe ich so mitbekommen: Die ist doch höchstens zwölf oder dreizehn. Daß die überhaupt schon rauchen darf. Ehe man es sich versah, machte sie das Fenster auf und saß bei uns am Tisch. Dann kam natürlich irgendwann die Frage auf, was wir denn da machen würden und ob sie denn auch mal am Set vorbeigucken könnte. Ich mußte dann resolut antworten, daß ich das nicht garantieren könnte und daß wir jetzt arbeiten müßten. Nichts für ungut, aber sie

Julia Hummer

müsse uns jetzt einfach in Ruhe lassen. Als ich mich wieder meinen Zeichnungen zuwandte, sickerte mir kurz ein, daß sie total toll war und es durchaus die Möglichkeit geben könnte, daß sie mal am Set vorbeiguckt. Zwei Tage später haben wir mit ihr ein Casting gemacht. Julia war keineswegs zwölf oder dreizehn, sondern achtzehn. Wir haben mit ihr und Frank Giering, der schon besetzt war, ein Casting gemacht. Das war erst mal ein Desaster. Sie sollte diesen Traum im Fahrstuhl erzählen, das war total schlecht, Schultheater, und ich hab gedacht: Na, das wär ja auch zu schön gewesen. Sie hat dann aber ungeheuer schnell verstanden, worauf es ankam – nach zwei Stunden sagte sie den Text so eigen und charmant und ohne sich anzubiedern, wirklich so, als ob sie einen eigenen Traum erzählt, das hat mich einfach umgehauen. Danach war eigentlich alles klar.

Spielkind und Schauspieler

Es ging mir immer darum, einen Raum zu schaffen für die Schauspieler, in dem sie sich wohl fühlen. Ich glaube, nur dann ist es möglich, daß sie etwas von sich zeigen. Einfach ein Raum, in dem man spielen mag, in dem man sich nicht bedroht fühlt. Wie ein Kind, das auf dem Teppichboden liegt und mit seinem Auto selbstvergessen brummmm macht. Am Anfang mußte ich aufpassen, nicht selbst in diesen Raum reinzufallen. Ich bin einfach ein Spielkind, blödel wahnsinnig gerne rum. Wir haben uns während des Drehs oft totgelacht, aber auch sehr konzentriert miteinander gearbeitet. Irgendwann mußte ich aber merken: Mein Platz ist hinter der Kamera und ich bin dazu da, ihnen diesen Raum freizuhalten, damit sie keine Angst haben müssen. Manchmal heißt das mitblödeln, manchmal aber zurücktreten und ihnen das alles überlassen.

Sebastian Schipper in «Lola rennt»

Ich bin sehr gerne Schauspieler, vor allem dann, wenn ich meinen Quatsch machen darf. «Lola rennt» zum

Beispiel hat mir viel Spaß gemacht. Da spiele ich Mike, den Fahrraddieb. Tom hat mich einfach machen lassen – einen völlig unsympathischen, merkwürdigen kleinen Betrügertyp von der Straße, so was kann ich. «Der englische Patient», da war ich der Scherge an der Seite von Jürgen Prochnow, in der Szene, wo Willem Defoe die Daumen abgeschnitten werden. Die Woche, die ich da am Set verbracht habe, bedeutet mir mehr als alles andere. Ich habe noch eine kleine Rolle beim «König von St. Pauli» gehabt; bei der «Ungehorsamen Frau» war ich der erste Geliebte und dann der Gatte von Veronica Ferres. Ich habe aber noch nicht viele großartige Sachen gemacht. Eher so kleine, kurze Auftritte.

Freundschaft – volle Pulle Für mich hat auch Freundschaft eine ganz große eigene Bedeutung in den Begegnungen und Verhältnissen, die man so im Leben erfährt. Für mich war es immer diese absolute Leichtigkeit, alles zu dürfen, alles zu machen, sich blind zu verstehen und voll auf die Tube zu drücken, auch jenseits von gutem Geschmack oder jeder Moral, wo jeder Arbeitskollege oder jedes Liebesverhältnis schneller geprägt ist von Vorwürfen. In der Freundschaft darf man einfach alles und kostet alles über die Stränge aus. Die Melancholie, die Floyd hat, und vor allem diese Sehnsucht danach, daß das Leben ganz groß ist und ganz toll und nie aufhört, noch größer und toller zu werden, wenn ich das Gefühl nicht auch irgendwie hätte, dann würde es den Film nicht geben. Dabei sind die Melancholie und die Blödelei für mich gleichwertig, das eine gibt es ohne das andere nicht. Absolute Lebensfreude, mit einem V8 volle Pulle auf die Tube zu drücken und ein bescheuertes Rennen zu fahren und blödes Zeug zu sabbeln – das gehört einfach dazu, ist nicht zu trennen. Ich habe aber – beim Drehen weniger, mehr beim Schneiden und der Nachbearbeitung – gemerkt, daß ich so langsam die Hemisphäre dieser Art von Jungsein verlassen habe. Die

Zeit ist jetzt bei mir irgendwie vorbei. Die Jungs sind Anfang Zwanzig: Mit Anfang Zwanzig war ich wahrscheinlich mehr Ricco, wollte Floyd sein und wie Walter immer geliebt werden.

Die Poesie der rauhen Realität

Wenn der Granada mit seinem V8 der fünfte Hauptdarsteller ist, dann ist Hamburg der sechste. Die Stadt ist für mich genau diese Mischung aus Tradition und Vision, mit diesem ungeheuren Fernweh, das sich im schönsten Landstrich manifestiert, den ich kenne – im Hamburger Hafen. Es gibt bestimmte Straßen durch die Industriebereiche, am Roßhafen vorbei und dann unterhalb oder einfach über die Köhlbrandbrücke, am alten U-Boot-Bunker und dann zum Eurokai – das sind Strecken, dafür lasse ich jede Chaussee, jede Straße am Meer sausen. Das ist aufgeladen mit konkreter Poesie in dieser Industrie, die sich danach sehnt, die großen Meere zu befahren. Der Hafen ist einfach große Sehnsucht und für mich auch deshalb so wunderschön, weil niemand bei dem Bau eines Schiffes, einer Containeranlage oder – bestes Beispiel – beim Bau der Köhlbrandbrücke daran gedacht hat, daß es auch alles poetisch werden muß. Dies gilt auch für Siedlungen. Möglichst viele Leute sollen halbwegs vernünftig auf möglichst geringem Platz wohnen. Das führt dann zu einer sehr rauhen Realität, zu Schicksalen, die am Ende in der Kneipe «Crazy Horst» stranden.

Abenteuerspielplatz Film Als wir am Roßhafen diese große Elvis-Stunt-Show gedreht haben, gab es diesen Geruch. Hinter dem Roßhafen ist diese große Ölmühle Hamburg, ich glaube, da wird irgendwie Öl gebrannt, gepreßt, keine Ahnung – jedenfalls hat es auf dem Roßhafen immer nach Öl gerochen, so nach Mazola-Öl – jeder hat es verschieden interpretiert, für mich war es immer der Geruch von Nudeln. Auch diese ungeheuerlichen Nächte, die wir da gedreht haben. Diese Sommernächte, die einfach viel zu kurz sind: Irgendwann merkt man, jetzt geht die Sonne auf und wir müssen echt ranlegen ... Diese Energie, einen schönen Ort zu finden, dort anzurauschen und dann den Abenteuerspielplatz Film aufzubauen, mit den ganzen professionellen Spielzeugen, womit große Jungs es halt gerne krachen lassen und spielen.

Die Kamera tanzt. Wir wollten dem Film seine eigene Visualität geben, die nicht trashig ist und damit kokettiert nach dem Motto: Wir sind jung und schnell und dynamisch. Das Konzept von Frank Griebe und mir lautete: Laß uns auf das konzentrieren, worum es in dem Film wirklich geht. Ich liebe es, wie Griebe mit den Farben umgeht. Es ging uns um die Balance zwischen einer direkten, schlichten Kamera und großem cineastischem Kinogestus, zum Beispiel wenn Floyd über die Wiese läuft, wenn wir den Hamburger Hafen oder die Köhlbrandbrücke zeigen oder das Kickerspiel. Bei anderen Szenen dann beschränken wir uns wieder: Im «Crazy Horst» sitzen drei kaputte Typen an der Bar und drei auf eine ganz andere Art kaputte Jungs an ihrem Tisch. Da muß man einfach nur zusehen. Es gibt schon ein, zwei Momente, wo wir auch Handkamra haben, zum Beispiel bei dieser Schlägerei, die sich auf dem Klo entwickelt. Wenn aber Griebe Handkamera macht, dann wird nicht mit der Kamera durch die Gegend geballert, daß einem Hören und Sehen vergeht. Er bleibt immer dran am Bild, zelebriert nie die Haltung einer ausgestellten Handkamera. Im roten Klub haben wir uns für die Steadycam entschieden, weil wir um Telsa herumfliegen wollten, während sie tanzt mit dem Wind und diesem Blitz, der Strike oder so heißt, den Griebe irgendwo aufgetrieben hatte. Wir haben uns kein festes Konzept vorgenommen, sondern die Art und Weise, wie Szenen gedreht sind, haben wir immer aus der Geschichte geholt. Wir haben gesagt: das ist eine Schlägerei, da gehen wir rein mit der Handkamera; das ist eine fast traumhafte Szene, wie Telsa tanzt, da fliegen wir um sie herum; das ist die Szene Telsa und Floyd im Fahrstuhl, der können wir einfach nur beiwohnen. Oder auch die letzte Einstellung des Films. Wir fangen ganz sanft an über den Gesichtern der Schlafenden, mit einem Mal erkennen wir, daß Floyd schon neben dem Auto steht, und dann heben wir nur noch ab. Das muß dann eben auch mal sein.

Was habe ich bei dem Film getan?

Das einzige, was ein Regisseur tut, ist reden. Er redet mit allen, permanent, und muß zuhören, was meistens noch entscheidender ist. Alles, was man sieht im Bild: die Ausstattung, das Motiv, die Kamera, die Schauspieler – ist die Arbeit von anderen Leuten. Im Endeffekt ist der Regisseur der einzige am Set, der dauernd nichts tut, außer zuzugucken, zu reden und zuzuhören. Und das möglichst genau und möglichst konzentriert. Manchmal kam ich mir vor wie ein Kind mit einer riesigen tollen Lego-Kiste, alle bauen Lego in seinem Spielzimmer, nur er nicht. Er kann nur rumlaufen und zugucken und Vorschläge machen. Das sollten dann möglichst gute sein, wer läßt sich schon gerne beim Legospielen stören.

2,5 Millionen ist für einen Kinofilm nicht viel. Dafür, daß wir ihn auf diesem Niveau visuell und produktionstechnisch hingekriegt haben – da müssen schon viele glückliche geplante Umstände zusammenkommen. Wir haben uns wahnsinnig gut vorbereitet, X-Filme hatte in den jeweiligen Positionen die richtigen Leute am Start; gleichzeitig waren wir alle immer gewillt und in der Lage, zu improvisieren, das erstreckte sich über das ganze Team.

Als wir die Elvisse gedreht haben, wir mußten innerhalb von drei Nächten so viel durchhauen, da mußten wir einfach mit Second Unit arbeiten. Wir hatten keinen Second-Unit-Regisseur. Da war Tom Tykwer da. Das war große Klasse, das hat sehr viel Spaß gemacht. Das liebe ich an ihm, daß er auf eine uneitle Art und Weise sein Wissen und seine Kraft und seinen Enthusiasmus mit mir geteilt hat. Wir hatten am Set überhaupt keine Ego-Probleme. Die entscheidende Arbeit von Tom war die intensive Arbeit im Vorfeld. Wir haben sehr intensiv am Drehbuch gearbeitet. Er hat immer gelesen und gesagt, das reicht noch nicht. Noch mal. Ganz klar: ohne Tom Tykwer und ohne X-Filme wäre «Absolute Giganten» sehr viel deutlicher ein ‹Debüt-Film› geworden.

Heldensommer am Baggersee

Davor habe ich zwei sehr, sehr kleine Kurzfilme gemacht. Der erste kostete so 12 000 Mark, den habe ich selber produziert, wobei ich überhaupt keine Ahnung hatte, was das heißt – in meinem Fall nur, daß ich das Geld dafür hergegeben habe. Beim zweiten hatte ich nach dem Tod meiner Oma ungefähr 10 000 Mark geerbt, den Rest mußten Schauspieler und Kameramann beisteuern, so daß wir im Endeffekt auf etwa 20 000 Mark kamen. Der erste ist immer noch nicht richtig fertig. Es gibt ihn auf Video, er ist noch nirgendwo gelaufen. Wir hatten noch nicht einmal eine Premiere. Der zweite ist fertig geworden: «Heldensommer», 15 Minuten. Einer gewinnt eine Reise für zwei Personen in die

Karibik. In dem Moment muß er feststellen, daß ihn keiner mag: Niemand will mit ihm dahin fahren. Er rennt einen Tag lang in München rum, im Sommer, und versucht, eine Topfrau aufzutreiben. Als das nicht klappt, versucht er, wenigstens einen guten Kumpel zu finden. Aber alle mögen ihn nicht oder sind irgendwie komisch. Am Ende fährt er mit all denen, die er an diesem Tag getroffen hat, an den Baggersee. «Heldensommer» lief auf dem Augsburger Kurzfilmwochenende und hat da, glaube ich, Platz 22 gemacht.

«Wunderhell», der erste Film, sehr subjektiv und sehr verschlüsselt, ist ein großer, romantischer Entwurf. Eine Liebesgeschichte in zwölf gefilmten Fotos: eine Frau, die frühmorgens in der Stadt wartet, ein Mann, der frühmorgens durch die Stadt läuft, sie abholt; zusammen verlassen sie mit dem Auto die Stadt und fahren aufs Land und legen sich auf eine Wiese und liegen da und liegen da und liegen da, und es wird Nacht, und es wird wieder Morgen, und sie liegen da noch immer, und mit einemmal merkt man, daß sie tot sind. Den Film hat nie jemand verstanden. Solche – ganz kleinen – Momente gibt es auch in «Absolute Giganten», etwa wenn die Jungs mitten im Film aus dem Nichts heraus anfangen, zu T-Rex zu tanzen. In einem Film, der aus einer realistischen Ecke kommt, eine recht merkwürdige Szene – aber daran hat schon immer mein Herz gehangen.

«Absolute Giganten» ist für mich ein Popsong, der es nicht nötig hat, mit dem Garagensound daherzukommen und dem man trotzdem seine Independent-Herkunft noch anhört. Weder reiner Kommerz noch verschlossener Underground, sondern das wilde Herz, gepaart mit professionellem Können. Das war der Traum.

Michael Farin über Jörg Buttgereit

Ein deutscher Romantiker

Morituri te salutant.
Gladiatorengruß

Es war eines Nachts, Mitte August, ich kehrte heim, aß etwas. Die Fernbedienung lag auf dem Tisch. Ich zappte, landete bei VOX, sah das Lachen von Jörg Buttgereit und dachte Kluge. Tatsächlich, es war wieder einmal eines dieser Kluge-Interviews. Eine Wiederholung von 1997. «Ein subversiver Romantiker im deutschen Horrorfilm: Jörg Buttgereit». Ob gekürzt, kann ich nicht sagen. Und danach noch eine sogenannte Trash-Nacht. Mit Filmen von Schlingensief und Buttgereit.

Gleich zu Anfang: «Mein Papi». Ein Film, den ich besonders mag, sehr. Was sieht man: Berlin in der Dämmerung, im Zwielicht. Buttgereits Vater, schlafend, essend, fernsehend. Ihn interessiert nicht, daß er gefilmt wird, es ist ihm egal. Er läuft durchs Bild, streckt die Zunge raus. Blixa Bargeld von den «Einstürzenden Neubauten» habe, erzählt Buttgereit, den Film gemocht, sehr. (Und Kluge wohl auch.) Er habe ihm den Film immer wieder vorführen müssen. Und dann sei etwas Komisches passiert. Er sei Blixa im Supermarkt begegnet, und es sei sehr lustig gewesen, ihn dort zu sehen, mit einem Einkaufskorb.

Das könnte es sein, was den Film auszeichnet. Er macht den Kopf frei. Man guckt einfach anders, wenn man ihn gesehen hat. Von Super 8 auf 35 mm aufgeblasen, zeigte Buttgereit ihn während der Aufführung von «Natural Born Killers» im Freiluftkino Hasenheide als Vorfilm. Mein Vater auf der Leinwand *überlebensgroß*. Und er erzählt weiter, daß sein Verhältnis zu seinem Vater kein gutes gewesen sei, daß er es ihm auf diese Weise heimgezahlt habe, daß dadurch dann alles ein wenig leichter geworden sei ...

Jörg Buttgereit redet immer direkt, wie in seinen Filmen, nicht drumrum. Seine Mutter sei 1989 an Krebs gestorben, seinen Vater habe er am 8. März 1993 gefunden, in seinem Sessel, direkt vor dem Fernseher, neben Kaffee und Keksen. Schlaganfall.

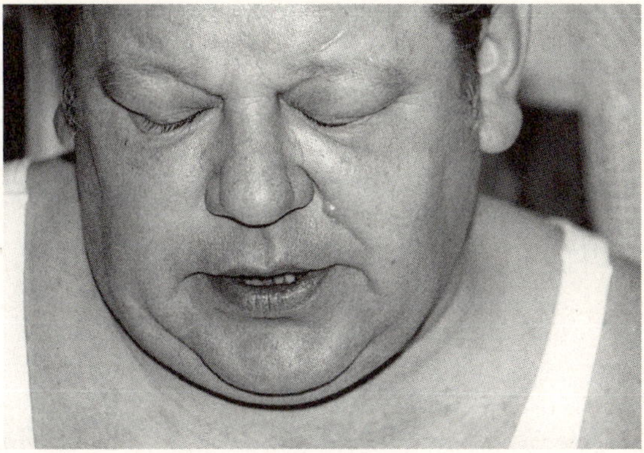

«Mein Papi»

Geboren wurde Buttgereit 1963 in Berlin. Erlernter Beruf: Schauwerbegestalter. Ausgeübter Beruf: Filmvorführer. Autor für diverse Filmpublikationen, Gastdozent an Filmakademien, Jurymitglied bei Filmfestivals etc. Autor des Buches «Monster aus Japan greifen an – Godzilla, Gamera & Co.» (1998). Es gibt auch schon ein Buch über ihn, allerdings nur in UK, von David Kerekes: «Sex Murder Art – The Films of Jörg Buttgereit» (1994/Neuauflage 1998). Mit Fotos und Texten und Filmographie.

«Interview with Frankenstein» (1977) ist der Titel seines ersten Films. Buttgereit hatte seine erste Super-8-Kamera zur Konfirmation bekommen. Drei Minuten dauert der Streifen. Zwei Minuten dauert «Der explodierende Turnschuh» (1980), zehn der Film «Manne – Der Muwi» (1981) mit Dirk Felsenheimer, besser bekannt als Bela B von den «Ärzten». Apropos Musik: Die ist in seinen Filmen, trotz zum Teil sauschlechter akustischer Qualität, immer etwas Besonderes. Ein Ohrwurm geradezu ist die von «Captain Berlin – Retter der Welt» (1982).

Buttgereit parodiert in seinen ersten Filmen auf Teufel komm raus. B-Picture-Mix, Filmzitate, ironisch, kreuz und quer, alles geht. Der Episodenfilm «JB's Horror

Heaven» (1984) ist ein gutes Beispiel für seine Art zu sampeln, zu verschneiden: «Die Mumie» heißt die erste Episode, «Frankenstein» die nächste, dann «Die Rückkehr der Mumie», «Captain Berlin», «Gazorra» und «Cannibal Girl». Noch zwei Titel aus der Vielzahl: «Blutige Exzesse im Führerbunker» (1982) und «Hot Love» (1985). In «Exzesse» haben Hitler und Eva Braun überlebt und streben wieder nach der Macht. «Hot Love» ist die Geschichte einer betrogenen Liebe, aus der Haß entsteht. Daktari verfolgt seine einstige Liebe Marion, schlägt sie bewußtlos, vergewaltigt sie, kehrt nach Hause zurück und tötet sich. Neun Monate später gebiert Marion ein Kind, einen Mutanten, eine Reinkarnation ihrer einstigen Liebe. Dieser Daktari-Mutant tötet dann das glückliche Paar.

Während des Drehs von «Hot Love» kommen sich Jörg Buttgereit und Franz Rodenkirchen näher. Eine intensive Zusammenarbeit beginnt. Mit JB schreibt Rodenkirchen die Drehbücher zu «Nekromantik» (1987), «Der Todesking» (1989), «Nekromantik 2 – Die Rückkehr der liebenden Toten» (1991) und «Schramm» (1993), ist Regieassistent, übernimmt kleinere Rollen und überhaupt ...

«Nekromantik»: Robert Schmadtke (Daktari Lorenz) arbeitet für Joes Säuberungsfirma. Die entsorgt Leichen, allerorten, Autounfälle, Mordopfer. Ab und zu läßt Rob dann Leichenteile mitgehen. Augen, Innereien ... Seine ganze Wohnung ist voll davon. Sie schwimmen in Formaldehyd oder liegen auch nur einfach rum. Seine Freundin Betty (Beatrice M.) ist davon ganz angetan. Sie nimmt die blutigen Organe mit ins Bad, badet, preßt sie, streichelt sie, drückt das Blut heraus und ist erregt. Rob sieht währenddessen TV, einen Vortrag über Schocktherapie, erinnert sich, wie sein Lieblingskaninchen von seinem Vater vor seinen Augen geschlachtet wurde. Dieser betäubt es, schneidet ihm den Hals durch, läßt es ausbluten, häutet es, entnimmt die Gedärme ...

Das ist nicht alles. Schon bald bringt Rob einen arg verwesten Leichnam mit nach Haus. Gierig stürzt sich das Pärchen auf ihn, entkleidet ihn, treibt nekrophile Liebesspiele mit ihm. Dann überstürzen sich die Ereignisse. Rob wird gefeuert, Betty verläßt ihn und nimmt den Leichnam mit. Er tötet aus Wut ihre Katze, schaut sich in einem Kino einen sadistischen Film an, fährt mit einer Prostituierten zum Friedhof, wird von dieser ausgelacht, tötet sie, mißbraucht sie, schläft ein, tötet den Friedhofsgärtner, als dieser ihn morgens aufweckt, geht nach Hause zurück, greift sich ein Messer, sein Selbstmordakt setzt ein, der Tod seines Kaninchens annulliert sich in seinen Gedanken, die Gedärme fließen zurück in den Körper, das Fell legt sich herum, das Blut fließt zurück, es lebt. Rob greift nach einem Messer, sticht es sich in den Bauch, mehrmals, ejakuliert, während er stirbt, wird begraben. An sein Grab tritt eine Frau, sie hat einen Spaten dabei.

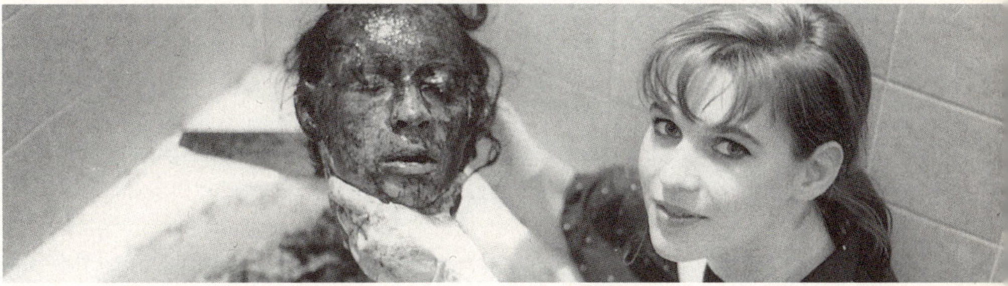

«Nekromantik 2»

«Nekromantik 2 – Die Rückkehr der liebenden Toten» setzt genau da ein. Eine Frau mit langen roten Fingernägeln holt sich den toten Rob in die Wohnung. Und es geht wieder los. Sie liebkost den schleimigen Leichnam ... Zwischenzeitlich lernt sie Mark kennen, einen Synchronsprecher für Porno-Filme. Sie kommen sich näher. Mark aber ist von ihrem Verhalten mehr als irritiert. Er darf sich beim Sex nicht bewegen. Sie lädt Freundinnen zu sich ein, um sich mit ihnen Filme über das Sezieren von Seehunden anzusehen. Außerdem entdeckt er den von ihr im Kühlschrank aufbewahrten Penis von Rob. Auch dessen Kopf hat sie noch. Um es abzukürzen: Sie tötet Mark während des Geschlechtsakts, indem sie ihm den Hals durchtrennt, erhält dessen Erektion durch Abklemmen, ersetzt den Kopf Marks durch den Robs und kommt zum Höhepunkt. Der Film wurde beschlagnahmt, der Vorführer des «Werkstattkinos» in München, der diesen Film vorgeführt hatte, wurde angezeigt. Das jedoch ist eine andere Geschichte.

«Der Todesking», sagt das kleine Mädchen am Schluß des Films, «kann machen, daß die Menschen nicht mehr leben wollen.» Der Film führt uns das vor. Sieben Tage die Woche. Montag: Eine Überdosis Pillen und in die Badewanne. Dienstag: Ein Mann sieht einen Nazi-Exploitationfilm, wird von seiner Frau gestört, schießt ihr das Hirn weg, nimmt einen Rahmen von einem Bild an der Wand und «rahmt» das an die Wand gespritzte Blut und Hirn. Später sieht man seine Füße in der Luft baumeln und einen umgestürzten Stuhl. Mittwoch: Eine Unterhaltung auf einer Parkbank. Ein Mann beschwert sich über seine ewig aus der Vagina blutende Frau. Die Zuhörerin will ihn erschießen, hat aber die Pistole nicht entsichert. Er nimmt sie ihr weg und schießt sich selbst in den Mund. Donnerstag: Eine Brücke – und die Namen derer, die von der Brücke in den Tod sprangen. Freitag: Die Brüderschaft des Siebten Tags empfiehlt Selbstmord aus Freude daran. Samstag: Sie trägt eine Kamera und eine Pistole. Wenn sie schießt, filmt sie, wen sie trifft: «Der Amokläufer ist der Märtyrer der Postmoderne.» Sonntag: Ein

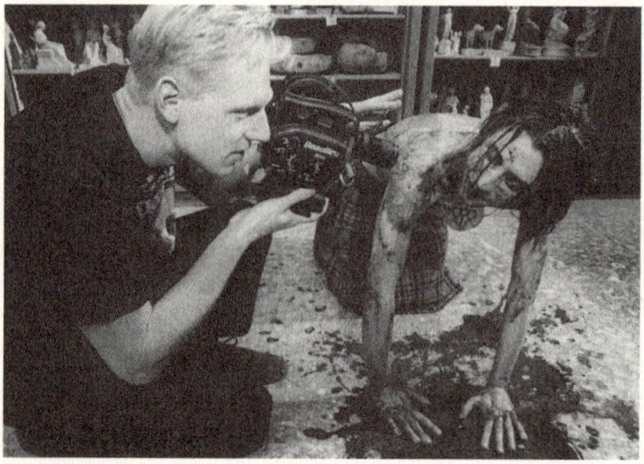

Jörg Buttgereit bei der Arbeit: «For Dance or Die»

Mann zerschlägt sich den Kopf an der Wand. Zwischendrin verfault eine Leiche, im Zeitraffer.

Florian Koerner von Gustorf ist «Schramm»: «Today I'm dirty but tomorrow I'll be just dirt» ist das Motto des Films. «Schramm», der Lippenstift-Mörder, lebt in einer Traumwelt, einmal fehlt sein Bein, einmal ist er beim Zahnarzt, der schneidet ihm ein Auge heraus, einmal erinnert er sich, daß er träumte, wie er nichts, gar nichts mehr zwischen den Beinen hatte. Seine Nachbarin, eine Prostituierte, die er auf ihre Bitte hin zu Freiern begleitet, wird von ihm betäubt. Einmal nagelt er seinen Schwanz an die Tischplatte. Er tötet Zeugen Jehovas. Das Blut spritzt an die Wand. Er streicht sie mit weißer Farbe. Er stürzt, der Farbeimer kippt um. Aus seiner Nase rinnt Blut. Seine Nachbarin, die Prostituierte, findet sich, umgeben von alten, lüsternen Männern, auf einen Stuhl gebunden in Nazi-Klamotten wieder.

Blutiges Fleisch klebt, Verstümmelungen machen angst, Verwesung setzt Gase frei und Jörg Buttgereit die Zuschauer all diesem aus. Für Alexander Kluge hat er den Film «Die gläsernen Sarkophage» (1997) gedreht, einen Dokumentarfilm über das Rudolf-Virchow-Museum in Berlin. Beim «Kondom des Grauens» (1996) hat er als Special Effects Supervisor mitgearbeitet. Er hat unter anderem für «Mutter» und «Die Krupps» Musik-Clips gemacht. Dennoch ist noch kein deutscher Fernsehredakteur auf die Idee gekommen, ihm einen Auftrag zu geben. Es waren die Macher von LEXX, die ihn 1998 für eine Episode engagierten. Das ist schade. Mich würde es interessieren, was er mit einem auch nur einigermaßen vernünftigen Budget anfangen würde. Denn die Zeiten der Low-low-low-Budget-Tage sind gezählt, seine Filme allerdings gibt es in aller Welt, auf Kassette und auch als DVD.

Kanak Attack
Regie:
Lars Becker
Buch:
Lars Becker,
Bernhard Wutka,
Feridun Zaimoglu
Mit
Luke Piyes,
David Scheller
Kamera:
Hannes Hubach
Produktion:
Indigo Film/
Becker & Häberle

Gangsta in Kiel

Günter Senkel über die Dreharbeiten zu «Kanak Attack»

Becker's- Sports-Bar in Kiel. Auf einer Casting-Party lernen sich Luke Piyes und Ertan Ongun kennen und sind auf Anhieb begeistert voneinander. Der echte und der wahre Ertan, denn Luke Piyes spielt Ertan Ongun. Szenenwechsel. Wenig später und nur 200 Meter weiter in einem Puff zeigt Ertan Luke, Regisseur Lars Becker und Kameramann Hannes Hubach ein Bild an der Wand im Flur. Dahinter sind noch heute die Einschußlöcher in der Wand zu sehen, die er dort hinterlassen hat bei einer Auseinandersetzung, die nun auf Zelluloid gebannt wird. Noch ein Szenenwechsel. Nach Ende der Casting-Party sitzt der Buchautor Zaimoglu mit Mitarbeitern des Casting-Teams in der Bergstraße, dem Originalschauplatz vieler Szenen aus Buch und Film. Während die Casting-Leute die Authentizität der im Buch geschilderten Gewaltausbrüche bezweifeln, bricht vor dem Fenster eine heftige Auseinandersetzung zwischen Mitgliedern mehrerer Gangs los. Die brutale Massenschlägerei beseitigt die Zweifel der Besucher, allerdings auch die Chancen der Bergstraße als Drehort. Das Risiko für die Dreharbeiten erscheint unkalkulierbar. Gewöhnliche Vorarbeiten zu einem ungewöhnlichen Film – «Kanak Attack».

David Scheller als Kemal

Luke Piyes
als Ertan Ongun

Dem Film zugrunde liegen Erlebnisse des Kieler Ex-Junkies und Ex-Ganoven Ertan Ongun, die der Schriftsteller Feridun Zaimoglu in seinem Buch «Abschaum» erzählt. Der Titel des Buches ist durchaus Programm. Ungeschminkt und mit zum Teil erschreckender Härte schildert der Autor in 35 kurzen Stories schlaglichtartig Szenen aus der kriminellen Karriere von Ongun. Berichte von Übeltaten, Raubüberfällen und Messerstechereien wechseln sich ab mit Slapstickepisoden, Lebensphilosophien und Drogenexzessen. Glorifiziert wird nichts. Der Tod ist allgegenwärtig, zumeist in Form einer Überdosis, aber auch als Konsequenz aus den Abhängigkeits- und Gewaltverhältnissen in Ertans Umfeld.

Das Buch ist sicherlich kein leichter Stoff. Bei der Lektüre der einzelnen Stories fühlt man sich nicht nur sprachlich an die ersten Veröffentlichungen von Charles Bukowski erinnert, nur daß hier nicht der «amerikanische Alptraum» beschrieben wird (wie seinerzeit hämisch auf den Klappentexten vermerkt wurde), sondern eine deutsche Wirklichkeit, die sich so oder so ähnlich mittlerweile in jedem städtischen Milieu findet. Autor Zaimoglu erregte zunächst mit seinem Buchdebüt «Kanak Sprak» Aufsehen, in dem er in 24 Statements türkischstämmige Außenseiter vom Rande der Gesellschaft zu Wort kommen ließ und ein Lebensbild der zweiten und dritten Immigrantengeneration zeichnete. Durch die Veröffentlichung bekam er Kontakt zu Ertan Ongun, der gerade eine Haftunterbrechung zum Zweck einer Drogentherapie bekommen hatte. «Abschaum» entstand aus einer Vielzahl von Gesprächen, die der Autor im Laufe mehrerer Monate mit Ertan geführt hat.

Der Film umgeht schon hier die erste Hürde. Anstatt sich in dokumentarischer Seriosität zu verlieren, erzählt Lars Becker eine coole Gangsterstory, in der die Emotionen der Beteiligten original, die Ereignisse jedoch zugunsten einer kinogerechten Story bearbeitet sind. So entsteht eine in sich geschlossene, spannende Handlung, während die episodenhafte Erzählweise des Buches im Film erhalten bleibt.

Gedreht wird wenige Wochen später. Unter den aufmerksamen Augen von Ertan Ongun verwandelt sich Luke Piyes in sein jugendliches Vorbild. Dann wird Ertan selbst zum Dreh gebeten. Während sein Alter ego an einem Kneipentisch neue Pläne ausheckt, lungert er selbst als Kneipenbesucher an einem der Nachbartische. Nach Drehende der Szene verschwindet Ertan. Er arbeitet jetzt als Rap-Musiker und Streetworker, muß sich wieder um seine eigenen Projekte kümmern. Ähnlich geht es Buchautor Zaimoglu. Während seiner Besuche am Set ist er von der Presse umlagert, dann rufen ihn seine Termine für Lesungen und Veranstaltungen.

Das Drehbuch schrieb Lars Becker zusammen mit Bernhard Wuttka und Feridun Zaimoglu. Herausgekommen ist ein erstaunliches Dokument der Kompatibilität norddeutschen Humors mit dem schrägen Humor türkischstämmiger Strolche, dessen zum Teil groteske Auswüchse deutsche wie amerikanische Vorbilder verblassen lassen, ohne in die Klamotte abzugleiten. Bei aller zwischenzeitlichen Heiterkeit ist der Film jedoch keine Komödie. Er nutzt deren Stilmittel, wo andere Regisseure bis zur Unerträglichkeit in Betroffenheit schwelgen. Umgesetzt wird das Ganze mit frischen, unverbrauchten Darstellern.

Luke Piyes ist Ertan Ongun, der seinen Weg mit einerseits liebenswerter Trotteligkeit, andererseits heftigen Gewaltausbrüchen und letztlich tödlicher Konsequenz bis zum Ende geht. Begleitet wird er von David Scheller als Kemal, seinem Kumpel und Komplizen. Versucht werden die beiden von Nadeshda Brennicke und Oezlem Cetin, die als unreife Prostituierte Sandra und Yonca das Spiel mit dem Feuer suchen – mit katastrophalen Folgen. Als Gegenspieler finden sich Murat Yilmaz und Ercan Durmaz als Zuhälter Attila und Zlatko, denen es stinkt, daß Ertan und Kemal in ihrem Revier wildern.

Tyron Ricketts als Mehdi Jamal

Tyron Ricketts war bereits bekannt als Moderator der Kultsendung «WordCup» beim Musiksender Viva, «Knastkönig» Aladdin avancierte mit der Musikgruppe Loona zum Star und darf Benno Fürmann im Knast verarschen. Buchautor Feridun Zaimoglu taucht als Junkie auf, und im Paradiso-Café lungert der echte Ertan Ongun als Komparse herum, gemeinsam mit den Musikern der Kieler Rap-Band «Da Crime Posse».

«Kanak Attack» bewegt sich schon vom Titel her jenseits der Betroffenheit. Der Begriff, den der Autor Feridun Zaimoglu geprägt hat, beinhaltet die kulturelle Offensive nichtdeutschstämmiger Deutscher, sich durch gleichberechtigte Teilnahme an der hiesigen (Pop-)Kultur ein Stück weit zu emanzipieren und das folkloristische Ghetto zu verlassen. Lars Becker, der durch seinen selbstverständlichen Umgang mit Themen eingewanderter Kultureinflüsse ein Ausnahmeregisseur ist, hat sich den Titel mit Begeisterung zu eigen gemacht.

Angesichts der Mischung aus mitfühlender Verklärung und schärfster Ablehnung, mit denen sich diejenigen konfrontiert sehen, die das Thema Drogenmißbrauch und Kriminalität in der zweiten und dritten Einwanderergeneration aufgreifen, ist der Ansatz revolutionär. Sozialromantik und Betroffenheitsattitüden sucht man ebenso vergeblich wie den erhobenen Zeigefinger oder den elenden Versuch, in der Schlußeinstellung die Konflikte durch die Abreise der Hauptdarsteller in die Türkei einfach abzuschieben, vor dem selbst türkischstämmige Regisseure nicht gefeit sind. Erzählt wird eine Geschichte, in der die Darsteller in jeder Hinsicht Einheimische sind, egal, aus welchem Herkunftsland die Eltern der Akteure stammen.

Eine Nacht im April. Ein eisiger Wind fegt über das Hindenburgufer in Kiel, wo sich der Rest des Teams versammelt hat. Der Wind ist kalt, aber trocken. So muß die Feuerwehr ran und ein Stück der Straße naßspritzen. Laut Drehplan fährt ein Mercedes auf nasser Straße. Die Pausen nutzen die Akteure, um sich bei Kaffee und Tee in den geheizten Wohnmobilen der Produktion aufzuwärmen. Dann ist die Straße endlich naß, und das Team geht in dicker Winterkleidung wieder an die Arbeit. Die Außentemperatur entspricht der Stimmung der Szene, die Stimmung des Teams dem letzten Nachdrehtag, der durch Sponsoren ermöglicht wurde.

Aus einem Gespräch mit Ralph Schwingel

Die Wüste lebt

1989, parallel zum Mauerfall, haben wir Wüste Film gegründet. Damals waren wir, ähnlich wie X-Filme, zwei Autoren-Regisseure und ein herstellender Produzent. In den zehn Jahren haben wir uns erheblich verändert. Lars Becker, einer der Gründungsmitglieder, ist ausgestiegen, und heute sind wir zwei Produzenten, Stefan Schubert und ich.

Diego Wallraff in «Schattenboxer»

In den ersten Jahren haben wir hauptsächlich eigene Filme gemacht, insbesondere die Filme von Lars. Zuerst seinen Dokumentarfilm «Afrika um die Ecke», dann den Spielfilm «Schattenboxer», auf den wir auch heute noch stolz sind. Ich habe den Dokumentarfilm «El Condor No Pasa» gedreht, ansonsten haben wir uns für Projekte offengehalten und mit Kollegen koproduziert, das heißt, wir waren für sie so etwas wie eine beschützende Werkstatt, in der sie möglichst unbedroht durch irgendwelche bösen Produzenten ihre Filme machen konnten. Wir haben sichergestellt, daß sie frei arbeiten konnten. Alles Gute und alles Schlechte haben sie so gemacht, wie sie es wollten; wir haben lediglich daneben gestanden und aufgepaßt, daß niemand ihnen in die Quere kam.

Heute denken wir, der Produzent muß sein Wort beim Herstellungsprozeß, insbesondere bei der Stoffentwicklung mit einlegen, wenn er will, daß der Film hinterher beim Zuschauer und in der Verwertung funktioniert.

Der Autorenfilm schaffte den Produzenten ab. Wie versteht man sich heute als Produzent?

Sehr unterschiedlich. Es gibt kaum einen Beruf, wo ich verschiedenere Typen gesehen habe. Es ist niemand darunter, den ich grundsätzlich für unmöglich erklären würde. Ich kenne Produzenten, die überhaupt keine Drehbücher lesen, ich kenne sogar Produzenten, die keine Filme gucken. Ich weiß nicht, wie sie es machen, aber sie machen es auch teilweise sehr erfolgreich und gut. Ich kenne polyglotte Produzenten, und ich kenne welche, die nur ihren Heimatdialekt sprechen, ich kenne faule und fleißige. Es gibt alle Sorten.

Für mich ist das Wesentliche die Neugier: Ich habe mehr Spaß am Erzähltbekommen als am Selbsterzählen, interessiere mich für Geschichten. Andere Produzenten wissen vor allem, wie Geschäfte und Deals gemacht werden. Manchmal wäre ich froh, ich wüßte das auch so gut, denn in den Verträgen, in einer präzisen Kalkulation steht manchmal die andere Wahrheit über den Film drin. Trotzdem, ich vertraue mehr auf die Geschichten und auf die Leute, mit denen wir arbeiten. Ein Produzent sollte auf jeden Fall Lust haben, mit Leuten umzugehen. Und wenn er ein sehr guter Produzent ist, muß es ihm egal sein, ob es ein Penner oder ein Staatsratsvorsitzender ist.

Muß ein Produzent die Nase im Wind haben?

Das kann schon sein. Produzenten müssen, wie Regisseure auch, im Einvernehmen mit dem Zuschauer stehen. Ja, eigentlich müssen sie wissen, was der Zuschauer in zwei Jahren will, wenn der Film fertig ist. Die Reaktionszeiten der Projekte sind zu langwierig, um das wirklich ständig im Entwicklungsprozeß beherzigen zu können. Den Trend zu bedienen macht für unsere Ökonomie und Verhältnisse überhaupt keinen Sinn. Ich habe gelernt, daß es wichtiger ist, antizyklisch zu denken, das heißt gegen das zu verstoßen, was im Moment alle für wichtig halten. Das muß man, wenn man klein ist, sowieso.

Einen Film pro Jahr kann Wüste produzieren, obwohl wir über zehn Projekte in der Entwicklung haben, davon mindestens drei Projekte in dem Zustand, daß ich denke, eigentlich könnten wir nächste Woche drehen. Ich wäre gerne in einem dauernden Kontakt mit dem Zuschauer, hätte gerne laufend Filme in der Auswertung. Die Amerikaner haben den Vorteil, daß sie ständig über ihren Zuschauer informiert werden, über die Reaktion auf die eigenen Produkte. Ich kann versuchen, es über Filme anderer abzuleiten, aber ich habe nie mehr gelernt als über meine eigenen Erfolge und Niederlagen. Eine andere Sache ist: Wir sind so «klein», daß wir für Großinvestoren vollkommen uninteressant sind.

Ein Produzent bezieht seine Identität aus seiner Filmographie?

Absolut. So betrachten wir auch die Projekte: Sie sind Teil unserer Biographie. Ich kann mir vorstellen, daß ich ein Projekt extrem hochwertig einschätze, aber es trotzdem nicht mache, weil es nicht Teil meiner Biographie werden soll. Erstes Kriterium ist immer, ob ich auf den Stoff und auf die Leute reagiere, ob ich dazu eine Phantasie entwickle und mir vorstellen kann, mit den Leuten drei Jahre lang zusammenzuarbeiten.

Wie ist Fatih Akin zu Wüste gekommen?

Out of the blue. Er hatte «Schattenboxer» gesehen – das ist eben ein wichtiger Teil der Ausstrahlung eines Produzenten, seine Arbeitsbiographie. Die Leute reagieren auf die Filme, die wir gemacht haben, und schätzen uns entsprechend ein. Fatih brachte die allererste Fassung von «Kurz und schmerzlos» mit in der Absicht, Autor und Hauptdarsteller des Films zu sein. Von Regie war damals keine

Rede. Wir haben das Drehbuch gelesen und uns amüsiert, weil die Mädchen im Buch «Miezen» hießen – wir waren ja vom Feminismus geprägt, fanden's trotzdem irgendwie lustig, und es gab ein, zwei Szenen, die ich berührend fand. Es hat sich relativ früh herausgestellt, daß wir uns verstehen, daß der menschliche Teil gut funktioniert. Zugleich wußte ich, das wird eine ganz lange Strecke. Es war von Anfang an klar, ein Türke mußte den Film machen, also hab ich mich umgeguckt, doch niemanden gefunden. Und dann hab ich zu Fatih gesagt, mach's doch selbst – im Gespräch über sein Buch, aber auch über Filme, die ihm gefielen, merkte man, er dachte in Bildern. Gemacht hatte er noch nichts.

Fatih Akin in «Getürkt»

Er kam aus dem Nichts, war 20, 21 Jahre. Das war Ende 1993. Seine Rechtschreibung war unter aller Sau, aber das war vollkommen egal. Der Junge hatte eine irre Ausstrahlung und einen unbeugsamen Willen. Man konnte völlig unbedroht ihm zum dritten Mal sagen, das mußt du umschreiben, und dann ist er nach Hause gegangen und hat's umgeschrieben. Am Anfang auf Kellnerblöcken im Querformat, paßten immer drei Zeilen drauf, dann mußte man umblättern.

Als Vorübung zwei Kurzfilme

«Sensin – Du bist es» haben wir aus eigenen Mitteln finanziert. Damals gab es in Hamburg ein Interregnum zwischen Filmbüro und Film-Förderung, das Vergabegremium tagte in der Zeit nicht, und ich hab dann gesagt, scheiß der Hund drauf, wir müssen vom Fleck kommen. Das war 1995, das heißt zwei Jahre nachdem wir uns kennengelernt hatten. Wir mußten als Wüste Film mal kurz 30000 Mark aus der Portokasse nehmen, das war mir aber egal. Denn ich fand die Geschichte wunderbar. Fatih hat sie mir von A bis Z vorgespielt, ich hab sofort auch ohne Buch gesagt, das machen wir, und gehofft, es wird schon irgendwie weitergehen. Und so ist es dann auch gewesen. Der zweite Kurzfilm «Getürkt» ist zum großen Teil von Hamburg finanziert worden.

Wie kam «Kurz und schmerzlos» zu einem Major-Verleih?

Der Film hat knapp über eine Million gekostet, im Grunde ein lächerlicher Tarif für einen Film, den wir in allen Phasen, vom Format Super 16 abgesehen, immer behandelt haben wie einen Kinofilm. Wir haben gigantische Vorbereitungen gemacht, eine intensive Stoffentwicklung, und wir haben «Kurz und schmerzlos» auch im Schnitt und in der Musik immer als Kinofilm gesehen. In Wahrheit war es ein kleines Fernsehspiel fürs ZDF, aber wir haben ihn immer behandelt wie einen Kinofilm.

Mehmet Kurtulus in «Kurz und schmerzlos»

Als wir den Film fertig hatten, haben wir weiterhin so getan, als wär's ein Kinofilm. Wir haben ihn ein paar Verleihern gezeigt; Polygram waren die ersten, die ein Angebot gemacht haben und die sich für den Film stark machen wollten. Die Art und Weise, wie sie den Film sahen, hat uns gepaßt. Das war für uns entscheidend. Ich war hinterher mit dem Marketing nicht immer einverstanden, aber der Blick auf den Film, den hab ich sehr gemocht. Und auch diese Nonchalance, mit der die Polygram gesagt hat, vielleicht ist es kein großer Film, aber dadurch, daß wir das jetzt machen, wird es ein großer Film. Gestartet wurde er mit 70 Kopien.

Nach der Presse im Vorfeld, vor dem Kinostart hatten wir mit sehr guten Zahlen gerechnet. Wenn man auf «Viva» den ganzen Tag vollgedudelt wird, Presseorgane – «Bild», «Playboy» usw. – erreicht, die vorher für uns vollkommen unzugänglich waren, dann wird man schon nervös und denkt, das könnte mal was werden.

Und dann werden's doch nur 80 000 Zuschauer ...

Hat doch nicht geklappt wie erhofft. Das meinte ich vorhin, als ich sagte, daß man aus Niederlagen lernen muß. Ich habe sehr intensiv darüber nachgedacht: Warum sind die Türken weggeblieben, was fast noch verblüffender war als die Frage, warum die Deutschen weggeblieben sind. Wir haben es nicht geschafft, die engste Zielgruppe zu überschreiten – die engste Zielgruppe war die Schnittmenge aus Arthouse-Zuschauern und Türken, und die ist sehr klein. In der ersten Zeit haben wir beobachtet, es waren sehr wenig Frauen im Publikum; Frauen, die den Film gesehen haben, fanden ihn allerdings sehr gut. Die Türken sind, glaube ich, nicht reingegangen, weil es ein türkischer Film war. Sie haben einen relativ hohen Assimilationsgrad, zumindest für das Medium Film. Bei Musik ist das etwas anderes, aber beim Kino brauchen sie etwas Verbürgtes, und das kommt in der Regel aus Hollywood. Sie sind in «Godzilla» gegangen und haben unseren Film verschmäht. Das zeigte sich sehr deutlich, zum Beispiel in Berlin: Dort, wo Türken wohnen, Neu-Kölln, Wedding, Kreuzberg, waren die Kinos leer. Im Osten sind wir erfolgreicher gewesen, da wohnt nur keiner. Das ist so auffällig, daß man es konstatieren kann. Und die Deutschen sind nicht reingegangen,

Aleksandar Jovanovič in «Kurz und schmerzlos»

weil sie die Namen auf dem Plakat nicht lesen konnten. Lauter Ausländer, dunkles Plakat, keine Stars, womöglich Ethno – ich bin ziemlich sicher, daß das unsere deutschen Zuschauer zu Fall gebracht hat auf dem Weg zum Kino.

Mehmet Kurtulus und Adam Bousdoukos in «Kurz und schmerzlos»

Der Film läuft noch nicht in der Türkei, aber bald. In Antalya auf dem Festival hat «Kurz und schmerzlos» unglaublich gute Kritiken bekommen, obwohl der Film in einem Punkt nicht der jetzigen Stimmung in der Türkei entspricht, das ist die Schlußszene: Von einem Deutschländer, wie sie ihn nennen, wollen die Türken nicht die Botschaft kriegen, sie sollen beten ... Ansonsten ist der Film unheimlich gut aufgenommen worden in Antalya und hat daraufhin einen Verleih gefunden. Das wird sehr spannend.

Jetzt dreht Fatih Akin «Im Juli», ein Roadmovie mit einem Budget von 5,5 Millionen.

Ja, das war auch so vorgesehen. Sehr früh haben wir darüber gesprochen, daß wir natürlich ein Projekt «danach» brauchen. Wir wollten nicht nach «Kurz und schmerzlos» ohne neues Projekt dastehen. Witzigerweise hatte Fatih die erste Idee zu «Im Juli» schon in der Schublade, als er damals zu uns gekommen ist. Aber er hatte sich gedacht, «Kurz und schmerzlos» ist einfach der billigere Film – wenn er dagegen mit einem teuren Film kommt, dann würden wir ihn gleich rausschmeißen. So wär's ja vielleicht auch gewesen. Wir haben vor zwei Jahren angefangen, den Film zu entwickeln mit dem Ziel, ein fertiges Drehbuch zu haben, wenn «Kurz und schmerzlos» rauskommt. Das hat geklappt. Dabei könnte man denken, wir hätten bewußt Konsequenzen aus den schlechten Zuschauerzahlen gezogen: «Im Juli» hat zwei Stars des deutschen Kinos, Moritz Bleibtreu und Christiane Paul, die wir groß aufs Plakat setzen können, der Film ist nicht mehr dunkel, sondern hell, der Film ist nicht tragisch, sondern optimistisch, eine Liebesgeschichte und vielleicht sogar eine Action-Komödie. Im übrigen planen wir ja noch weiter: Es gibt schon ein neues Drehbuch in der ersten Fassung, «Keb It Up», das wieder ganz im türkischen Milieu spielt.

Projekte, Projekte, Projekte

«Annam, meine Mutter» von Buket Alakus, einer türkischen Kollegin von Fatih, die im Aufbaustudium Film studiert hat und wegen heftiger Probleme mit Professor Bohm das nicht zu Ende gemacht hat ... ich hab immer gesagt, Ket, egal, wir machen einen neuen Film, und wir machen 'n guten Film, und danach brauchst du kein Diplom mehr. Wir arbeiten mit Angelina Maccaroni an ihrem ersten Kinofilm, wir arbeiten mit Ruth Toma, einer großartigen Autorin, auch hier aus der Gegend. Mit ihr haben wir im Moment zwei Projekte, ein Fernsehspiel, «Life is hardly», und den Kinofilm «Solino». Die falsche Lockline heißt «Die Geschichte der ersten Pizzeria im Ruhrgebiet», die richtige Lockline würde lauten: «Die Geschichte zweier Brüder, die sehr verschiedene und konkurrierende Träume träumen». Sehr schönes Buch, zu Recht schon mit einen Preis ausgezeichnet. Ein anderer Autor, den wir ähnlich aufbauen wie Fatih, ist Thorsten Wettcke: Mit ihm haben wir einen Kurzfilm gemacht, er ist auf unser Interesse hin von Süddeutschland nach Hamburg gezogen, wohnt auch um die Ecke inzwischen. Etkins Projekt ist letztes Jahr um ein Haar gescheitert; jetzt nimmt es gerade wieder Fahrt auf, und wir machen's als «Jonathan 2001» – statt der Hochpreisvariante nun Low budget, was mir aber ganz recht ist, weil es zum Stoff paßt, der hat auch was sehr Trashiges, durchaus Verwandtschaft zu «Dark Star», einen Film, den ich sehr liebe.

Dann gibt es «Fischköppe», eine norddeutsche Komödie, Regie Peter Welz. Wir haben ein Projekt mit Ute Wieland, einer Münchner Regisseurin, Arbeitstitel «Die Brücke». Da geht es um zwei Selbstmörder, die sich zufällig dieselbe Brücke aussuchen und anfangen, sich zu unterhalten, besser gesagt zu streiten. Jeder findet die Gründe des anderen ziemlich lächerlich. Sie streiten sich so heftig, daß sie sich beinah aus Versehen von der Brükke runterstoßen. Und dann kommt eine Fee und sagt, also Leute, das nervt mich jetzt, wenn ihr so schlau seid, dann machen wir jetzt folgendes: Ihr tauscht, du löst ein Jahr seine Probleme, und er löst ein Jahr deine Probleme. Und nach einem Jahr treffen wir uns wieder und machen, wenn ihr wollt, die Sache rückgängig. Dann gibt's natürlich eine Liebesgeschichte – eine romantische Komödie, eng verwandt mit «It's a wonderful life» von Frank Capra.

Es ist so allerlei in der Entwicklung, zum Beispiel ein Projekt, das heißt «In the spirit of crazy horse», geschrieben von Sa El Shunk Manitu, einem inzwischen auch hier im Viertel lebenden Indianer. Es ist die Geschichte von fünf Indianern, die sich im Jahr 1992 ein Schiff schnappen, um den 400-Jahr-Feiern zur Entdekkung Amerikas zu entgegnen, am spanischen Strand landen und dort den Speer in den Boden stecken – to claim the land, wie es im Buch heißt.

Was macht ein Indianer in Hamburg-Altona?

Andy Bausch, dessen Film «Back in Trouble» wir koproduziert haben, rief mich an, weil der Indianer damals in Luxemburg gestrandet war, weiß der Teufel, wieso. Der Mann ist über 60, hat eine Vergangenheit in Prag und in Budapest, und jetzt lebt er hier um die Ecke, ist auch mindestens zweimal die Woche im Büro. Andy rief mich an und sagte, hast du Interesse an einem amerikanischen Film? Und ich sagte, Andy, was soll ich mit 'nem amerikanischen Film. Und er sagte: Ich hab hier so 'n Indianer getroffen, er hat auch in meinem letzten Film mitgespielt, der hat zehn Drehbuchseiten geschrieben, vor denen lieg ich auf den Knien. Dann hab ich gesagt: Stopf sie doch mal in ein Fax und schick sie hierher. Ich hab das Zeug gelesen und hab echt gedacht, mich trifft der Schlag. Das war so ziemlich das Beste, was ich je gelesen hatte. Man liest das und denkt, das ist pures Gold. Das ist wunderbar. Und dann hab ich gesagt, ja okay, den möcht ich doch mal kennenlernen. So ging das los. Ich hab mich dann ganz schnell – weil Indianer furchtbar stolz sind, so wie sie im Buche stehen – innerhalb von vier Wochen mit dem Kerl überworfen, rettungslos. Stefan Schubert hat mit ihm weitergearbeitet, und die beiden können sehr gut miteinander. Die erste Fassung war hanebüchen, schockierend schlecht, und es hat wieder Monate gedauert, der Indianer ist mit besorgter Miene auf und ab gegangen und hat eine zweite Fassung geschrieben. Es ist wirklich überragend, ein tolles Buch. Der Film soll nicht unter 20 Millionen Dollar kosten. Aber ich bin mir sicher, das wird sich eines Tages machen lassen. Eines nicht allzu fernen Tages. Es ist auch ein wichtiger Punkt, daß man ein bißchen träumt und spinnt.

Gandi Mukli und
Erdal Yildiz in
«Lola + Bilidikid»

KanakSüperStar

Feridun Zaimoglu über «Kurz und schmerzlos», «Aprilkinder» und «Lola + Bilidikid»

Immer wieder hört man einen krausköppigen Ganeff mitten aus einem besonnen hingezwirbelten Handlungsstrang heraus seine Weltkennzeichnung skizzieren:

«Das Ding is', Alter, isch habn Ding laufen ...!» Im Räuber-Rotwelsch sprechen die Eingeweihten auch schon mal von «Zamma Zinga», dem supercleveren Abzock, womit sich meinethalben ein armes Schwein von Drogenkurier in der höheren Cosa-Nostra-Etage ins Gespräch bringt. Er hat zwar null Referenz und viele Makel, einen befleckten Zwirn, daß der Hosenbund des viel zu weiten Stoffes töricht sackt. Er sieht zwar aus wie der Penner, der zermatschte Schnapspralinen aus der Mülltonne klaubt. Aber der Junge hat Zukunft, schon jetzt läuft er im Gewirr der Kamelgassen mit einem Vollstreckungsgefühl herum. Was früher eine unbedingt politisch inspirierte Erhebung geheißen, ist heute der BöseBubenWille, bald, sehr bald dem maßgeblichen Distriktpersonal anzugehören. Einstürzende Sozialsysteme gebären Knarrenstrizzis. Und irgendwo in einer finsteren Falafelpinte sitzt der PATRON, der Brotherr, der recht brutal Schafsinnerei frißt und scharf Luft zwischen die Goldzähne einzieht. Und irgendwann wird der hypermotorische Kandidat ins Gelaß bestellt, hier darf er sich vom Boß, vom Chef, vom Strippenzieher eine Volksansprache über die Gesetze der Führung anhören: «Es gibt, mein Junge, eine Frist zum Lieben und eine Frist zum Geschäftemachen ... Bis du soweit bist, daß sie dir den Hosensaum küssen, mußt du ... Ich mag Heißblütige,

Messerstecher auf MültiKültiKurs

die sich über ihre Zukunft Gedanken machen ...» Und so weiter. Die Storyline ist schnell geschrieben. Die Liebe ist eine Lumpenlüge, auf die sich greisende Ministerialdirigenten berufen oder von Kif angeknallte Knäbchen. Ali oder Costa oder Bobby leben von gepumpten Beständen und wollen in die direkte Feuerzone. Sie lassen sich auf krumme Deals ein, die ihnen die Luft aus den Lungen pressen. Am Ende, also kurz vor dem Abspann, sieht man Jungmänner aus mindestens zwei Schußwunden bluten und den Sieg des Gebetsteppichs über street-realness besiegeln. Fazit und Moral: Laßt die deutschen Buben doch ihre fuckin' Salmiaklollis lutschen, wir Kanaken sind härter!

MültıKültiKrimi goes Salon. Wie geschieht aber einem Poplinken im Angesicht derart umtriebiger Fremdstamm-Fuzzis, die – so scheint es – all den Diskursen und Hybriditätstheorien zum Hohn dann doch Kulturkreispotentiale freilegen? Der Penis hält sich an keine Sozialmoral, pflegt ein Bruderfreund und Taxifahrer zu sagen. Das unfeine Gebalge der Völkerscharen in den Rotlichtdisziplinen spricht Bände und frißt jede postmoderne Argumentationsleiste auf. Und wie gern will man all den tieftraurigen deutschen Zuhältern die tröstende Hand reichen, ihre hochgefönten Nackenspoiler streicheln, die verzinkte Karosserie ihrer tiefergelegten Kaleschen bewundern. Es herrschte früher Fickzucht und Ficksitte im Bunker, aber dann kamen die Bimbos, und nun sitz ich hier wie 'n alter Knacker im Seniorenstift! Der Poplinke wird an dieser Stelle vermerken, daß Ganoven ihre Mikrokosmen eben nicht aussuchen können, wenn in den vielen Ausscheidungsscharmützeln unter anderem auch Mensch und abgerichteter Pitbullterrier zerrieben werden. Ob überhitzte Finanzmärkte oder knallwütige Blutjunker: derselbe kriegerische Akt. Auch mit dem Verweis, in diesen neuen Thrillern handelten eher Subjekte und zeigten ihre verblüffenden Halbweltfertigkeiten, gerät man nicht unbedingt in den

Verdacht, mit plumper Gefühligkeit zu rezipieren. Doch «das Ding» ist noch lange nicht in trockenen Tüchern. Kleiner Mann – großer Traum – toter Mann –, das taugt zwar für ein paar schmucke Streifen, als Dauersalve könnte es jedoch schon bald den Grad der mega-outness erreichen. Und noch eins: Die Frauen haben wirklich etwas Besseres zu tun, als sprechfaule Türkenliebchen zu spielen und den Kerlen die Wunden zu flicken.

Adam Bousdoukos, Mehmet Kurtulus und Aleksandar Jovanovič

Kurz und schmerzlos

(Hat BABA doch recht, wenn er sagt, die Gosse macht nur Lumpen und aus Türkenbengeln keine KanakSüperstars?)

Erst einmal Respekt, Fatih Akin, Bruder, und Allahs Segen: mit diesem Herzensgruß auf den Lippen betraten unsere AnatolBabas die Teestube und lehrten uns, ihre altmodischen Söhne, wenigstens diese Traditionslinie zu halten. Auch wenn wir sonst Schweinefleisch essen und auf schöne deutsche Frauen schielen. Mein Vater sprach vom «AlmanyaBuckel», den er sich in den drei Dekaden seines Deutschlandaufenthaltes angeschuftet habe. «Der Verfall ist dein Freßfeind», sagte er, «der Fluch des fremden Bodens trifft bis zum siebten Glied!» Auch wenn manch ein Karpfenlippiger von der Politschickeria kesse Codes und Chiffren bemüht, unserer Alten Testament ist unser Fleisch und Gehalt. Daß dein Lebenslicht glänze, rufen wir Kanakster uns zu und hängen Schutztalismane gegen den bösen Blick über die Türrahmen. Aber genug der Sentimente!

In Wirklichkeit beruft sich unsereiner aus fein abgestimmter Distanz auf manche metropolitane Pop-Artikel, auf manchen Legendenzimt; auf slangtaugliche Sprachbrocken und bebilderbare Heimatfarben. Es ist nämlich eine Zeit nach den Alten: die Straße bestimmt und dirigiert – wo bekommt man in Gottes Namen einen Rabatt? In «Kurz und schmerzlos» allerdings hat man es weniger mit den Discount-Frettchen zu tun, den ramponierten Rüpeln und Hehlern, den schwadronierenden Mahmuds mit den klackenden Münzen in der Hosentasche. Hier ist der Freundeskreis eben keine Knochenbrechergang. Gabriel heißt der Türke (Gabriel? Ah ja, ein Kunstgriff!), Bobby der Serbe, Costa der Grieche: schmucke Jungs, deren Schmuckheit nicht eine Sekunde nicht regieanweiserisch daherkommt. Ich bin der letzte, der hier und dort und überall die öde Wirklichkeitsanbindung einfordert. Aber den Akteuren soll man ja nicht nur abnehmen, daß sie aus Hamburg-Altona kommen, sondern auch, daß sie mit den Straßengeläufigkeiten vertraut sind. Es ist schließlich ihr Viertel und das Viertel kein Laufsteg und der Laufsteg nur eine sehr kurze Darbietungsmeile. Insofern liegt Fatih Akin völlig richtig, wenn er feststellt: «Ich will weg von diesem Ghetto-Ding», jedenfalls laufen ihm seine männlichen Darsteller auf und davon. Gabriel wird frisch aus dem Knast entlassen und erklärt bei der erstbesten Gelegenheit, er wolle bitte schön erwachsen werden, als sei er ein mittelständisch geprägtes Crash-Kid und Kriminalität nichts weiter als eine Kinderkrankheit. Bobby hat wohl in seiner Freizeit zuviel Paten-Melodramen gesehen und ist nach langer Feldforschung zu dem Schluß gekommen, daß oft die Tracht den Mann verkündige. Costa bildet die ratlose Mitte, eher kein Mensch der Fundamentalkonflikte, und leidet hauptsächlich daran, von Gabriels Schwester Knall auf Fall

– Los, arbeiten.
– Was?
– Ich hab 'n Job für dich.
– Vielen Dank. Aber ich weiß nicht so genau.
– Ich will jetzt keinen Scheiß hören. Du wolltest einen Job von mir, hier hast du einen.
– Aber doch nicht bei der Post!

verlassen worden zu sein (mein Gott, stell dir das vor, sie ist jetzt mit einem verdammten Alemannen zusammen, mit einem Alemannen!).

Spätestens nach den ersten zehn Minuten, also der Durchschleusung des maßgeblichen Personals durch Fest und Begebenheit, weiß man, das geht schief, da bleibt – wir tippen natürlich auf den Katalog-bekleideten Serben – einer auf der Strecke, der zweite wird – nur das Greco-Stoffelchen kommt dafür in Frage – büßen und bluten müssen. Die Vorhersehbarkeit der Handlung und der Handelnden liegt aber an den ehernen Gesetzen des Genrefilms. Gott verzeiht dem kleinen Sünder, die Mafia knallt ihn ab und läßt ihn zur Beschau und zu besserem Frommen im Revier verwesen. In Subkulturpostillen ist gegen den Albaner in der Rolle der Eroscenter-Narbenfresse eingebracht worden, er schmiere ein Abziehbild durch das Feld der Klischees. Was für ein dummer Einwand! Glaubt man denn tatsächlich, die armen Schweine ohne einen Cent auf der Naht, ohne die dünnste Kapitaldecke, könnten sofort Einzug halten in die höheren Kultursphären? Was bleibt denn soeben eingelaufenen Moguffen anderes übrig, als mit dramatischem Körpereinsatz ihre illegal verbackenen Brötchen zu verdienen? Was für den Albaner recht ist, ist für den Kanakster-Freundeshaufen nur billig. Auch sie sind keineswegs bloß ausgestellte Setzkastenfigurinchen: es gibt sie tatsächlich, die Kanak-Gangster, und sie sind mitten unter uns. Vielleicht sollte man bei seinen Einsprüchen weniger über die offen ausgeteilten Ethno-Signifikanten stolpern als vielmehr der Frage nachgehen, ob man den schmucken Edelmigranten ihre Unterschichts-

Adam Bousdoukos als Costa in «Kurz und schmerzlos»

nummer abkauft. Eher nicht. Sie stehen ab und darüber, geraten seltsam unzugehörig in die Ehrenhändel, beteuern wie unschlüssige Kombattanten, sie wollten nicht ins Unreine oder jetzt erst recht in den florierenden Handel. Bobby stellt Gabriel seine Nochfreundin vor: «Keine Szenebraut, kein blondes Stück Scheiße, sondern die Frau meiner Träume.» Gebongt, Alter, aber muß sie statt dessen eine Schmuck-Kunsthandwerkerin sein? Alles Mittelstand, alles Feinde da draußen!

Erdal Yildiz
und Nisa Yildirim

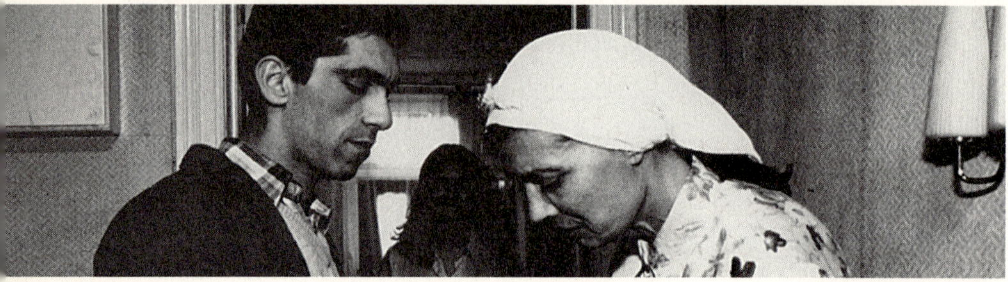

Aprilkinder (Prospekte zerfleddern, Panoramen zerfallen und deine Biographie bricht)

Respekt dir, Yüksel, Bruder, und Gottes Gruß, mit dem wir beginnen wollen laut Vaters harter Sitte. Ein paar Stunden ist es her, daß mich ein Heißblüter im Babeldoytsch anschnurrte, die Kühnheiten der offenen Straße anzumerken: «'s Herz is' keine Quetsche nicht, Mann! Jeder erstarkt auf seine Weise, aber, sie pfänden dir alles an Organ, wo du hast, die Milz, Nieren, Magenbeutel und Hirnhaut. Almanya, schreib das man auf in dir dein Kalender, isn Organpfänder!» Daß die junge dunkle Brut aus dem Orient oder Balkan, herausgenommen aus viel zu kranken Moralkörpern, Einschau hält in die hiesigen Gebäude und daß ihre Befunde kerngenau sind – man weiß es, die Schriftbesitzer haben es vernommen, und der Markt des fremden Bodens hat Geschmack gefunden. Die Bilder sind im Umlauf. Ein starkes Bild unter vielen Clips: Man kann nicht sichergehen, ob die inneren Dämonen Zäunchen bauen. Deshalb wird manch einer, der vom Festlandsockel losgemacht hat, ein paar Glücke zu versuchen im Neuen Land, und im Abortsäubern Kapazität entwickeln mußte, die Schroffheiten nicht unbeantwortet lassen. Der Vater «Fabrikscheiße», der Sohn «Barackenfleisch», die Tochter bis zur Verheiratung ein Mund, den man stopfen muß: ist das die Geschichte der DiasporaMuchelTürks? Es kommt mich hart an, zu entscheiden, ob ich ein Prototyp oder ein bedingt positiv gedeuteter Modellfehler sei, also nehme ich mir das Recht auf das eigene Bild. Nur so wird die Eindeutigkeit ausgelassen und werden die Lebenslaufbrüche mit jener atmosphärischen Dichte aufgeladen, die mein Stoff ist, mein Kern und meine Hülle. Einem Bastard kann man nicht folgen, weil er, suchte er auf der richtigen Ebene den falschen Abzweig, in die Sperren tappt, in die Diaspora-Kulissen, wovor er eine Holzfigur spielen darf, eingeführt in das Kaschemmendrama der Lumpenköppe in organarmen Körpern.

In «Aprilkinder» erfährt Cem die Gegenliebe im Nuttenpavillon: Kim, «eins der besten Pferdchen hier», nimmt ihn mit auf ihr Stundenzimmer, wo Cem sich lang und ausgiebig den Arbeitsgeruch unter der Dusche abreibt. Nein, er ist auf keinen quick fick aus, also erzählt Kim die Geschichte von dem alten Kunden, der sich nach dem Akt auf den Teppich geworfen habe, um sich bei Allah für seine Geilheit zu entschuldigen. Der Kunde wiederum hätte ihr das Geheimnis seiner «Aprilkinder» verraten: da er immer im Juli seinen Jahresurlaub in der Türkei bei seiner Frau verbringt, seien alle Kinder im April geboren. Wunderbar! Wieso, frage ich mich, sind diese Materialdarbietungen unkaputtbarer und spannender als der ganze Streifen? Können die Figuren nicht aus ihrer Haut heraus, oder ist das überlieferte Ereignis, sind die Fabeln eine unumwundenere Bebilderung? Die

Darsteller, belassen in ihrem dann doch Drama-armen Ausschnitt, nehmen sich aus wie sedierte Versuchslarven, die ihre Sprech-Akte herausjappen und doch nicht gegen die gedehnte Zeit, die Spielfilmdauer, ankommen können. Die Kamera erfaßt das Gesicht, und erst nach einer quälend langen Minute – so scheint es – fällt der Figur ihr Text ein: too much reality! Yüksel Yavuz dokumentiert und kostümiert die karge Natur des Zwiespalts, aber die Bilder sakken auf der Stelle in sich zusammen. Zwischen ein perückenblondes Türkenliebchen und die ihm versprochene Kurdencousine gestellt, kann Cem in seiner Entscheidungsunlust höchstens Bewegungsarmut simulieren. Und auch seine Schwester Dilan darf per Regieanweisung den mimischen Frost eines Laien aufsetzen, auch wenn sie immer und immer wieder ihr Make-up auffrischt und auf die tolle PopMannIkone Tarkan setzt. Der Vater als siecher Sofapenner verweist eigentlich nur unpersönlich und ideell auf das tote Haus auf fremdem Boden. Es wäre falsch gewesen, hätte Yüksel Yavuz seine main characters auf höhere Dosis gesetzt. Denn tatsächlich werden die Unebenheiten des Almanya-Geländes unbedingt durch mehr Körper abgefedert, das alte und das neue Fleisch sind sich darin gleich. Die krängende, aus den Lebensmitten gewischte Person als Folie für das gesamte Filmpersonal einzusetzen ist aber kein guter Einfall. Was sich zu Recht gegen die Kulturbruchprosa einwenden läßt, erfaßt auch das Dilemma eines sehr talentierten Regisseurs, der letztendlich nur einen Streifen für das linksalternative Programmkino im Angebot hat: die Aufzeigung der Gespaltenheit mündet in der Doppelung,

Semem Tepe
und Kaan Emre in
«Aprilkinder»

deinen Bruder Osman, er ist jetzt das Oberhaupt und die Krone der Familie!»

Osman, der Älteste, hat nur eins im Sinn: seinen Teil zur Ermannung des Familienkükens beizutragen. Er nimmt Murat mit auf eine Spritztour mit seinem Taxi, hält sich in seiner Anleitung zur schnellen Mannwerdung nicht mit Feinheiten auf – «... über Muschis solltest du was lernen» – und hält schließlich am Straßenrand an, um hier mit einer adäquaten Dirne um den Servicepreis zu feilschen. Murat aber ergreift die Gelegenheit und rennt panisch davon. Und geht auf die Suche nach dem verlorenen schwulen Bruder.

Gandi Mukli und Erdal Yildiz in «Lola + Bilidikid»

Der heißt Lola und schlägt sich mehr schlecht als recht als Mitglied einer OrientGayVarietéCombo durchs Leben. Sein Freund Bili, eine Art schmalzlockiger James Dean, macht aus seiner tiefen Verachtung für die «Schwuchteln» und «parfümierten Trullas» keinen Hehl. Er will sich und seine Figur aus der Halbfertigkeit und den falschen Kabuffs und den Fünfzig-Mark-Blowjobs in die Kleinbürgeridylle im homeland hinüberretten. Das bessere Leben ist für ihn erst einmal eine Maßnahme der Bereinigung: er möchte von Lola, «daß du deinen Schwanz abschneiden läßt und eine Schürze trägst. Wir leben dann wie Mann und Frau zusammen ...». Viel später wird er Murat den Ratschlag geben: «Sei kein Loch! Steck deinen Arsch nicht hin!»

Mit Iskender, einem Kanak-Gay aus dem gar nicht so schrillen und schrägen Schwulengewühl, und seinem älteren Liebhaber, Friedrich von Seeckt, tut sich ein weiterer Erzählstrang und zugleich ein Problem auf. Friedrichs um den guten Ruf des Sohnes und um Contenance ringende Mutter hat den Standesdünkel aus dem Bilderbuch und sieht es natürlich gar nicht so gerne, daß ihr geliebter Sohn von einem dahergelaufenen Rasselevantiner in ein intensives Liebesverhältnis gedrückt wird. Außerdem will Friedrich trotz Bitten und Drängen nicht zu ihr an den Wannsee ziehen. Die adlige Glucke und die schwielenhändige Anatolierin – sie verschmelzen zu einer grenzüberschreitenden Idealtype, die sich als theoretische Figur an die Deutung der Homosexualität durch überprotektive Mütter anlehnt. Das ist eine etwas fragwürdige Konstruktion auf einem Feld, auf dem manch ein Unbefugter von genetischer Fixierung und/oder Veranlagung bramarbasiert. Der zweite Kritikpunkt betrifft die Meute der Schwulenhasser, ein debiles Trio, das es sich auf die Fahnen geschrieben hat, nächtens auf Klatschhatz zu gehen. Darunter ist ein Blondbub, der seine homophile Neigung gerade noch verbrämen kann. Die Gewalt gegen Schwule wird von latent Schwulen begangen. In dieser Konsequenz weitergedacht, hieße das, daß Homophobie eine eigentlich fast nur schwule Auffälligkeit und somit ein Minderheitensymptom darstelle. Man mag sich mit dieser Auffassung gar nicht anfreunden.

Auch «Lola + Bilidikid» steuert auf einen gewaltträchtigen Showdown, auf Entmannung durch die Hand des Rächers und auf die Entdeckung einer schrecklichen Wahrheit zu. Der Scheitan füllt wieder einmal die Knarren, Bili bietet als krausköppiger Messerstecher ein wiedererkennbares Stereotyp, und am Ende blicken sich die beiden übriggebliebenen jungen schönen Schwulen in die Rehäuglein und werden nach dem Abspann vielleicht ein Pärchen. Nun ja. Leb wohl, Berlin, geh zum Teufel.

Extrem. Radikal. International

Aus einem Gespräch mit Martin Hagemann, zero film

Eure Firma heißt zero film – fangen wir bei Null an.

1990 haben wir angefangen. Wir kennen uns schon eine ganze Weile, Thomas Kufus und ich. Wir sind beide Quereinsteiger. Ich hab Deutsch und Geschichte studiert, Lehramt, bin per Zufall in eine Filmproduktion geraten und wußte, das ist mein Beruf. Thomas hatte eine Banklehre gemacht, wurde Kameraassistent und führte Regie bei kleinen Dokumentarfilmen. Bei Studio Hamburg habe ich eine Weile gearbeitet, bei Markenfilm Werbung gemacht, zwischendurch aber immer wieder kleinere Filme selber produziert. 1988 bis 1990 in Petersburg, damals noch Leningrad, habe ich, das ist sozusagen der Start von zero film, einen Film produziert für einen Freund, Andreas Christoph Schmidt, der mit einem russischen Kollegen ein Drehbuch über Leningrad im Umbruch geschrieben hatte. «Leningrad, November» haben wir im Herbst 1989 gedreht, Thomas war dabei. Wir wollten zu der Zeit schon eine Firma gründen, konnten uns nur nicht einigen, wo – ich habe damals in Hamburg gesessen, wollte nicht nach Berlin, und er saß in Berlin und wollte nicht nach Hamburg. Während dieser Dreharbeiten, die ziemlich lang und aufwendig waren, haben wir den Fall der Mauer im russischen Fernsehen mitgekriegt, und da war für mich klar, daß ich sofort wechsle. Ich bin von den Dreharbeiten direkt nach Hause gefahren, habe die Koffer gepackt und bin nach Berlin gezogen.

«Leningrad, November» war eine Koproduktion mit Lenfilm, die erste Koproduktion mit einer westlichen Firma nach 25 Jahren – der letzte Film war ein George-Cukor-Film Ende der sechziger Jahre mit Liz Taylor.

Dementsprechend kompliziert war auch die Arbeit. Es gab lange Wartezeiten, die wir dazu genutzt haben, uns in dem Dokumentarfilm-Studio Lendoc umzuschauen. Wir haben Dokumentarmaterial gefunden über die Blockade von Leningrad, das nach dem Zweiten Weltkrieg im Archiv versteckt worden war: Weil die Russen Angst hatten, daß dieses Material vernichtet werden würde, hatten sie es unter den absurdesten Stichworten abgelegt, etwa ‹Architektur 18. Jahrhundert›. Daraus haben wir 1990/91 den Film «Blockade» gemacht, mit Aufnahmen, die zu dem Zeitpunkt noch niemand gesehen hatte. Wir waren schneller als die BBC, die tauchte kurz nach uns auf und versuchte, das Material zu kaufen. Statt dessen haben wir innerhalb von 24 Stunden einen Koproduktions-Deal mit dem Studio gemacht und haben noch mal 24 Stunden später diesen Film schon an die BBC verkaufen können. Das war der Start der Finanzierung dieses Filmes, der dann gleich in sechs, sieben Länder ging.

Danach haben wir erst einmal Durchführung gemacht für andere Firmen. Zwei Filme sind besonders erwähnenswert. Bei Jan Schüttes «Auf Wiedersehen Amerika» waren wir für den Berlin-Teil zuständig und haben dabei Good Machine kennengelernt. Und direkt danach kam Hal Hartleys «Flirt», ein Episodenfilm, der in New York, Berlin und Tokio spielte. Danach haben wir erst angefangen, eigene Spielfilme zu konzipieren und zu entwickeln.

zero, No. 1: Dokumentarfilme – … für das Kino. Wir wollen Dokumentarfilme im Kino behalten, wir produzieren sie für das Kino, im klassischen Format.

In diesen zehn Jahren, seitdem wir produzieren, ist der Auftragsdokumentarfilm aus dem Fernsehen fast verschwunden, es gibt noch Ankäufe, aber keine Aufträge mehr. Andererseits haben wir festgestellt, daß man bei bestimmten Themen, wenn man sie universell ausrichtet und mit ausländischer Finanzierung arbeitet, Dokumentarfilme noch ins Kino kriegt, auch in Deutschland. Dazu gehört sicherlich unser größter Erfolg, «A Tickle in the Heart» von Stefan Schwietert. Ein Film über drei alte Klezmer-Musiker, der hauptsächlich in Amerika gedreht wurde, vor allem in Deutschland und der Schweiz gut gelaufen ist, sich aber auch gelohnt hat durch weitere Auslandsverkäufe. Der Film hat in Amerika, England, Frankreich, in insgesamt fünf Ländern Kinoverleih gehabt und später Fernsehverkäufe.

Wie kommt zero film zu neuen Projekten?

Am Anfang waren wir Anlaufstation für Filmemacher, die mit ihrem Buch zu uns gekommen sind, inzwischen ist es so, daß wir Stoffe auch selber entwickeln und den Regisseur dafür suchen oder mit einem Regisseur, mit dem wir weiterarbeiten wollen, gemeinsam ein Projekt überlegen. Nach «A Tickle in the Heart» wollten wir gerne noch einen Musikfilm mit Stefan Schwietert machen – wir haben jetzt «Spiel mit dem Teufel» abgedreht, sind gerade im Schnitt. Es ist ein Film über kolumbianische Vallenato-Musik, den wir in Kolumbien gedreht haben. Im Mittelpunkt steht ein alter Musiker – ein Kultstar in Kolumbien – der auf seinem Bandoneon diese spezielle Art von Tango spielt.

Dreharbeiten in Kolumbien – wie hoch ist das Budget?

Ungefähr 1 Million Mark. Dokumentarfilme, wenn man sie in das Kino bringen und international verkaufen will, müssen letztendlich mit dem Spielfilm konkurrieren können. Der Aufwand – was die Crew, die Drehtage angeht, auch die Postproduktion – ist entsprechend. Das Publikum erwartet einfach, daß die Stimmung, die Atmosphäre dieser Musikauftritte rüberkommt. Dafür braucht man Equipment. Die Tontechnik im Kino ist in den letzten zehn Jahren so viel besser geworden, daß natürlich auch die Aufnahmetechnik entsprechend sein muß, das heißt man muß Konzerte richtig vorher bestücken mit Mikrophonen, später die Mischung dementsprechend machen usw.

Was zero film von anderen deutschen Produktionsfirmen unterscheidet: Ihr seid international ausgerichtet, arbeitet oft mit ausländischen Partnern oder Regisseuren zusammen.

Da gab es gleich am Anfang einen wichtigen Kontakt: Alexandr Sokurov, ein russischer Regisseur, den ich 1989 kennengelernt habe bei den Dreharbeiten zu «Leningrad, November». Damals hat er Thomas und mir ein Drehbuch gegeben, «Verborgene Seiten» nach Motiven von Dostojevskijs «Schuld und Sühne», und diesen Film konnten wir 1993 drehen, 1994 lief er im Wettbewerb auf der Berlinale. Vor zwei Jahren haben wir «Mutter und Sohn» rausgebracht. Ein extremer Arthouse-Film, 60 Schnitte in 80 Minuten, 30 Sätze. Es geht um eine alte Frau, die stirbt, und ihren Sohn, der sie dabei begleitet. Der Film läuft zur Zeit in 24 Ländern im Kino, teilweise mit wenig Kopien – in Brasilien mit drei, in USA mit vier

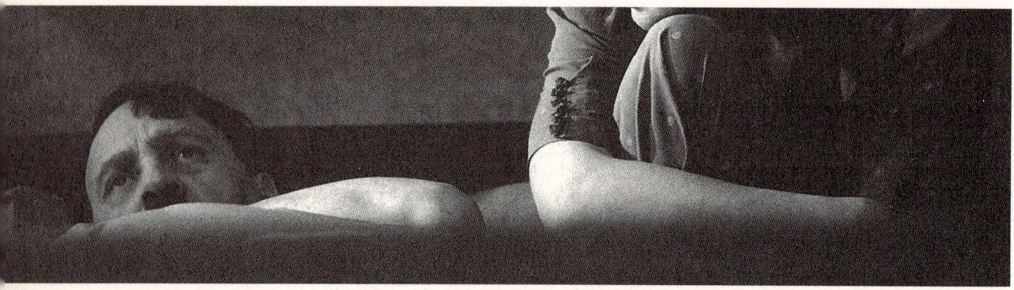

Leonid Mosgovoi in «Moloch»

Kopien –, die aber lange im Kino sind. Wir haben in Frankreich über 50 000 Zuschauer mit vier Kopien gemacht. «Mutter und Sohn» hat uns gezeigt, daß man mit Filmen, die in Deutschland produziert werden, im Ausland ankommen kann. Allerdings nur dann, glauben wir, wenn sie nicht am Mainstream ausgerichtet sind.

Und jetzt der dritte (und erste deutschsprachige) Film von Sokurov: «Moloch». Ein Tag im Leben von Adolf Hitler und Eva Braun – das ist ein extremer Film, ästhetisch wie inhaltlich radikal. Dieser Film, der in Cannes im Wettbewerb gelaufen ist, wird in Deutschland für ziemliche Irritationen sorgen, weil Adolf Hitler als Privatperson gezeigt wird, ohne daß der Film nur eine Farce ist. «Moloch» ist ein Film, den kein deutscher Regisseur hätte machen können.

Andere Firmen leben, vergleichsweise sicher, von Fernsehauftragsproduktionen. Statt dessen extreme und radikale Filme – wie läßt sich ein Film wie «Moloch» finanzieren?

Man kriegt die Budgets natürlich nur schwer zusammen. Ohne Förderung, das ist ganz klar, könnten wir nicht produzieren. Wir versuchen aber, den Förderanteil gering zu halten. Das wären 20 bis 30 Prozent des Budgets bei den Dokumentarfilmen, rund 10 bis 20 Prozent bei den Spielfilmen. Und der Rest muß aus dem Ausland kommen, durch Vorverkäufe, Presales oder Koproduktionen. In den letzten Jahren ist es viel schwerer geworden, einen Film vorab an einen Sender zu verkaufen, wenn die Projekte nicht nahtlos in deren Slots reinpassen. Wir versuchen inzwischen, die Fernsehrechte freizuhalten – meist kann man sie später zu weit besseren Konditionen verkaufen. Sofern die Regisseure aus dem Ausland kommen, bringen sie häufig einen Teil der Finanzierung mit; Sokurov zum Beispiel ist Koproduzent von «Moloch» und trägt mit russischen Beistellungen zum Budget bei.

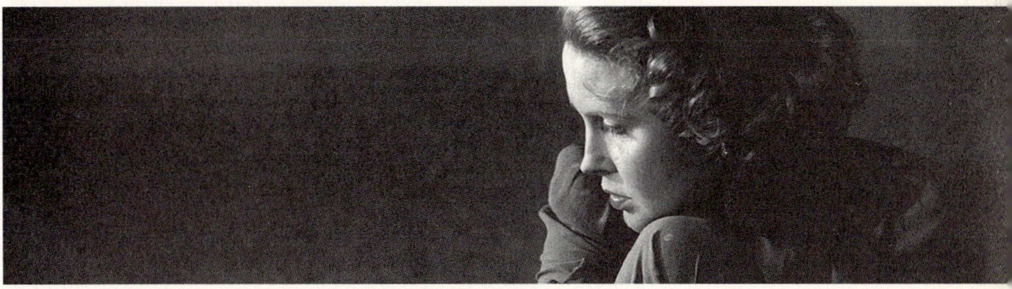

Elena Rufanova in «Moloch»

«Moloch» ist ein spezieller Fall, schon wegen des Themas. Wir waren sehr vorsichtig – ein phantastisches

Drehbuch, aber man konnte deutlich spüren, daß dieser Film eine Gratwanderung wird. Deshalb sind wir erst mit den Dreharbeiten eingestiegen. Bei dem Thema wollten wir die ersten Ergebnisse der Dreharbeiten abwarten, bevor wir Finanziers ansprechen. Auch ästhetisch ist der Film uns eher fremd: «Moloch» steht in der Tradition der sowjetischen «Look-alike-Historienfilme», wo die Schauspieler wie plastische Masken agieren, historische Figuren perfekt imitieren. Als Thomas vom Casting kam, hatte er einen Schock. Er hatte mit Bormann, Goebbels und Hitler am Tisch gesessen. Die Darsteller haben an ihm sozusagen ausprobiert, wie gut sie schon wirklich sind.

Aber ihr arbeitet auch mit deutschen Regisseuren.

Natürlich. Mit Didi Danquart haben wir gerade den «Viehjud Levi» nach einem Theaterstück von Thomas Strittmatter fertiggestellt. Trotzdem, das erste Kriterium, das wir anlegen, ist: Können wir diesen Film auch außerhalb von Deutschland zeigen? Interessiert das Thema, wird dieser Regisseur eine Ästhetik verfolgen oder gibt es eine Ästhetik in diesem Film, die sich international verkauft?

Das sind die drei Eckpfeiler von zero film: Kino-Dokumentarfilm, ausländische Regisseure in Deutschland oder deutsche Regisseure mit Projekten, die ein internationales Potential haben. Und sicherlich interessieren uns soziale, politische Themen immer eher als reine Genrefilme.

Die russische Connection wird durch die Petersburger Anfänge plausibel – wie aber kommt ein Projekt wie «Lola + Bilidikid» zu zero film?

Kutlug Ataman ist ein türkischer Regisseur, der damals in den USA lebte und einen Film über türkisch-schwule Subkultur schrieb. Die Geschichte hätte in New York angesiedelt werden können, der Film auch in Istanbul spielen können. Die rechtsradikalen Übergriffe auf Türken in Deutschland gingen damals durch die Weltpresse, Kutlug hat sich daraufhin damit beschäftigt, wie die Türken in Deutschland leben. Schwule Türken bilden innerhalb der türkischen Community ein Ghetto, bezogen auf die Situation in Deutschland also ein Ghetto innerhalb des Ghettos ... Er hat das Drehbuch auf Berlin umgeschrieben, es lag bei Good Machine, mit denen ich schon zusammengearbeitet hatte. Ich habe Kutlug nach Deutschland geholt. Ein Jahr hat er in Berlin recherchiert, die dritte und die vierte Fassung geschrieben. Wir haben festgestellt, daß zero film wahrscheinlich selbst einen gehörigen Anteil an der Finanzierung beibringen kann, und haben das Projekt übernommen.

«Lola + Bilidikid», Buch und Regie Kutlug Ataman

Good Machine ist als Weltvertrieb in dem Projekt geblieben.

Das klingt nach einer einfachen Übung.

Der WDR war von Anfang an dabei, was geholfen hat, Förderung von der Filmstiftung Nordrhein-Westfalen zu bekommen. Allerdings wollte man das Projekt nur massiv unterstützen, wenn der Effekt erfüllt wird, das heißt der Film in Köln spielt. Das war für den Weltvertrieb wiederum undenkbar – wenn ein Film aus Deutschland in einer Metropole spielt, dann sollte es Berlin sein. Schwule Türken in Deutschland – man kann nicht davon ausgehen, daß sich ein Publikum grundsätzlich dafür interessiert. Doch es gibt im Ausland ein großes Interesse für das Berlin von heute. «Lola + Bilidikid» ist nur ein Ausschnitt aus der Stadt, aber ein authentischer Ausschnitt. Das Filmboard Berlin-Brandenburg ist eingestiegen, die Filmstiftung mit einer kleineren Summe dringeblieben, und

Claus Boje mit Delphi-Film ist als Verleih dazugestoßen. Gedauert hat das Ganze allerdings drei Jahre, bis das Budget zusammen war – 2,5 Millionen. Wir haben 2,2 finanziert, haben 300 000 selber investiert und sind, leider, dank einer Überschreitung noch ein bißchen mehr mit drin.

Was hat sich geändert durch die Verlegung nach Berlin?

Die türkischen Hauptfiguren sind ein ganzes Stück realistischer geworden. Außerdem: Durch das Casting und eine relativ lange Vorbereitung haben wir angestoßen, was in dem Film zuvor nur behauptet wurde. Die Szene der türkischen Schwulen, der türkischen Transsexuellen war in der Öffentlichkeit vorher nicht präsent. Die haben sich überhaupt nicht rausgetraut. Wir haben dieses Projekt vor zwei Jahren vorgestellt, angefangen, mit Leuten aus dieser Szene an dem Buch zu arbeiten, haben im Casting teilweise Leute aus dieser Szene genommen, und seitdem gibt es in Berlin eine sehr lebendige Subkultur, zum Beispiel türkische Transsexuellen-Clubs, die inzwischen so eine Art Crossover haben zu anderen Bevölkerungsgruppen.

Die deutsch-türkischen Filme haben ein Stück unbekannte Wirklichkeit ins deutsche Gegenwartskino gebracht.

Für das kulturelle Selbstverständnis der türkischen Filmemacher haben diese Filme immense Wirkungen. Das ist vom Feuilleton aufgegriffen worden, dort auch relativ groß behandelt worden, aber den Sprung ins Publikum haben diese Filme nicht geschafft. Alle hatten gehofft, daß sich vielleicht wiederholen könnte, was vor zehn Jahren in England mit den pakistanischen Filmen, «Mein wunderbarer Waschsalon» zum Beispiel, passiert ist, oder in Frankreich mit «Tee im Harem des Archimedes», wo die algerisch-französischen Filmemacher eine große Resonanz gefunden haben.

Das hat in Deutschland nicht stattgefunden, jedenfalls nicht in der breiteren Öffentlichkeit. Obwohl es drei sehr unterschiedliche Filme mit entsprechenden Verleihkonzepten waren. «Aprilkinder» ist der kleinste Film, mit vier Kopien gestartet, «Lola + Bilidikid» ist so eine

Dreharbeiten: «Lola + Bilidikid»

mittelgroße Strategie gewesen. «Kurz und schmerzlos», von Wüste Film produziert, dagegen hatte einen Major Verleih: Polygram hat den Film massiv auch ins türkische Publikum zu bringen versucht, gezielt über die Kulturvereine gearbeitet, Artikel sind in der deutschen «Hürriyet» erschienen, für das türkische Publikum gab es spezielle Kampagnen.

Ohne Erfolg: Ich habe «Aprilkinder» im Hamburger Schanzenviertel gesehen, wo viele Türken leben, aber im Kino war keiner.

Das ist keine singuläre Vorstellung gewesen. Die Türken sind nicht in diese Filme gegangen. Und es ist nicht so, daß wir diese Filme nicht dort annonciert hätten. Aber sie werden einfach nicht angenommen, nicht akzeptiert. Ich vermute mal, es liegt daran, daß es eine andere Kinokultur gibt innerhalb der türkischen Bevölkerung. Die junge, die dritte Generation geht in die gleichen Filme wie ihre gleichaltrigen deutschen Freunde. Die interessieren sich nicht dafür, ob es türkische Filme sind. Und diejenigen, die Familie haben und etwas älter sind, gucken nur Videos.

Andererseits hat ein Film wie «Hamam», der nicht groß im Feuilleton besprochen worden ist, hier 70 000 Zuschauer gemacht, davon ein größerer Teil türkisches Publikum. Vielleicht gibt es dafür eine einfache Erklärung. Der Film war vorher in der Türkei ein Erfolg und brachte diesen Bonus mit nach Deutschland. «Lola + Bilidikid» läuft jetzt in der Türkei erfolgreicher als in Deutschland. Bei der Videoauswertung werden wir mit türkischen Pressestimmen arbeiten – mal sehen, ob das besser funktioniert.

«Aprilkinder» erzählt eine kleine, unspektakuläre Geschichte.

«Aprilkinder» ist ein Debütfilm, Yüksel Yavuz' erster Spielfilm. Drei Jahre zuvor hatte Thomas mit Yüksel einen Dokumentarfilm produziert: «Mein Vater, der Gastarbeiter». Sein Vater lebte lange Jahre in Hamburg als Gastarbeiter, hat in der Zeit seine Söhne rübergeholt, auch Yüksel, ist dann aber zurückgegangen, und seine Söhne sind hiergeblieben. Bei dem Dok-Film über die Geschichte des Vaters gab es Beschränkungen, weil seine Eltern in bestimmten Interviewsequenzen nur bis an eine bestimmte Grenze gingen und Yüksel in der Fischfabrik und der Werft, wo der Vater gearbeitet hat, nicht drehen durfte. Da ist die Idee entstanden, die Geschichte weiterzutreiben in einem Spielfilm. Übrigens spielt in «Aprilkinder» Yüksels Vater die Rolle des Vaters.

Cemal Yavuz in «Mein Vater, der Gastarbeiter»

Beiden Filmen, die wir fast parallel produziert haben, liegen verschiedene Modelle zugrunde: «Lola + Bilidikid» war der Versuch, einen Film nach klassischen, narrativen Konzepten zu entwickeln, «Aprilkinder» folgte eher einer assoziativen Vorgehensweise: Teile des Drehbuches standen noch nicht ganz fest, bestimmte Konstruktionen sind erst nach dem Dreh am Schneidetisch entstanden. Und es ist schon interessant, zu sehen, wie diese zwei verschiedenen Erzählmodelle funktionieren, wo sie angenommen werden und wo nicht. Sicherlich ist

Erdan Yildiz
und Ercan Durmaz
in «Aprilkinder»

das Publikum für «Aprilkinder» kleiner, trotzdem gibt es im Ausland, in verschiedenen Ländern genau deswegen größeres Interesse, weil es ein Film ist, der offenere Strukturen hat, man die Geschichte viel einfacher transportieren kann in die eigenen Minderheiten und in die eigenen Ghettos. Insofern ist der Film radikaler und stößt deshalb auf Interesse weit über Deutschland hinaus.

Gespräch
mit Michael
Weber
und Thorsten
Schaumann

A New Chapter in German Film Making

«A New Chapter in German Film Making» verspricht der Katalog von German Independents. Dieses Label von Bavaria Film International versucht, den Auslandsmarkt für das junge deutsche Kino zu erobern: «Short Sharp Shock» alias «Kurz und schmerzlos», «Life Is All You Get» («Das Leben ist eine Baustelle»), «Run Lola Run», «23», «Beyond Silence» oder «Gigantic» von Sebastian Schipper.

German Independents und der Medienriese Bavaria, wie paßt das zusammen? Vor zwei Jahren haben wir angefangen, wobei am Anfang die Idee stand, mit diesen jungen Produzenten zu arbeiten. Wir haben von der Bavaria alle Freiheiten bekommen, wurden von der Geschäftsleitung sehr unterstützt – andererseits ist auch unbestritten, daß German Independents einen großen Image-Effekt für die Bavaria hat. Auf die Art wird der Name Bavaria wieder international aufs Tableau gebracht – wo er zwar schon immer war, dank «Das Boot». Jahrelang kam dann aber wenig nach an Eigenproduktionen: «Schtonk», «Charlie und Louise», «Rennschwein Rudi Rüssel», für einen Weltvertrieb ist das im Spielfilmbereich ein doch recht beschränktes Repertoire.

Als wir uns auch um Rechte von anderen Produzenten bemühten, ging es auch um eine Abgrenzung. Junge, unabhängige Firmen wie X-Filme oder Claussen + Wöbke stehen für etwas anderes als die Bavaria. Das wollten wir voneinander abgrenzen, deshalb German Independents. «Comedian Harmonists» oder «Rossini» sind Bavaria-Koproduktionen, deshalb gehören sie, schon strukturell gesehen, zu Bavaria Film International, aber wir haben sie auch bewußt rausgehalten aus dem Label German Independents.

Ihr betreibt also Programmpolitik?

Versuchen wir. Vielleicht wird dadurch, daß wir mit diesen jungen kreativen Leuten arbeiten, auch eine Botschaft in die Bavaria hineingetragen – was die Produktion angeht. Zur Zeit beschränken wir uns auf die Rechteakquisition. Aber es ist auch daran gedacht, einzelne Filme kozuproduzieren. Am Anfang haben wir uns nur um fertige Filme bemüht, aber inzwischen akquirieren wir 60 bis 70 Prozent der Produktionen auf Drehbuchbasis.

Je früher man einsteigt, desto eher kann man Hinweise geben, nicht nur technischer Natur, wie man einen Film weltvertriebsfähig macht. Bisher ist es einfach so: In Deutschland lassen sich Filme in der Regel über Förderungen vollständig finanzieren, es besteht nicht der Druck, sich international zu orientieren.

Wie sieht der Alltag im Geschäft aus? Ständig unterwegs?

Wir reisen relativ viel, ja. Das hebt uns vielleicht ab. Cannes ist ein Festival mit einem Markt, wo man weltweit Filme verkaufen kann. Beim Festival in Thessaloniki trifft man nur griechische Verleiher, keine aus Italien oder Frankreich. Trotzdem versuchen wir, diese kleineren Festivals mit abzudecken. Vor allem über eine persönliche Präsenz kann man etwas bewegen, kann man eine Stimmung auffangen. Wenn der Verleiher aus einer Vorstellung rausgeht und keinen Ansprechpartner findet, sieht er den nächsten Film, der ist besser oder auch nur gleich gut ... schon ist die Entscheidung gefallen. Das wird oft unterschätzt: Man muß dicht an den Leuten dran sein.

So eine Präsenz vor Ort schafft langfristig eine persönliche Bindung, eine Beziehung zu den Verleihern. Die Leute treten an uns heran und fragen, was es Neues gibt.

Schließlich ist auch «Lola rennt» kein Selbstläufer. Man kann nicht in Geiselgasteig sitzen, umgeben von Wäldern, und warten, ob das Telefon klingelt. Das passiert einfach nicht. Man muß aktiv im Markt sein, auf die Leute zugehen.

«Lolas» Durchbruch kam erst beim Filmfestival in Toronto.

Da eilte dem Film bereits ein sehr guter Ruf voraus: Die Akquisitionsleute hatten «Lola rennt» in Montreal, das war die erste Station, und in Venedig schon gesehen. Es ist ein dreistufiger Prozeß. Zuerst die normalen Einkäufer, die letztendlich aber nur eine No-Entscheidung treffen können, sie können keine Ja-Entscheidung treffen. Sie können sagen: Ja, er interessiert uns, und jetzt müßte ihn noch einmal mein Chef sehen, der Senior Vicepresident of Acquisitions. Wir hatten in Toronto zusätzliche Verkaufsvorstellungen vor dem offiziellen Termin arrangiert, Industry screenings für Presse und Einkäufer, die bis zum letzten Platz voll waren.

Toronto war ein sehr schönes, aber auch sehr stressiges Erlebnis. Konkret läuft das so ab: Auf seinem Hotelzimmer hat man eine Menge Anrufe, auf seinem Mobiltelefon wird man dauernd angerufen. Dann trifft man Leute, hört sich Angebote an, diskutiert diese wieder mit dem Regisseur, mit dem Produzenten – schließlich muß man ein paar Sachen abstimmen, gerade bei USA-Verkäufen treffen wir die Entscheidung nie alleine. Es kommt ja nicht nur aufs Geld an, auf die gezahlte Verleihgarantie. Die Arbeit mit Tykwer und X-Filme hat die Sache stark vereinfacht, wir sind auf einer ähnlichen Wellenlänge. Dann beginnt

Lolas Schrei: Doppelseite aus dem japanischen Buch «Lola rennt»

man wieder von vorne. Es kommt auch vor, daß der Einkäufer noch Rücksprache halten muß: Um mit einer bestimmten Anzahl von Kopien zu starten, muß ihn dann noch ein anderer sehen. Dafür organisiert man dann vor Ort noch ein Extra-Screening.

Man hat verschiedene Angebote – wonach entscheidet ihr?

Das muß nicht immer der große Major sein: Die Frage ist, ob ein Verleih, der 50 Filme im Jahr herausbringt, wo der Film zwangsläufig einer unter vielen ist, besser ist als ein anderer, der nur zwölf Filme herausbringt und ich zumindest die Hoffnung hegen kann, daß der Film dementsprechend betreut wird. Man möchte ja auch, daß der Film eine Chance im Markt erhält.

Ein Film wie «Lola rennt» bedient einerseits ein junges Publikum, aber auch ein intellektuelles. Ein Tanz auf zwei Hochzeiten: Die Vermarktung eines solchen Films ist nicht einfach. Man muß die jungen Leute erreichen, junge Leute gehen in die Multiplexe, doch dort läuft kein untertitelter Film, sondern nur in Arthouse-Kinos. Natürlich, die USA sind ein Key-Markt für uns, dennoch haben wir im letzten Jahr fünf Filme dorthin verkauft.

Im Ausland wird ein fremdsprachiger Film aber per se als Arthouse angesehen, und diese Kinos haben ein bestimmtes Publikum: Mit den Filmen von Rainer Werner Fassbinder, mit Claude Chabrol ist es groß geworden, und nun wollen die Leute den neuen Chabrol, den neuen Angelopoulos, den neuen Almodóvar sehen. Sie wollen aber vielleicht nicht «Lola rennt» oder «Bandits» in ihrem Kino sehen. Unser Markt ist das Arthouse-Segment. Das werden wir so schnell auch nicht verlassen. Auch wenn es alle wünschen.

Wenn die Untertitelung das Problem ist: Warum macht man dann keine Synchronisation?

In den USA ist gar kein Know-how fürs Synchronisieren vorhanden. In Deutschland wird die Übersetzung schon lippensynchron gemacht, die Synchronsprecher sind gut ausgebildet. Das gibt es in den USA alles gar nicht. Vielleicht könnte «Lola rennt», der wenig Dialog hat und sehr visuell arbeitet, ein Beispiel sein, an dem man es ausprobiert. Man kann sich auch überlegen, ob man für die Zweitauswertung, für Video und Fernsehen eine Synchronfassung macht. Man läßt also im Kino die Originalfassung laufen, und für Video und Fernsehen bietet man beides an. Das wird zur Zeit noch diskutiert.

Vom «Bewegten Mann» wurde eine Synchronfassung gemacht, in den USA lief dann doch die Originalfassung mit englischen Untertiteln.

Die Verleiher sagen, das Publikum lehnt es ab. Man könnte bösartig sagen, dies sei eine reine Schutzbehauptung, um den Markt klein zu halten. In Ländern wie Norwegen, Taiwan oder Ungarn, da lohnt sich eine Synchronfassung einfach nicht, sie ist nicht finanzierbar. Aber in einem Land wie den USA ginge so etwas natürlich ohne weiteres, auch in England.

Der ausländische Verleih bekommt dann auch die Fernsehrechte?

In der Regel verkaufen wir für ein Territorium immer alle Rechte. Die Verleiher brauchen die Lizenz zur Refinanzierung, das ist in Deutschland nicht anders. In den Ländern, wo Sender keine Fremdsprachenfilme kaufen, ist auch das Verleihgeschäft für uns extrem schwierig. Die Verleiher reden erst einmal mit ihren Fernseheinkäufern. Wenn ein englischer Verleiher sagt, ich mache dir ein Angebot, dann hat er vorher schon mit der BBC gesprochen. Und wenn die BBC vorher abwinkt, dann tut man sich sehr schwer. In der Regel ist ein No vom Sender in 80 Prozent der Fälle auch mit einem No vom Verleih verbunden. Das ist die bittere Realität.

Überall, wie in Deutschland auch, gibt es immer weniger Indie-Verleiher, die sich für europäische Produktionen interessieren. In Regionen wie Großbritannien, wo die Fernsehsender, Channel 4 ist nicht besser als die BBC, es aufgegeben haben, fremdsprachige Produktionen zu kaufen – wenn der Film nicht gerade eine Goldene Palme oder einen Goldenen Löwen gewonnen hat –, wirkt sich das dramatisch auf den Verleihmarkt aus. Ausländische Filme werden in England, von ein paar großen Namen abgesehen, praktisch nicht mehr verliehen.

Ein Film wie «Das Leben ist eine Baustelle» hat einen britischen Touch, Wolfgang Becker hat sich an englischen Vorbildern orientiert, außerdem wirkt als Darsteller Ricky Tomlinson mit – wir wollten nicht einsehen, daß es für diesen Film im United Kingdom keinen Markt geben sollte. Es gibt eine europäische Kinoförderung, «Europa Cinemas», verbunden mit der Verpflichtung, 50 Prozent europäische Filme zu zeigen. Englische Kinos können von der Förderung kaum profitieren, einfach deshalb, weil sie solche Filme von den Verleihern gar nicht angeboten bekommen. So kamen wir auf die Idee, an eine Kinokette direkt heranzugehen, die das Booking selbst macht. «Das Leben ist eine Baustelle» ist in London mit drei Kopien gestartet, die danach auf eine Großbritannien-Tour gegangen sind, mit dem Einspiel-Ergebnis von rund 50 000 Pfund. Verglichen mit allem, was zuvor in den englischen Kinos erzielt wurde, ein gigantisches Ergebnis. Wir werden, nach dem gleichen System, auch «Winterschläfer» herausbringen; für «Jenseits der Stille» dagegen haben wir einen kleinen Verleiher gefunden. Die Filme, die jetzt rauskommen, haben die Funktion, eine Mauer zu durchbrechen.

Amerikanisches Artwork für «Der bewegte Mann»

Im Ausland hat der deutsche Film in den letzten zehn Jahren nicht stattgefunden. Man beginnt offensichtlich wieder bei Null.

Ja. Die Frage ist, wie man Erfolg definiert. Über Jahre hinweg gab es den deutschen Film im Ausland nicht. All die Beziehungskomödien hat man als aufgepeppte TV-Movies angesehen, die im Ausland nicht die Berechtigung hatten, auf einer Leinwand zu erscheinen. Wir erleben unheimlich oft, daß die Leute von den alten Zeiten erzählen. Fassbinder ist ihr Lieblingsthema. Sie fragen immer: Wo ist der neue Fassbinder? Es dauert noch, bis man sagen kann: Es gibt einen neuen Film von Caroline Link oder von Tom Tykwer. Der europäische Film verkauft sich eben über Namen, über Regisseure, während sich das Hollywood-Kino über seine Stars international verkauft.

Die deutsche Sprache ist nicht gerade diejenige, die der Zuschauer am liebsten hört, und selbst in Europa tut man sich mit deutschen Filmen sehr schwer. In Spanien laufen sie besser als in Frankreich, auch innerhalb Skandinaviens gibt es große Unterschiede, Finnland hat eine gewisse Affinität zu deutschen Filmen, Dänemark und Schweden überhaupt nicht. Überraschend war der große Erfolg von «Jenseits der Stille» in Japan, wo der Film mehr als 300 000 Zuschauer gemacht hat. Aber als Melodrama funktioniert der Film eben auf einer emotionalen Ebene; die klassische deutsche Beziehungskomödie dagegen bezieht ihren Witz aus gesellschaftlichen Umständen, die in dem heterogenen Europa keines-

Illustration zu einem japanischen Zeitungsartikel über «Jenseits der Stille»

falls überall gleich sind. Die Franzosen können über den Film «Der bewegte Mann» einfach nicht lachen, aber ebenso haben wir über «Le Visiteur», «Airbag» oder «Tormente» nicht gelacht. Der Erfolg solcher Filme bleibt ein lokales Phänomen. Um so erstaunlicher, daß amerikanische Filme mit ausgesprochen amerikanischen Themen trotzdem funktionieren, aber das läuft über ihre Schauspieler, ihre Stars.

Brasilianische Werbung für «Jenseits der Stille»

«Lola rennt» hat für Aufruhr auf dem internationalem Parkett gesorgt, ist aber in manchen Ländern hinter den Erwartungen zurückgeblieben. Der Film hat nicht ganz so ein Ergebnis gemacht wie «Festen», was die Verleiher mit der grundsätzlich negativen Haltung des Publikums gegenüber dem deutschen Film begründen – es gab in letzter Zeit keinen guten deutschen Film, warum soll ich mir ihn ansehen? Ein Boxoffice-Hit weltweit à la «Trainspotting» basiert auf dem Erfolg kleinerer Filme in den Jahren zuvor. Es gab für den deutschen Film im Ausland keine Basis, auf der man aufbauen konnte. Aber sie ist jetzt da.

Was erwarten Sie von Filmen wie «Kurz und schmerzlos» oder «Nachtgestalten»?

Solche Filme fallen leicht durch das Raster, weil sie zu klein sind. Pro Territorium werden durchschnittlich drei bis fünf deutsche Filme pro Jahr gekauft, und das sind dann eben Filme wie «Lola rennt», «Comedian Harmonists», «Knockin' On Heavens Door». Oder «Aimée und Jaguar», vielleicht noch «23». Zwei, drei Filme sind's eben nur. Acht bis zwölf Filme etwa vermarkten wir im Jahr. Man hofft, daß diese verkauften Filme ein gutes Box-Office machen, zumindest ein Okay-Ergebnis, damit man im nächsten Jahr vielleicht einen mehr verkaufen kann.

«Kurz und schmerzlos» hatte Weltpremiere in Locarno, für die drei Hauptdarsteller gab es ex aequo den Bronzenen Leoparden. Wir haben den Film nach Frankreich verkauft, arbeiten noch an Spanien, den Benelux-Ländern. Türkei sowieso – das war das erste Territorium, wohin der Film verkauft war, Kinostart wird nach dem Istanbuler Filmfestival sein. Schon vorher ist «Kurz und schmerzlos» auf dem Thessaloniki-Filmfestival gut angekommen, obwohl Griechen und Türken ... wir waren vorher recht skeptisch, andererseits wird das Thema im Film selbst aufgearbeitet.

«Nachtgestalten» ist schwieriger. Schön bei diesem Film ist die Ausgewogenheit: Immer wenn er beginnt, depressiv, traurig zu werden, gibt es Phasen, wo er etwas Helles, Farbenfrohes bekommt. Die Hauptfiguren sind stark kulturell geprägt, bei den Amerikanern kommt so was nicht so gut an, in Europa dagegen hat «Nachtgestalten» gute Chancen. Ein Film, der ganz klar Arthouse ist. Aber das sollte man nicht als Makel sehen. In diesem Bereich wird mit viel Liebe zum Film gearbeitet, die Verleiher kaufen in der Regel keine Pakete ein, es ist die Leidenschaft zum Film zu spüren, was im Fernsehgeschäft weiß Gott anders ist: Dort geht es nur darum, Sendeminuten zu verkaufen.

Overscreening

Matthias Elwardt über die Zukunft des Kinos

Das Multiplex, ein amerikanischer Konsumkinotyp, bei dem Popcorn und Cola ebenso wichtig sind wie die Filme, gewann in Europa Anfang der Achtziger zuerst in Großbritannien Land. Den Grundstein zur deutschen Multiplex-Ära legte 1990 die US-Firma UCI auf einer grünen Wiese bei Köln. Der darauf einsetzende Goldrausch des Medienzeitalters machte ganz Deutschland multiplex: Gut hundert Kinocenter mit mindestens sechs Sälen und über zweitausend Sitzplätzen wurden in dieser Dekade hingeklotzt. Hundert weitere sind in Planung, allein dreißig davon in und um Berlin.

Mit den Multiplexen drängen Firmen, hinter denen die großen Hollywood-Konzerne stehen, auf den internationalen Kinomarkt – Hardware aus Beton für leichtverdauliche Software aus Zelluloid. Die mittelständische Kinobranche, die nach Art feudaler Erbhöfe vor sich hin döste, wurde unsanft geweckt. Viele Kinobesitzer bauen nun ihrerseits Multiplexe, um potentiellen Konkurrenten zuvorzukommen. Dieses Monopoly wird dadurch weiter angeheizt, daß die Immobilienbranche hier endlich wieder einen Markt wittert, nachdem überall Büroflächen gebaut wurden, die heute noch leerstehen. Vor allem in Einkaufszentren erhofft man sich «interessante Synergieeffekte» – das heißt Kinobesucher als zusätzliche Kunden.

Zur Jahrtausendwende hat Hamburg mit sechs Multiplexen und gut 15 000 Plätzen die höchste Multiplexdichte der Republik; das siebente eröffnet gerade in Hamburg-Harburg. Aber wo bleiben die zahlenden Besetzer all dieser Kinosessel? Besucher – verzweifelt gesucht (von Parkplätzen ganz zu schweigen)! Um die Kinogänger ist ein Verdrängungswettbewerb entbrannt, der zu Lasten bestehender Kinos geht und etliche bereits ruiniert hat.

Um die bisherigen Investitionen in dreistelliger Millionenhöhe rentabel zu machen, müßte jeder Hamburger statistisch viermal statt zweieinhalbmal im Jahr ins Kino gehen. Zusätzlich müßte der Umsatz pro Besucher – Ticket plus Eis, Popcorn, Getränke etc. – um fast sechs Mark auf insgesamt zwanzig Mark wachsen, damit die Kalkulation der Betreiber aufgeht. Diese Erwartung ist in Zeiten hoher Arbeitslosigkeit und Konsumflaute viel zu optimistisch.

Veröffentlichungen der Besucherzahlen 1998 sowie eine Studie der Filmförderungsanstalt (FFA) zur Situation des Filmkunstmarktes zeigen bisherige Entwicklungen und ermöglichen einen Blick in die Zukunft: Trotz der teuren Neubauten sank im «Titanic»-Jahr 1998 der Kinobesuch in Hamburg von 5,02 Millionen im Jahr 1997 auf 4,95 Millionen. Dies ist ein deutlicher Beleg dafür, daß hier nur eine Umverteilung stattfindet und neues Publikum nicht in dem Maße gewonnen wird, wie es Multiplexbetreiber gerne behaupten. Für Filmkunstkinos ist diese Umverteilung deutlich spürbar. In einer Studie der Filmförderungsanstalt (FFA) hatte Hamburg als einziges Bundesland mit minus fünfzehn Prozent einen zweistelligen Besucherrückgang im Filmkunstbereich von 1996 auf 1997. Der FFA-Vorstand Rolf Bähr führte das eindeutig auf die neueröffneten Multiplexe zurück.

In der Kinostudie Hamburg/Nordrhein-Westfalen der Unternehmensberatung RMC von 1998 wird prognostiziert, daß bis spätestens zum Jahr 2003 alle traditionellen Innenstadtkinos Hamburgs verschwinden. Den Anfang machte das «Savoy», das erst renoviert und kurz darauf geschlossen wurde; im «Neuen Cinema» werden wohl als nächstes die Lichter für immer ausgehen.

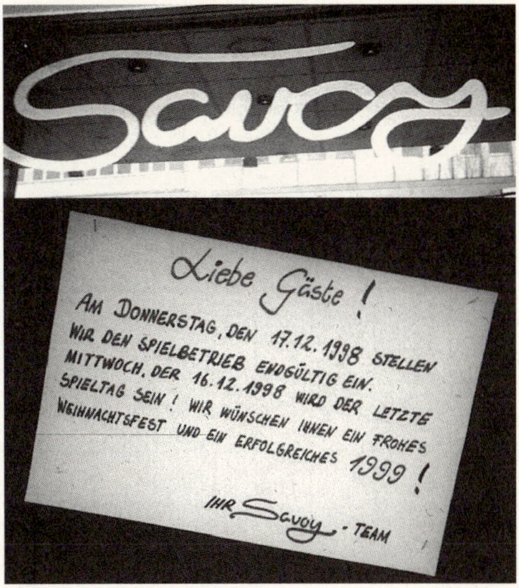

Auch der Filmkunstmarkt funktioniert nicht als Auffangbecken für multiplexgeschädigte Mainstreamkinos. Zum einen stagniert sein Marktanteil seit Jahren bei zehn Prozent, zum anderen laufen Filmkunstfilme, die Erfolg versprechen, auch im Multiplex, wie etwa «Lola rennt» und «Ganz oder gar nicht». Neue Filmprojekte von erfolgreichen Filmkunstregisseuren werden meistens gleich für den Massenmarkt geplant. So arbeiten Fatih Akin und Janek Rieke bei ihren zweiten Spielfilmen bereits für den börsennotierten Großverleih Senator.

Und wenn heute, nachdem die Multiplexe bereits begonnen haben, sich selber aufzufressen, jemand von «Arthouse»-Konzepten als neuestem Hype auf dem Kinomarkt schwärmt, handelt es sich dabei nur um die englische Übersetzung von dem, was das «Abaton» und andere Programmkinos seit dreißig Jahren praktizieren.

Neu sind Arthouses, Freudenhäuser für Cineasten, sowieso nicht. Bereits seit den Fünfzigern heißen in Amerika Kinos so, «die unabhängiges amerikanisches Kino, ausländische Filme mit Untertiteln, Experimental- und Dokumentarfilme zeigen». Auch in England ist der Begriff seit Jahrzehnten gebräuchlich. Und fragt man in dem europäischen Vorreiterland des Multiplex-Booms nach Arthouse-Erfahrungen, erfährt man Ernüchterndes: Dort sinkt der Marktanteil seit Jahren bei stagnierenden Besucherzahlen; zur Zeit liegt er bei vier bis fünf Prozent. Laut Peter Buckingham, einem Betreiber in London, ist dort in den letzten Jahren nur ein neuer Arthouse-Komplex entstanden, dessen Umsätze ordentlich seien, aber keine Nachahmer reizen würden. Dafür lobt Buckingham die Qualität seines Publikums: «single and educated». Klein, aber fein.

Kasse durch Masse mit Klasse ist so unmöglich, wie es klingt. Für neue Projekte läßt das vor allem weitere Verdrängung und Umverteilung erwarten, denn nur an wenigen Orten wird das Arthouse-Potential noch vernachlässigt. Schon jetzt kämpfen verschiedene Kinos und Kinotypen um Kopien.

Und wo laufen sie denn, die umsatzstarken Filme im Arthouse-Bereich, in deren Erwartung hier Paläste für bis zu 30 Millionen Mark gebaut werden sollen? Auf den Festivals in Berlin, Cannes und Venedig sind sie selten zu sehen. Das europäische Angebot verschlechtert sich seit Jahren. Erschwerend kommt hinzu, daß sich im gleichen Maße Filmkritik und Publikum in enger Wechselbeziehung verstärkt dem Mainstream zuwenden.

Darüber hinaus klagen die Arthouse-Filmverleiher, daß es zunehmend schwerer wird, ihre Filme ans Fernsehen zu verkaufen, selbst den öffentlich-rechtlichen Anstalten. Dazu paßt, daß «Pandora», der wohl wichtigste Filmkunstverleih dieses Jahrzehnts, Ende 1998 das Verleihgeschäft vor allem wegen mangelnder Fernsehverkäufe aufgab und seinen Filmbestand an den Verleih «Arthaus», eine Tochter der Aktiengesellschaft «Kinowelt», veräußerte. «Pandora» entdeckte und förderte so wichtige Regisseure wie Jim Jarmusch, Aki Kaurismäki,

Emir Kusturica, «Piano»-Regisseurin Jane Campion oder Jan Schütte.

Auch Kino zu Billigpreisen kann nur bis zur nächsten notwendigen Renovierung funktionieren. Wenn, wie in Berlin schon geschehen, ein Multiplex Dumpingpreise anbietet, weiß man, daß «Overscreening» schon Realität ist. In Hamburg, sowie bundesweit, drohen «Essener Verhältnisse»: Der Markt in Essen wird zu über achtzig Prozent vom örtlichen Multiplex mit sechzehn Sälen regiert, nur ein Programmkinomacher hat überlebt. Traditionelle Kinos gibt es gar nicht mehr. Unhappy End – Multiplexe essen Säle auf.

Die Multiplex-Euphorie erinnert stark an den Büroraummarkt in seiner Blütezeit kurz vor dem Absturz. Bezeichnenderweise soll das nächste Hamburger Cinemaxx an der Reeperbahn einen seit Jahren geplanten Büroneubau ersetzen, den die Investoren mittlerweile endgültig zu Grabe getragen haben.

Es zeichnet sich eine Verödung der Innenstädte ab. Statt einer vielfältigen Kinokultur gibt es wenige Filmfabriken, häufig an den Einfallstraßen der Städte, mit ihren austauschbaren Top-Ten-Programmen. Dabei wird vor allem das ältere Publikum vergrault, das bekanntermaßen das Gedränge der Großkinos scheut, aber demographisch immer wichtiger wird.

Auch der für eine Kultur überlebenswichtige Unter- und Mittelbau droht zu verschwinden. Wo sollen die Fatih Akins, Detlev Bucks, Andreas Dresens, Janek Riekes, Sebastian Schippers und Tom Tykwers der Zukunft entdeckt werden? Programmqualität und risikoreiche Entdeckungen sind nicht die Stärken der Großkinos.

Im Januar 1998, als alle anderen Kinos «Titanic» zeigten, startete das «Abaton» den kleinen Film «Härtetest» von und mit Janek Rieke. Nachdem er von den meisten Verleihern abgeschmettert worden war, hatte ich ihn auf den Nordischen Filmtagen in Lübeck entdeckt. Durch unsere eigene Pressearbeit (die ganze Kampagne einschließlich Plakaten, Trailer und Premiere kostete ein paar hundert Mark) kamen weit über 15 000 begeisterte Besucher ins Kino. Dieser Publikumserfolg motivierte dann doch noch einen Verleih, brachte zwei Bundesfilmpreisnominierungen und schließlich über 100 000 Besucher bundesweit.

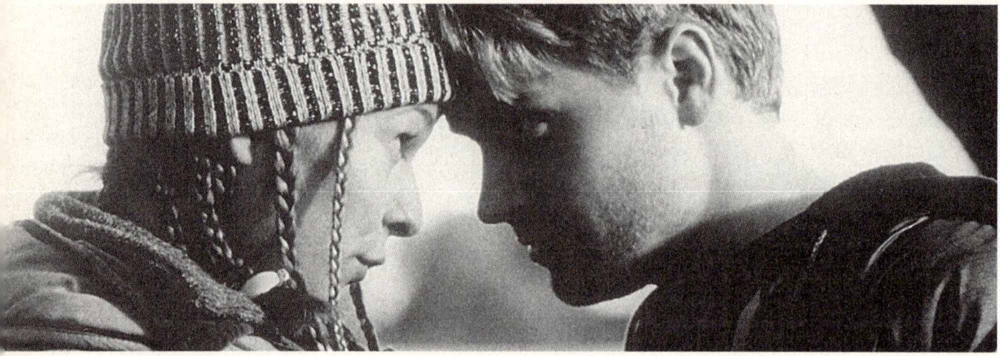

Janek Rieke und Lisa Martinek in «Härtetest»

Kinokultur braucht die Arbeit der Kinos, die selber Filme entdecken und betreuen. Sie arbeiten eng mit kleinen engagierten Verleihen zusammen, ob sie nun «Arsenal», «Kairos», «MFA», «Pegasos», «Salzgeber» oder «Ventura« heißen. Hier pflegt man das Kino jenseits von Hollywood.

Cinemaxx-Betreiber Flebbe sagt selber, es gebe ein «Publikum, das die großen Multiplexe nicht mag und eine intime Atmosphäre vorzieht – ein offenes, engagiertes Publikum, das auch risikobereiter ist». Was bedeutet, daß sich diese Menschen auch für Filme interessieren, die nicht nur aus Hollywood, dem Nabel der neuen Welt, sondern aus aller Welt kommen, und die kein millionenschweres Werbebudget ins (Unter-)Bewußtsein der Masse hämmern.

Einst hieß es, mit den Multiplexen sollten neue Besucher angesprochen werden, Kinomuffel, die man vom Fernseher wegholen wollte. Nette Idee – aber nicht die des Publikums. Vor allem ältere und anspruchsvollere Filmliebhaber wollen am Wochenende nicht im Gewühl vor den Kassen der Kinofabriken Schlange stehen.

Und die großen Ankündigungen der Multiplexbetreiber, zur Beruhigung besorgter Kommunal- und Kulturpolitiker «ständig Ausstellungen und vielfältige, ansprechende und unterhaltende Veranstaltungen zum Thema Kino» durchzuführen (aus der Broschüre zur Eröffnung des ersten deutschen Cinemaxx in Hannover 1992), haben sich schon längst als Sprechblasen erwiesen.

Wenn, dann findet das «Kommunikationscenter Kino» wie gehabt in den klassischen Filmkunst-Kinos statt. Hier kommen die Stars, die anderswo oft nur angekündigt werden, zu ihrem Publikum, das dort mit ihnen reden kann, statt drei Standardfragen einer Moderatorin und eine abschließende Verbeugung zu beklatschen. So diskutierten im «Abaton» Cannes-Gewinner Mike Leigh und Venedig-Gewinner Takeshi Kitano, Spaniens Regiestar Pedro Almodovar und Vertreter des jungen deutschen Kinos wie Tom Tykwer.

Im Gegensatz zu einem von der Konzernzentrale ferngesteuerten Multiplex bieten kleinere, organisch gewachsene Filmkunstkinobetriebe wie das «Abaton», die «Hackeschen Höfe» in Berlin, das «Theatiner» in München oder die Filmkunstkinos in Essen und Osnabrück viel mehr als nur gute Filme. Die hohe Programmqualität wird heute immerhin mit überlebenswichtigen Prämien vom Bund und von den Ländern honoriert. Doch diese Kinos riskieren die Zukunft: Sie sind Avantgarde für neue Regisseure, Trends und Themen.

In der Regel sind in mehr als der Hälfte ihrer Vorstellungen Filme aus Europa zu sehen (im «Abaton» sogar 70 Prozent), häufig auch Originalfassungen mit deutschen Untertiteln. Zunehmend werden auch die deutschen Filme wichtiger, denn in Zeiten des Euros nimmt das Interesse am Blick über die Grenzen der europäischen Nachbarn stetig ab. Dies gilt besonders für das anspruchsvolle französische Kino. Doch auch ein gelegentlicher englischer Hit kann ganz oder gar nicht darüber hinwegtäuschen, daß weniges von der Insel noch deutsche Zuschauer findet.

Zudem scheint das allgemeine Wissen um Filmgeschichte und filmische Traditionen immer mehr zu schwinden. Die Fokussierung auf Mainstream, Marketing und Moneten hat ein Publikum geschaffen, das ständig neue Reize braucht, um Filme wahrzunehmen. Einmal im Kino, wird ihm schnell langweilig, wenn es nicht ausreichend knallt, blitzt oder sonstwie effektvoll zugeht. Bezeichnenderweise sind die drei erfolgreichsten Filme des Jahres 1999 Special-Effect-Filme für den kleinen Jungen, der überwältigt werden will: «Star Wars», «Die Mumie» und «Matrix». Es ist zu befürchten, daß all die nun mit frischem Geld von der Börse versorgten Produktions- und Verleihfirmen nur noch den Blick auf die Häupter ihrer lieben Aktionäre gerichtet haben und «Werner 4» bis «Ballermann 7» produzieren wollen.

Andererseits kann vor allem bei der Stoff- und Drehbuchentwicklung eine weitere Professionalisierung der Branche dem Filmstandort Deutschland nur nutzen. Auch bin ich sicher, daß die genannten Regisseure weiter ihre persönlichen Geschichten erzählen wollen, die ein ausreichendes Feinschmeckerpublikum anziehen.

Das «Abaton» bleibt Gourmet-Kino für Filmliebhaber gegenüber dem Fast-food-Kino der Multiplexe. Bei uns ist der immer stärkere Cross-over zwischen den einzelnen Kulturdisziplinen Programm: Veranstaltungen gestalten sich in Zusammenarbeit mit Verlagen, Theatern, Museen, internationalen Kulturinstituten und dem Landesfilmarchiv Hamburg. So ist Kino nicht nur Filmabspielstätte, sondern ein Ort, wo sich Kultur und Popkultur täglich neu erleben lassen. Geplant von uns, den Programmachern, und unserem Publikum, dessen Anregungen und Wünsche wir aufnehmen und umsetzen. Trotz aller Gemütlichkeit ist dabei höchster technischer Standard und Komfort selbstverständlich.

So gehe ich mit Glaube, Liebe und Hoffnung ins nächste Jahrtausend: dem Glauben an ein Publikum, das Anspruch und Atmosphäre honoriert. Der Liebe zu aufregenden und außergewöhnlichen Filmen. Und der Hoffnung, daß Filme und Filmliebhaber immer in Kinos wie dem «Abaton» zusammenfinden werden.

CinemaxX, Hamburg

Unterwegs im Land der Cinestars, Cinenovas und Cinemaxxe

Hans-Christian Schmid auf Kinotour mit «23»

Düsseldorf-Oberkassel sieht ein bißchen aus wie Los Angeles. Hier vor den Toren der Stadt ist viel Platz. Platz für breite Straßen, für riesige Parkplätze und für ein großes Kino. Nur die Palmen fehlen. Und kalt ist es.

Die Ufa hat hier vor ein paar Wochen einen Filmpalast eröffnet. Elf Säle mit 2800 Sitzplätzen. Restaurant und Bar sind mit im Haus, sogar an die Palmen hat man gedacht. Die Theaterleiterin begrüßt uns sehr freundlich und lädt uns zum Essen ein – sie kommt aus dem Hotelfach. Zur Vorführung sind leider nur dreißig Zuschauer gekommen. Das Haus wird noch nicht so recht angenommen. Neben dem «Ufa-Palast» am Bahnhof und dem «UCI-Park» ist es das dritte neue Multiplex in der Stadt.

Für unseren Film «23» bin ich unterwegs auf Kino-Tour: zwanzig Städte in zehn Tagen. Nach dem Filmstart wird ein Anreiz für die Presse geschaffen, über den Film zu berichten. Vor allem in mittelgroßen Städten soll das funktionieren. Wenn man mit den Schauspielern August Diehl und Fabian Busch nach Oldenburg kommt, ist das einen Aufmacher in der Lokalpresse wert – in Berlin, Hamburg oder Köln nicht.

Fabian Busch und August Diehl

Man kommt also im Kino an, während die Abendvorstellung läuft. Man beantwortet die Fragen der lokalen Presse und läßt sich zusammen mit dem Theaterleiter photographieren. Wenn die Vorführung zu Ende ist, beantwortet man die Fragen des Publikums, gibt ein paar Autogramme, trägt sich ins Gästebuch ein, bekommt einen Strauß Blumen geschenkt – bei dem man nie weiß, wohin damit – und fährt schnell weiter in die nächste Stadt, um rechtzeitig zum Ende der Spätvorstellung wieder vor dem Publikum zu stehen. Der Moment, in dem man irgendwann zwischendurch einem wildfremden Menschen in einer Fußgängerzone einen Strauß Blumen in die Hand drückt, ist manchmal der beste des Tages.

August Diehl in «23»

«23» ist an Einzelhäuser vermietet, aber auch an Multiplexe. An denen kommt man heutzutage nicht mehr vorbei, sagt der Verleih. Diese Häuser sind in der Regel Garanten für volle Kassen. Wenn in ein und derselben Stadt ein Film läuft, kann die Vorstellung im Multiplex ausverkauft sein, in einem Einzelkino bleibt der Saal halb leer. Die jungen Kinozuschauer wollen große Leinwände und guten Ton. Sie wollen andere junge Leute treffen und mit denen dann Pizza essen oder einfach im Foyer rumhängen.

Siebzig neue Multiplexe mit über 600 Leinwänden sind zur Zeit in Bau oder Planung. Vier neue Häuser für Leipzig, sechs für Frankfurt, neun für Berlin. Die Branche boomt. Man hofft, daß mehr Leinwände auch mehr Besucher ins Kino locken, und hat das mutige Motto «200 Millionen Zuschauer für das Jahr 2000» ausgegeben.

Multiplexe sind wie McDonald's: Egal, wo man ist – man weiß, was man bekommt. Graue Teppiche mit roten Sternen, dottergelbe Wände, dreieckige Bistrotische.

Es spielt keine Rolle, ob man gerade in Bremen, Göttingen oder Regensburg ist. Die Häuser gleichen sich wie ein Ei dem anderen.

Ein Gespräch über den Film kommt hier nur selten zustande. Die meisten Theaterleiter haben so viel um die Ohren, daß sie keine Zeit haben, sich ihre Ware anzusehen. Die Ansage, was gespielt wird, kommt ohnehin von den Zentralen. Wenn ein Film Zahlen macht, bleibt er. Wenn nicht, wird er auf Schiene gesetzt oder verschwindet aus dem Programm. Die Nachfrage regelt das Angebot.

Auch in Krefeld sind die Wände gelb, die Teppiche grau und die Tische dreieckig – aber irgendwie hat das Haus eine Seele. Und diese Seele ist Frau Klausener. Sie kennt die Stadt, sie kennt ihre Mitarbeiter und sie kennt ihr Publikum. Sie führt Verlosungen durch, plant kleine Aktionen, versucht mit den Leuten ins Gespräch zu kommen. Sie hat «23» gesehen, sie mag den Film.

Letztes Jahr haben die Kinotheaterbetreiber eine sogenannte Kommunikationsoffensive gestartet. Die Werbeagentur «Zum Goldenen Hirschen» hat sich dazu eine schöne Kampagne mit dem Titel «Kino ist das Größte!» ausgedacht. In der Präsentation der Agentur heißt das: «Im Kino ist alles größer als bei allen anderen Unterhaltungsmedien – und das nicht nur physisch. Die Bilder, die Emotionen, der Sound, das Drumherum ... All das macht Kino zur Intensivstation für die Sinne.»

Wenn ich im Saal 3 des «Bambi» in Kassel stehe, habe ich das Gefühl, Kino ist in Wirklichkeit eher etwas ziemlich Kleines. Die Leinwand hat abgerundete Ecken und ist ungefähr so groß wie eine Tischtennisplatte. Wie viele Kinos in Deutschland wurde das «Bambi» umgebaut, als die großen Säle sich nicht mehr füllen ließen. Drei Leinwände sind besser als eine, hat man sich gesagt, und überall entstanden Schachtelkinos. Die Proportionen sind dabei auf der Strecke geblieben. Alles ist seltsam verwinkelt, nichts paßt mehr zueinander.

Auch das «Corso» in Würzburg ist so ein Haus. Eine Resopaltheke mit Popcorn-Automat, ein paar Stühle im grauen Flur. Man hat eher das Gefühl, im Treppenhaus einer Doppelhaushälfte zu stehen als im Foyer eines Kinos. Die Werbeaufsteller der Verleiher sind lieblos zurechtgestutzt. Sie sind für das zugige Foyer hier viel zu groß. Dafür ist die Leinwand zu klein, der Saal ist lang und schmal. In Würzburg gibt es Pläne für zwei neue Multiplexe, und nach einem Abend im «Corso» kann ich jeden Kinobesucher verstehen, der sich die Filme in Zukunft lieber dort ansieht.

Eigentlich hätte Bayreuth die letzte Station der Kinotour sein sollen, aber weil es in Esslingen-Weststadt einen engagierten Kinobesitzer gibt, der nicht lockergelassen hat, wird die Tour um eine Station verlängert.

Auf dem Gelände einer ehemaligen Messerschleiferei hat sich Herr Colm einen Traum verwirklicht: das «Moviedick». Acht Kinosäle, Café, Bar, Restaurant und Open-air-Leinwand. Die Banken haben ihm abgeraten, aber nach Anlaufschwierigkeiten macht das Kino gute Zahlen. Fast ein Viertel der Zuschauer kommt mittlerweile sogar aus Stuttgart.

Herr Colm will versuchen, bald ein richtig großes Event nach Esslingen zu holen: Die Platin-Leinwand für 18 Millionen «Titanic»-Besucher soll im «Moviedick» stilgerecht unter Wasser übergeben werden. Auf dem großen Firmengelände gibt es ein gläsernes Tauchbekken, das sich dafür eignet. Die Chancen stehen gut.

Nach der Vorführung bringt Herr Colm mich in mein Quartier. In dem alten Industriegemäuer führt eine steile Wendeltreppe in eine kleine Künstlerwohnung. Ich bin der erste Gast, der hier übernachten wird, und am Wochenende sind Herr Colm und seine Frau noch schnell zu Ikea gefahren und haben den «Knut der Woche» für mich gekauft: ein dunkelblaues Klappsofa. Leider ist Knut ein bißchen kurz und riecht noch ganz frisch nach Kunststoff. Ich denke über die letzten Tage nach.

Die Tour war anstrengend. Irgendwann verliert man den Überblick. In Göttingen hätte ich beinahe gesagt: «Ich freue mich, heute abend in Kassel zu sein.» Mein Blick auf die deutsche Kinolandschaft hat sich verändert. Das Mißtrauen gegenüber Multiplexen habe ich zwar behalten, aber ich sehe ein, daß sie wichtig sind. Sie verdrängen Einzelhäuser, aber sie holen auch ein junges Publikum zurück ins Kino.

Ich hatte das Gefühl, unser Film ist überall dort gut aufgehoben, wo es jemanden gibt, der den Film nicht in erster Linie als Ware sieht. Letztes Jahr hat Buena Vista auf dem Gelände des Münchner Flughafens die Europa-Premiere von «Air Force One» gefeiert. Ein riesiges Kino wurde nur für diesen Abend in einem Hangar aufgebaut. Begleitet von einer Lasershow, stieg Harrison Ford aus einem Jumbo herab zum Publikum. Für einen kurzen Moment stand er ganz dicht neben mir. Ich wunderte mich, wie klein er in Wirklichkeit ist. Ich stelle ihn mir vor, wie er seinen Film durch Deutschland begleitet und bequem auf dem Knut der Woche Platz findet. Über diesem Gedanken schlafe ich ein.

Frühmorgens fahre ich von Esslingen zum Stuttgarter Bahnhof. Der Taxifahrer stammt aus Georgien und war dort Professor für Mathematik. Im Radio läuft Celine Dion: «My heart will go on». Draußen setzt langsam die Dämmerung ein. Kino ist das Größte.

Bildnachweis

Sebastian Fahr (Dreharbeiten «Absolute Giganten»): S. 7, 8
dpa / Andreas Altwein: S. 9
Gerhard Bartsch: S. 20
X-Filme Creative Pool: S. 23, 24, 26, 27, 29, 30, 31, 32, 34, 36, 37, 38, 40, 41, 42, 43, 44, 49, 172, 175, 176, 177, 179, 181, 183
Claussen + Wöbke: S. 50, 52, 53, 54, 55, 56, 57, 58, 60, 64, 65, 67, 249, 250
Deutsche Columbia TriStar: S. 68
MFA: S. 70, 74, 77, 79, 83
Helkon Media: S. 85, 88, 91, 92, 97, 101
Boje Buck Filmproduktion: S. 105, 108, 109
Westdeutsche Universum Film: S. 112, 114, 115, 116, 118, 119, 120, 123
Senator Film: S. 129, 131, 166, 167, 169, 170
Pantera Film: S. 136, 138
Erdbeermund Filmproduktion: S. 140, 143
Manju / Picture Press: S. 148, 149, 150
TiMe Filmverleih: S. 152, 153, 154, 155, 156
Buena Vista / Hager Moss: S. 158, 160, 162, 165
Jörg Buttgereit: S. 185, 187, 188
Indigo Film: S. 190, 191, 192, 193, 194
Wüste Film: S. 196, 199, 200, 201, 202, 206, 209, 211
zero film: S. 212, 214, 215, 217, 222, 223, 225, 227, 228, 229
CinemaxX: S. 239, 241, 248
Michael Töteberg: S. 241, 246
Lichtblick Filmproduktion Hamburg: S. 244

Special thanks to Christian Berg, Frauke Burmeister, Katrin Erichsen, Jens-Peter Johannsen, Maria Köpf, Gisela Liesenfeld, Joachim Otte, Sibylle Seidel, Amelie Syberberg

Autorennotizen

Jochen Brunow, geb. 1950, ist Drehbuchautor. Er schreibt für Fernsehen (u.a. die ZDF-Reihe «Beckmann & Markowski» und Kino (u.a. für Rudolf Thome). Die Süddeutsche Zeitung brachte am 12.4.1999 seinen Text in einer gekürzten Fassung.

Tom Tykwer, geb. 1965, lebt als Regisseur in Berlin. Die Veranstaltung im Literarischen Salon Hannover fand am 9.11.1998 statt.

Helmut Krausser, geb. 1964, Schriftsteller, veröffentlichte zuletzt den Roman «Schweine und Elefanten» (1999). Kraussers Romane «Fette Welt» wurde von Jan Schütte, «Der große Bagarozy» von Bernd Eichinger verfilmt. Der Text ist dem Tagebuch «November» (1999) entnommen.

Jakob Claussen, geb. 1961, und Thomas Wöbke, geb. 1962, gründeten 1992 ihre Produktionsfirma Claussen + Wöbke in München.

Torsten Schulz, geb. 1959, lebt als Drehbuchautor in Berlin. Neben Dokumentarfilmen schrieb er u.a. «Raus aus der Haut» (Regie Andreas Dresen) und «Im Namen der Unschuld» (Regie Andreas Kleinert).

Arthur Hofer, geb. 1949, ist Geschäftsführer der Produktionsfirma Studio Babelsberg Independents.

Johannes W. Betz, geb. 1965, Drehbuchautor, entwickelte die Fernsehserie «Die Cleveren» und schrieb u.a. die Fernsehfilme «Die Friedensmission» und «Das doppelte Dreieck».

Eckhard Theophil, geb. 1944, Drehbuchautor. Er schrieb u.a. für Detlev Buck «Männerpension» sowie mehrere TV-Specials für Evelyn Hamann.

Uta-Maria Heim, geb. 1963, lebt als Schriftstellerin in Berlin. Zuletzt erschien ihr Roman «Engelchens Ende» (1999).

Nico Hofmann, geb. 1959, leitet seit 1998 die Produktionsfirma «teamWorx».

Michael Farin, geb. 1953, ist Autor und Verleger in München. Zusammen mit Romuald Karmakar schrieb er den Film und das Theaterstück «Der Totmacher».

Matthias Altenburg, geb. 1958, lebt als Schriftsteller in Frankfurt/M. Neben dem Theaterstück «Alles wird gut» veröffentlichte er drei Romane, zuletzt «Landschaft mit Wölfen» (1997).

Jan Hans, geb. 1941, ist Dozent an der Universität Hamburg.

Sarah Khan, geb. 1971, Autorin in Hamburg, veröffentlichte in diversen Fanzines. 1999 erschien ihr erster Roman «Gogo-Girl».

Frank Göhre, geb. 1943, lebt als Schriftsteller und Drehbuchautor in Hamburg. Sein erster Kinofilm war «Abwärts» (1984, Regie Carl Schenkel), sein letzter Roman «Ritterspiele» (1996). Für sein Drehbuch «St. Pauli Nacht» wurde er mit dem Drehbuchpreis des Bundesinnenministers ausgezeichnet.

Sönke Wortmann, geb. 1960, gehört zu den erfolgreichsten deutschen Regisseuren. Das Gespräch mit Frank Göhre und Sönke Wortmann erschien erstmals im Anhang zur Neuausgabe des Romans «St. Pauli Nacht» (1999).

Max Färberböck, geb. 1950. «Aimée und Jaguar» ist sein erster Kinofilm. Das Gespräch mit Nicos Ligouris, entstanden bei den Vorbereitungen zu einem Beitrag für das «Kinomagazin» (3SAT), wird hier erstmals veröffentlicht.

Sebastian Schipper, geb. 1968, ist Schauspieler und Regisseur. «Absolute Giganten» ist sein Debüt-Film.

Günter Senkel, geb. 1958, lebt als Buchhändler und Autor in Kiel. Zusammen mit Feridun Zaimoglu schrieb er das Drehbuch «Brandmal», das mit dem MSH-Drehbuchpreis ausgezeichnet wurde.

Ralph Schwingel, geb. 1955, lebt als Produzent in Hamburg.

Feridun Zaimoglu, geb. 1964, lebt als Schriftsteller in Kiel. Er veröffentlichte u.a. die Bücher «Kanak Sprak» und «Koppstoff», sein Roman «Abschaum» wurde von Lars Becker verfilmt.

Martin Hagemann, geb. 1958, ist Produzent in Berlin.

Michael Weber, geb. 1967, studierte Wirtschaftsingenieur. Er leitet Bavaria Film International. Thorsten Schaumann, geb. 1968, Diplomökonom, ist sein Stellvertreter.

Matthias Elwardt, geb. 1963, ist seit 1990 Programmchef und inzwischen auch Geschäftsführer des Hamburger «Abaton»-Kinos.

Hans-Christian Schmid, geb. 1965, lebt als Regisseur in München. Sein Reisebericht aus dem Land der Cinemaxxe erschien zuerst in der Süddeutschen Zeitung, 4.2.1999.